Schweizerisches Jahrbuch
für Kirchenrecht

Annuaire suisse
de droit ecclésial

PETER LANG
BERN · BERLIN · BRUXELLES · FRANKFURT AM MAIN · NEW YORK · OXFORD · WIEN

Schweizerisches Jahrbuch für Kirchenrecht

Annuaire suisse de droit ecclésial

Band 9 / 2004

Geschäftsführender Herausgeber
sous la direction de

Dieter Kraus

PETER LANG
BERN · BERLIN · BRUXELLES · FRANKFURT AM MAIN · NEW YORK · OXFORD · WIEN

Bibliografische Information Der Deutschen Bibliothek
Die Deutsche Bibliothek verzeichnet diese Publikation in der Deutschen Nationalbibliografie; detaillierte bibliografische Daten sind im Internet über ‹http://dnb.ddb.de› abrufbar.

ISBN 3-03910-618-X
ISSN 1420-9497

Hochfeldstrasse 32, Postfach 746, CH-3000 Bern 9
info@peterlang.com, www.peterlang.com, www.peterlang.net

Inhaltsverzeichnis

Band 9 (2004)

Berichte

Rezensionen und Buchanzeigen

Bibliografie

Textdokumentation

Editorial

Band 9 (2004) des Schweizerischen Jahrbuchs für Kirchenrecht

Der nunmehr vorliegende neunte Band des Schweizerischen Jahrbuchs für Kirchenrecht enthält zu Beginn wie gewohnt die beiden Referate, die auf der Jahrestagung 2004 der Schweizerischen Vereinigung für evangelisches Kirchenrecht vorgetragen wurden und die zahlreiche weiterführende Denkanstösse gaben. Das Referat von Martin Röhl befasst sich mit der Neugestaltung des Verhältnisses zwischen Kirchen und Staat im Kanton Zürich insbesondere mit Blick auf die im November 2003 gescheiterte Reform der Zürcher Staatskirchenrechts[1]. Adrian Loretan geht in seinem Referat auf Fragen betreffend die Gleichstellung der Geschlechter und die Kirchen ein[2].

Wolfgang Lienemann zum 60. Geburtstag

„Die Ethik in der Bibel – die Bibel in der Ethik" ist das Thema des Symposiums, das anlässlich des 60. Geburtstages von Wolfgang Lienemann Ende November 2004 in Bern veranstaltet wurde und das sich einem zentralen Interesse von Wolfgang Lienemann widmete: Der Bedeutung der Bibel und ihrer Überlieferungen für eine zeitgenössische theologische Ethik. – Wolfgang Lienemann hat nach Studienjahren in Göttingen und Heidelberg sowie wissenschaftlicher Tätigkeit insbesondere in Heidelberg und Marburg im Jahre 1992 einen Lehrstuhl für Ethik an der Christkatholischen und Evangelischen Theologischen Fakultät der Universität Bern übernommen. Seine Arbeits- und Forschungsschwerpunkte reichen von den Grundlagenfragen der theologischen und philosophischen Ethik bis zu den verschiedenen Ausprägungen ethischen Denkens und Han-

1 Siehe S. 11 ff.
2 Siehe S. 39 ff.

delns in Bereichen wie Politischer Ethik oder Wirtschaftsethik. Seine Bücher – z.B. „Gerechtigkeit“ (1995) oder „Frieden“ (2000) – legen hiervon eindrücklich Zeugnis ab. Auch im Herausgeberkreis des Schweizerischen Jahrbuchs für Kirchenrecht, dem er seit der Gründung des Jahrbuchs im Jahre 1996 angehört, hat Wolfgang Lienemann Fragen der Ethik und vor allem auch der Rechtsethik eingebracht und so das Jahrbuch um theologisch-ethische Denkungsarten bereichert. Im Namen des Herausgeberkreises ist es mir eine sehr grosse Freude, in den Kreis der Gratulanten anlässlich seines 60. Geburtstages einzutreten.

Dieter Kraus

SJKR/ASDE 9 (2004), S. 11-38

Aufsätze

Gleichstellung der Geschlechter und die Kirchen aus religionsrechtlicher und rechtsphilosophischer Sicht*

von Adrian Loretan (Luzern)

„So unzweifelbar der Gedanke der Menschenrechte sich [u.a.] unter christlichem Einfluss entwickelt hat, so unzweifelbar ist zugleich, dass er gegen erheblichen kirchlichen Widerstand durchgesetzt werden musste."[1] Die Frage, ob Grundrechte in den Kirchen denkbar sind, verweist auf ein elementares Problem: das Spannungsverhältnis zwischen den Ansprüchen der Kirche als Glaubensgemeinschaft und den subjektiven Rechten des einzelnen Kirchenmitgliedes. Lassen sich überhaupt theologisch ausgewiesene Glaubenswahrheiten einerseits und subjektive, am neuzeitlichen Autonomiebegriff orientierte Freiheitsrechte andererseits in den Kirchenordnungen verbinden? Oder anders ausgedrückt: „Wie lässt sich religiöse Inpflichtnahme, die durch gemeinsam anerkannte Glaubenswahrheiten und ein einheitliches Glaubensbekenntnis *objektiv* vorgegeben ist, mit subjektiv aufgegebener autonomer religiöser Selbstbindung innerhalb der jeweiligen Kirchenverfassung in Übereinstimmung bringen?"[2] Ein Ausgleich zwischen Glaubenswahrheit und Freiheit muss gesucht werden.

* Vortrag anlässlich der 17. Tagung der Schweizerischen Vereinigung für evangelisches Kirchenrecht am 30. Januar 2004 in Zürich.

1 *Wolfgang Huber*, Menschenrechte – Christenrechte, in: Recht nach Gottes Wort. Menschenrechte und Grundrechte in Gesellschaft und Kirche, im Auftrag der Synode der Evangelisch-Reformierten Kirchen in Nordwestdeutschland hg. vom Landeskirchenvorstand, Neukirchen-Vluyn 1989, S. 82.

2 *Felix Hafner*, Kirchen im Kontext der Grund- und Menschenrechte, Freiburg i.Ü. 1992, S. 174.

Welche Rolle spielt dabei der Staat? Indem er kollektive Rechte oder subjektive Rechte im Konfliktsfall mehr schützt, bezieht er Stellung. Nimmt er durch die Gewährung von kollektiven Rechten Partei für die Religionsgemeinschaft gegen die subjektiven Rechte der Mitglieder einer Religionsgemeinschaft? Oder schützt er durch Grundrechte nicht die Kulturen, sondern erlaubt den Individuen sich selbst zu definieren, was ihre kulturelle Identität ausmacht?

I. Grundrechtsbedarf der Kirchen aus sozialwissenschaftlicher Sicht

Vom äusseren Erscheinungsbild mag es nicht erstaunen, wenn die Kirchen von einigen Sozialwissenschaftlern unter die Begriffe „Interessensgruppe" oder „Verband" subsumiert werden. „Aufgrund ihrer Mitgliederstärke, ihres Organisationsgrades, ihrer gesellschaftlichen Stellung, aber auch ihrer Finanzkraft lässt sich die Kirche durchaus mit anderen, anerkanntermassen grundrechtsgefährdenden sozialen Mächten wie etwas dem Staat vergleichen."[3] Denn zur Erreichung ihrer ideellen Ziele müssen die Kirchen auch materielle, soziale und politische Interessen vertreten, was Machtausübung mit sich bringt, Machtkonflikte in sich birgt und Machtmissbrauch nicht ausschliesst.

„Insbesondere die katholische Kirche ist wegen ihres hierarchischen Aufbaus, der Unterscheidung zwischen Klerikern und Laien sowie ihres bis in das ‚forum internum' des Gewissens reichenden ‚Systems von Weisung und Gehorsam' gegenüber Mitgliedern machtanfällig und gefährdet, Freiheiten über Gebühr einzuschränken."[4] Dieses Problem haben die Verantwortlichen in dieser Kirche, die Bischöfe, selbst erkannt und zu Recht gefordert, „dass die Rechte der Personen in geeigneter Weise umschrieben und sichergestellt werden. Dies bringt mit sich, dass die Aus-

3 *F. Hafner*, Kirchen im Kontext (Anm. 2), S. 185. Vgl. *Dagmar Steuer-Flieser*, „Grundrechte" im Codex Iuris Canonici von 1983 im Vergleich mit dem deutschen Grundgesetz. Eine exemplarische Untersuchung anhand der Wissenschaftsfreiheit, Baden-Baden 1999, S. 83. Vgl. die Internationale Zeitschrift für Theologie, Concilium 24 (1988) Heft 3, zum Thema: Macht in der Kirche.

4 *D. Steuer-Flieser*, „Grundrechte" im Codex Iuris Canonici (Anm. 3), S. 83.

übung der Gewalt deutlicher als Dienst erscheint, ihre Anwendung besser gesichert und ihr Missbrauch ausgeschlossen wird."[5]

Grundrechte können zwar nicht den Missbrauch ausschliessen, wie die Bischöfe meinten, sie sind aber ein klares Instrument gegen den Machtmissbrauch in den Kirchen. Damit dieser Machtmissbrauch hier nicht als etwas rein Theoretisches erscheint, erinnere ich an die sexuellen Übergriffe von Machtträgern, Priestern und Pastoren, in den Kirchen. „Für das Erzbistum Boston wird laut Staatsanwaltschaft von über 1'000 Fällen sexuellen Missbrauchs seit 1940 ausgegangen."[6] Hätte die katholische Kirche die innerkirchlichen Grundrechte wirklich so ausgebaut, wie es die Bischöfe 1967 gewünscht haben, so hätte sie sich im wörtlichsten Sinne einiges ersparen können. Jetzt bietet allein das Erzbistum Boston den mutmasslichen Opfern sexuellen Missbrauchs durch Priester umgerechnet rund 74 Millionen Franken Schadenersatz an[7].

„Aus sozialwissenschaftlicher Sicht lässt sich also nicht von vorneherein ausschliessen, dass die Kirche[n] bei der Wahl der Mittel zur Wahrnehmung ihres religiösen Auftrags Macht anwende[n], womit durchaus auch die Möglichkeit des Machtkonflikts und -missbrauchs verbunden ist."[8] Das kirchliche Recht müsste aus sozialwissenschaftlicher Sicht die Gläubigen vor innerkirchlichem Machtmissbrauch schützen und könnte dies am wirkungsvollsten mittels gerichtlich durchsetzbaren innerkirchlichen Grundrechten gewährleisten. Daher bedarf es aus sozialwissenschaftlicher Sicht der Grundrechte in den Kirchen.

II. Grundrechtsbedarf der Religionen aus rechtsphilosophischer Sicht

Montesquieu hat die an sich selbstverständliche Tatsache, dass mit Macht auch die Möglichkeit des Missbrauchs verbunden ist, wie folgt umschrieben: „Eine ewige Erfahrung lehrt [...], dass jeder Mensch, der Macht hat,

5 Praefatio, Vorrede zum CIC 1983, Lateinisch-deutsche Ausgabe, 5. neu gestaltete und verbesserte Auflage, Kevelaer 2001, XXXVII.

6 Erzbistum Boston bietet Schadenersatz an, in: SKZ 171 (2003), S. 584.

7 Ebd. – Vgl. *Herbert Ulonska/Michael J. Rainer* (Hg.), Sexualisierte Gewalt im Schutz von Kirchenmauern. Anstösse zur differenzierten (Selbst-)Wahrnehmung, Münster 2003.

8 *F. Hafner*, Kirchen im Kontext (Anm. 2), S. 185-186.

dazu getrieben wird, sie zu missbrauchen"[9]. Auch im Bereich des Religiösen wurde die religiöse Machtlegitimation ausgebaut[10] und aus Gründen der Religionsfreiheit in den demokratischen Staat integriert. Das Selbstbestimmungsrecht der Religionsgemeinschaften liess die Machtfrage in den Religionsgemeinschaften bisher als tabu erscheinen.

Erst der 11. September 2001 hat die Frage verstärkt aufkommen lassen, wie religiöse Führer mit den Mitgliedern ihrer Religionsgemeinschaft umgehen. Der vom Staat garantierte Austritt aus den Religionsgemeinschaften, der für viele Religionsmitglieder aus theologischen, psychologischen, anthropologischen und kulturellen Gründen nicht in Frage kommt, genügt nicht.

Entsteht mit dem Selbstbestimmungsrecht der Religionsfreiheit eine nichtdemokratische Enklave im demokratischen Rechtsstaat? Werden fundamentalistische Teile der Religionsgemeinschaften in Zukunft zum Sammelbecken von Nichtdemokraten, idealer Anknüpfungspunkt auch für terroristische Fundamentalisten?[11]

Ein Blick in die Philosophiegeschichte zeigt, dass Machtmissbrauch in Religion und Staat häufig im Namen der Wahrheit gemeinsam einherging. Es war das zentrale philosophische Anliegen von Immanuel Kant, Situationen des Zwangs und der Gewalt zugunsten von Vernunft und Recht zu überwinden. Seine aufgeklärte Kritik entwickelte er daher in doppelter Stossrichtung. Sie verstand sich zum einen als Kritik des Politischen, zum andern als Kritik der Religion. Wie war es dazu gekommen? „Ab 1792 musste Kant wegen seiner religionsphilosophischen Abhandlungen eine mehrjährige Auseinandersetzung mit der preussischen theologischen Zensurbehörde durchstehen. Er interpretierte die Massnahme der Zensur [...] als eine den Fortgang der Aufklärung behindernde Gewaltanwendung."[12]

9 *Montesquieu*, Vom Geist der Gesetze, übersetzt von Kurt Weigand, Stuttgart 1984, S. 211. – Wie Macht korrumpieren kann, zeigt auf eindrückliche Art und Weise William Shakespeares Schauspiel Richard III. Vgl. Dokumentarfilm USA 1996, Al Pacino's Looking for Richard. König Richard III. Schauspiel in fünf Akten. Der königlichen Machtfülle sind wegen des häufigen Machtmissbrauchs die Grundrechte abgetrotzt worden, bzw. die königliche Machtfülle wurde durch konstitutionelle Demokratien ersetzt, bzw. ganz abgeschafft.

10 *Bertrand Russel*, Macht, Wien 2001, S. 45-65.

11 Dies beobachten Sicherheitsdienste verschiedener europäischer Länder.

12 *Odilo Noti*, Religion und Gewalt. Eine theologisch interessierte Erinnerung an Immanuel Kant, in: Dietmar Mieth, René Pahud de Mortanges (Hg.), Recht –

Religionsphilosophische Artikel, die von der Zensur nicht freigegeben wurden, hat Kant in „Die Religion innerhalb der Grenzen der blossen Vernunft" später zusammengefasst. Seine Bücher „Die Kritik der reinen Vernunft" und „Der Streit der Fakultäten" sind von einem gemeinsamen Grundanliegen getragen: „Beide Male sollen Verhältnisse der Gewalt abgebaut und Bedingungen des Rechts konstituiert werden."[13]

Mit einem Vergleich Kants möchte ich diesen rechtsphilosophischen Abschnitt beschliessen: „Ähnlich wie jeder Mensch mit der Verkehrung der Grundsätze sittlichen Handelns den Fall Adams existentiell wiederholt, so lastet auch auf jeder religiösen Institution ‚eine Art von Erbschuld', nämlich der Hang zur eigenen Verabsolutierung."[14] Immanuel Kant warnte vor den sich im Besitz der Wahrheit Wissenden. Dies wiederum bedeutet, auch den Religionsgemeinschaften eine ‚Magna Charta' der Menschenrechte abzutrotzen.

Diese philosophischen Reflexionen mögen zur Vertiefung des grundrechtlichen Denkens im Bereich der Religionen beitragen. Das Verhältnis zwischen den religiösen Führungseliten und den Religionsmitgliedern sollte aus grundrechtlicher Sicht nicht weiterhin tabuisiert werden. Dies wiederum bedeutet, dass nicht nur im Staat, sondern auch in den Religionsgemeinschaften grundrechtliches Denken Einzug halten wird. Dabei wird die Frage der Gleichstellung der Geschlechter in den Religionsgemeinschaften keine unbedeutende Rolle spielen[15].

Ethik – Religion. Der Spannungsbogen für aktuelle Fragen, historische Vorgaben und bleibende Probleme. Bundesrichter Giusep Nay zu Ehren, Luzern 2002, S. 134-145, 134.

13 Ebd. S. 141.

14 Ebd. S. 143.

15 Gertrud Heinzelmann war wohl eine der ersten theologisch und juristisch gebildeten Persönlichkeiten in der Schweiz, die sich in den 50er Jahren des letzten Jahrhunderts für Grundrechte in Staat und Kirche einsetzte. *Barbara Kopp*, Die Unbeirrbare. Wie Gertrud Heinzelmann den Papst und die Schweiz das Fürchten lehrte, Zürich 2003. Vgl. *Adrian Loretan*, Ein Leben für Gleichberechtigung in Kirche und Staat. Zu einer Biographie über Gertrud Heinzelmann (1914-1999), in: Orientierung 67 (2003), S. 202-206; *ders.*, Gleiche Rechte für Frau und Mann, in: SKZ 172 (2004), S. 259-260 und 262-264.

III. Kollektive[16] kulturelle Rechte kontra subjektive Rechte

A. Die Bedeutung des Kollektivs für das Subjekt

Menschen können sich durch Hineinwachsen in ein intersubjektiv geteiltes Gesamt von Bedeutungen und Praktiken zu unverwechselbaren Individuen entwickeln. Das erklärt, warum Individuen in dichten Kontexten dieser Art ihr Selbstverständnis, ihre Identität und ihren Lebensentwurf entwickeln, revidieren und aufrechterhalten können.

Der freie Zugang zum eigenen kulturellen Hintergrund, dem sozialen Kommunikationsgeflecht von Identitätsgruppen macht die Einführung von kollektiven Rechten verständlich. Kollektivrechte ermöglichen bspw. auch religiösen Gruppen, die kulturellen Ressourcen bereitzustellen, aus denen ihre Mitglieder schöpfen, um ihre Identität auszubilden. Solche kulturellen Rechte stärken auch die religiösen Organisationen, denn sie gewähren ihnen erweiterte Organisationsbefugnisse und Selbstverwaltungskompetenzen. Damit entstehen neue Konfliktfelder, die man in individualistisch strukturierten Ordnungen der Gleichheit nicht kennt[17]. Ich möchte hier nur eine Konfliktform herausgreifen: Den Fall von gruppeninterner Unterdrückung von Interessen und Mitgliedern. Die erweiterten Organisationsrechte werden von religiösen Führern dazu gebraucht, die kollektive Identität der Gruppe zu stabilisieren. Dies geschieht aber unter

16 Gruppenrechte werden in der rechtsphilosophischen Diskussion regelmässig als kollektive Rechte bezeichnet. Die religionsrechtliche Literatur differenziert hingegen zwischen kollektiven (= Verbund von Individualrechten) und korporativen Rechten (= Rechte der Gruppe/Körperschaft als solcher); die hier zur Diskussion stehenden Gruppenrechte werden deshalb im Religionsrecht als korporative Rechte bezeichnet. Im Folgenden verwenden wir diese beiden Begriffe jedoch synonym.

17 *Jürgen Habermas*, Kulturelle Gleichbehandlung und die Grenzen des Postmodernen Liberalismus, in: Deutsche Zeitschrift für Philosophie 51 (2003), S. 367-394, 385, nennt folgende Konfliktfelder:
1. Verschiedene Identitätsgruppen machen sich gegenseitig ihre Rechte bzw. Vorrechte streitig.
2. Eine Gruppe fordert im Hinblick auf den Status anderer Gruppen Gleichbehandlung.
3. Nichtmitglieder sehen sich benachteiligt gegenüber Mitgliedern privilegierter Gruppen (beispielsweise Weisse durch Quoten für Farbige; Männer durch Quoten für Frauen).
4. Gruppeninterne Unterdrückung.

Verletzung der individuellen Rechte von Gruppenmitgliedern, die im Dissens zur Leitung stehen.

Als Beispiel können jene Kirchen genannt werden, welche Frauen nicht zu allen Ämtern zulassen. Diese Nichtzulassung aufgrund des Geschlechts ist gemäss Art. 8 Abs. 2 BV diskriminierend. Diese Diskriminierung wird bis heute toleriert, da bei der Güterabwägung zwischen korporativer Religionsfreiheit und Gleichstellung bisher die Religionsfreiheit stärker gewichtet wurde[18]. Diese Gewichtung wird aber in der neueren juristischen Literatur auch bestritten[19]. „Denn trotz der Strassburger Rechtsprechung, die relativ klar erscheint, ist mit keinem Wort gesagt, dass etwa ein Gleichstellungsgesetz und, viel wichtiger, die verfassungsrechtlich geschützte Gleichstellung von Mann und Frau, automatisch auf eine öffentlich-rechtlich verfasste Kirche keine Anwendung finden sollte."[20] Eine gerichtliche Klärung dieser Frage scheint für Konrad Sahlfeld wünschenswert[21]. Bis heute musste sich noch kein internationales Menschenrechtsgremium mit dieser Frage befassen.

18 Vgl. *Felix Hafner/Denise Buser*, Frauenordination via Gleichstellungsgesetz? Die Anwendbarkeit des Gleichstellungsgesetzes auf die Dienstverhältnisse in der römisch-katholischen Kirche, in: AJP 10 (1996), S. 1207 ff. Sie vertreten die These, dass das schweizerische Gleichstellungsgesetz nicht auf die römisch-katholische Kirche anwendbar sei.

19 Die Begründungen des Beitrags von Hafner/Buser vermögen Sahlfeld „nicht restlos zu überzeugen. Die Anwendung des Gleichstellungsgesetzes wäre kein Eingriff in die innersten Werte des katholischen Glaubens; zu dieser Feststellung wäre ein Gericht durchaus befugt. Gleichwohl wäre eine solche Entscheidung kaum mit der EMRK durchzusetzen, da den betroffenen Frauen zur Sicherung ihrer Religionsfreiheit der Austritt aus der Kirche offen steht." (*Konrad Sahlfeld*, Aspekte der Religionsfreiheit im Lichte der Rechtsprechung der EMRK-Organe, des UNO-Menschenrechtsausschusses und nationaler Gerichte, Zürich 2004, S. 188).
Das Lehramt der römisch-katholischen Kirche hält im Gegensatz zu Sahlfeld fest, „dass die Kirche keinerlei Vollmacht hat, Frauen die Priesterweihe zu spenden und dass sich alle Gläubigen endgültig an diese Entscheidung zu halten haben." (*Peter Hünermann*, Schwerwiegende [theologische] Bedenken. Eine Analyse des Apostolischen Schreibens „Ordinatio sacerdotalis", in: Walter Gross [Hg.], Frauenordination. Stand der Diskussion in der katholischen Kirche, München 1996, S. 120-127, 121).

20 *K. Sahlfeld*, Aspekte der Religionsfreiheit (Anm. 19), S. 187.

21 Ebd.

B. Der Konflikt zwischen Kollektiv und Subjekt

Kollektive Rechte sind im demokratischen Grundrechtsstaat denkbar. Mit diesen Rechten stattet eine Verfassung Kantone und Gemeinden oder öffentlich-rechtliche Körperschaften aus. Diese Kompetenzübertragung wird begründet mit den Grundrechten der Bürgerinnen und Bürger bzw. der Mitglieder der öffentlich-rechtlichen Körperschaften.

Aber nicht alle religiösen Gruppen, deren Stellung durch Kollektivrechte (z.B. öffentlich-rechtliche Anerkennung) gestärkt wird, genügen in ihrem innern Aufbau liberalen Massstäben. „So geniesst etwa die katholische Kirche das Recht, Frauen vom Priesteramt auszuschliessen, obwohl die Gleichberechtigung von Mann und Frau Verfassungsrang hat und in anderen Sektoren der Gesellschaft durchgesetzt wird. Die Kirche erklärt nämlich diese Einstellungspolitik mit einem wesentlichen Bestandteil der Doktrin, um deretwillen sie ihr Lehramt ausübt. Aus der Sicht des liberalen Staates ist das Gleichheitsprinzip nicht verletzt, solange es keinem Mitglied verwehrt ist, seinen Dissens durch Austritt zu bekunden oder durch eine Mobilisierung von Gegenkräften in der Organisation selbst zur Geltung zu bringen.“[22]

Aber kann man davon sprechen, dass Gegenkräfte in einer religiösen Organisation sich selbst zur Geltung bringen können, wenn sich innerhalb der Religionsgemeinschaft keine Öffentlichkeit entwickeln konnte? Wie kann sich ein Religionsmitglied einer grundrechtlich geschützten Gesellschaft in einem grundrechtlich weniger geschützten Bereich, den Religionsgemeinschaften, einbringen gegenüber möglicherweise göttlich legitimierten Autoritäten?

Aus religiösen Gründen meinen Religionsgemeinschaften, nicht nur Geschlechterdiskriminierung, sondern auch Rassendiskriminierung begründen zu können. Sollten beide Diskriminierungen im Namen der Religionsfreiheit vom Staat geschützt werden? Habermas verweist auf die religiös begründete Rassendiskriminierung der Bob Jones University, einer amerikanischen Einrichtung fundamentalistischer Christen. Der amerikanische Staat war nicht mehr bereit, die religiös motivierte Rassendiskriminierung dieser ‚christlichen‘ Universität mit Steuerprivilegien mitzu-

22 *J. Habermas*, Kulturelle Gleichbehandlung (Anm. 17), S. 383-384. – Habermas hat seinen Standpunkt ergänzt aufgrund der an der Universität Luzern im Rahmen seiner Gastprofessur geführten Gespräche. Das Austrittsrecht allein genügt nicht mehr.

tragen. Als die zuständige Behörde mit Entzug der Steuerprivilegien drohte, änderte man dort die restriktive Zulassungspraxis und nahm auch schwarze Studierende auf. Eheschliessungen zwischen schwarzen und weissen Studierenden sind aber nach wie vor untersagt.

Wenn der Staat religiös motivierte Rassendiskriminierung nicht mittragen kann, warum soll der Staat religiös motivierte Geschlechterdiskriminierung mittragen müssen?

Einige Fälle dieser Art, in denen die Gewährung kollektiver Rechte eine potentielle Gefährdung von individuellen Grundrechten mit sich bringt, haben Walter Kälin und Brian Barry[23] in ihren Studien „Grundrechte im Kulturkonflikt“ und „Culture and Equality“ zusammengetragen. Unter dem Begriff Kulturkonflikt versteht Kälin nicht nur Konflikte zwischen grossen Kulturtraditionen (z.B. Weltreligionen), sondern auch Binnenkonflikte zwischen der dominanten Kultur und dissidenten Subkulturen[24].

- Einerseits will man durch die Gewährung kollektiver Rechte die Gleichbehandlung kultureller Gruppen sichern.
- Andererseits löst dies eine Ungleichbehandlung z.B. der Frauen in diesen Gruppen aus, was zu einem Binnenkonflikt führen kann. Wie wird mit diesem Problem der Toleranz nach innen umgegangen?

IV. Das Problem der Toleranz nach innen

A. Kommunitaristische Ansätze

Der Kommunitarismus entstand in den frühen achtziger Jahren in den USA als Gegenposition zum Liberalismus. Er setzt den Akzent auf die community, auf die Gemeinschaftsbezogenheit des Menschen. Die kommunitaristische Bewegung ist sehr heterogen[25].

23 Vgl. *Brian Barry*, Culture and Equality, Harvard 2002; *Walter Kälin*, Grundrechte im Kulturkonflikt. Freiheit und Gleichheit in der Einwanderungsgesellschaft, Zürich 2000.

24 *W. Kälin*, Grundrechte im Kulturkonflikt (Anm. 23), S. 24.

25 *Otfried Höffe* (Vernunft und Recht. Bausteine zu einem interkulturellen Rechtsdiskurs, Frankfurt a.M. 1996, S. 164 ff.) unterscheidet vier Grundpositionen:

In unserem Zusammenhang ist wichtig: Kommunitaristen wollen Kollektivrechte, d.h. Rechte der Gemeinschaft, unabhängig von den Individualrechten ihrer Mitglieder begründen. Die Bedeutung des Kollektivs für das Individuum erlaube es, dass auch Grundrechte der betroffenen Mitglieder eingeschränkt werden können.

Wenn sich aber kulturelle Rechte unabhängig von den Rechten der Mitglieder rechtfertigen lassen, dann muss die Schutzwürdigkeit dieser Kollektivgüter unabhängig vom Interesse der Mitglieder an der Aufrechterhaltung ihrer persönlichen Identität gerechtfertigt werden. Solche grundrechtseinschränkende Kollektivrechte müssen also anders begründet werden.

„Kollektive Rechte, die eine Gruppe nicht im Dienste der kulturellen Rechte ihrer individuellen Mitglieder stärken, sondern auch über deren Köpfe hinweg direkt am Fortbestand des kulturellen Hintergrundes des Kollektivs dienen, bergen ein Potential gruppeninterner Unterdrückung,“[26] wie folgende Autoren zeigen.

– *Charles Taylor* geht wie die Vertreter des Liberalismus vom Individuum aus. Er erweist sich aber als Kommunitarist durch die Betonung der folgenden Tatsache: „Unsere Identität werde teilweise von der Anerkennung oder Nicht-Anerkennung [...] durch die anderen geprägt. [...] Nichtanerkennung oder Verkennung kann Leiden verursachen, kann eine Form von Unterdrückung sein.“[27] Er kritisiert die liberale Politik der universellen Würde des Einzelnen, weil sie „a) auf einer gleichförmigen Anwendung der die Rechte des Individuums de-

---

1. Kommunitarismus als Moralphilosophie, die sich für die gewachsene Moral überschaubarer Gemeinschaften einsetzt, weil sie eine geschichts- und kulturunabhängige Moralbegründung anzweifelt (Alasdair MacIntyre);
2. Kommunitarismus als Tugendethik betont die Gemeinschaft bezogene Verantwortung aller;
3. Kommunitarismus als Sozialtheorie wirft dem Liberalismus vor, er zerstöre den Nährboden sozialen Zusammenlebens. Nötig ist deshalb die Stärkung der gewachsenen Lebensformen der Community (Michael Sandel);
4. Kommunitarismus als sozialtheoretische Staatskritik plädiert für ein von staatlicher Herrschaft möglichst freies Zusammenleben in kleinen, stabilen Gemeinschaften, in denen herrschaftsfreie Kommunikation eher möglich sei. (Michael Taylor, Robert N. Bellah).

26 *J. Habermas*, Kulturelle Gleichbehandlung (Anm. 17), S. 388.

27 *Charles Taylor*, Multikulturalismus und die Politik der Anerkennung, Frankfurt a.M. 1993, S. 13 f.

finierenden Regeln besteht und keine Ausnahme zulässt", und „b) misstrauisch gegenüber kollektiven Zielen" ist[28]. Der Assimilationsdruck der Mehrheit, die hinter der Verfassung steht, beraubt die Minderheiten ihrer kulturellen Identität.

Er vertritt daher die These: Man könnte für die französischsprachigen Bürger von Quebec „die französische Sprache als eine kollektive Ressource betrachten, deren sich Individuen bedienen wollen, und könnte sich deshalb für ihre Erhaltung einsetzen, so wie man sich für die Erhaltung von sauberer Luft oder von Grünflächen einsetzt."[29] Mit diesem Argument soll der Eingriff der Regierung von Quebec in die Elternrechte ihrer frankophonen Bevölkerung gerechtfertigt werden. Die französischsprachigen Eltern sind nämlich verpflichtet, ihre Kinder auf eine französische Schule zu schicken, ungeachtet ihrer möglichen Präferenz für eine englische Schule. Diese Auffassung setzt eine metaphysisch begründete Güterethik voraus[30].

– *Michael Walzer* will interne Unterdrückung tolerieren, solange die Mitgliedschaft, wie z.B. bei Kirchen, freiwillig ist. Die Mitglieder müssen aber das Recht haben, ihre religiöse Gemeinschaft jederzeit verlassen zu können. Walzer nennt aber auch Grenzen der Toleranz gegenüber interner Unterdrückung, z.B. bei der Beschneidung von Mädchen:
  – Es handelt sich um schwere Eingriffe in die physische Integrität.
  – Die Betroffenen unterziehen sich dem Eingriff nicht freiwillig.
  – Die Mehrheitsgesellschaft wird in ihren Grundwerten in Frage gestellt.

Bei anderen – seiner Ansicht nach weniger weit gehenden – Eingriffen, beispielsweise der Abwertung aufgrund des Geschlechts, will er Toleranz walten lassen, ausser wenn Frauen zu einer bestimmten Praxis gezwungen werden[31]. Mit diesem Ansatz wäre z.B. die Nichtzulassung der Frauen zu den Ämtern in verschiedenen Kirchen vereinbar.

28 *Ch. Taylor*, Multikulturalismus (Anm. 27), S. 55.

29 *Ch. Taylor*, Multikulturalismus (Anm. 27), S. 52.

30 Hyper-goods; vgl. *Charles Taylor*, Quellen des Selbst, Frankfurt a.M. 1989, Teil I; dazu *Jürgen Habermas*, Erläuterungen zur Diskursethik, Frankfurt a.M. 1991, S. 176 ff.

31 Vgl. *Michael Walzer*, On Toleration, New Haven/London 1997, S. 62 ff.

In der privaten Sphäre erweise sich die vollständige Durchsetzung tatsächlicher Gleichheit von Mann und Frau – so Walzer – als problematisches Instrument, das zur Auflösung traditioneller, vormoderner Kulturen führe. Auf die Durchsetzung der Geschlechtergleichheit müssen daher Staat und Mehrheitsgesellschaften verzichten. Die Männer der Minderheit müssen aber gemäss Walzer lernen, dass auch ihre Frauen und Töchter Menschenrechte hätten und der Wandel traditioneller Gesellschaftsformen längerfristig nicht verhindert werden könne.

- *Walter Kälin* anerkennt, „dass intolerante Haltungen in einem gewissen Ausmass hinzunehmen sind, weil Kulturtraditionen und Gruppen, die sie leben, einen – auch grundrechtlich geschützten – Eigenwert besitzen und deshalb vor Auflösung als Folge vollständiger Durchsetzung der Grundrechte im Innenverhältnis zu schützen sind“[32]. Es werde auch „der Friedensfunktion staatlicher Neutralität besser gerecht, da staatliches Eindringen in die Binnenstruktur geschlossener Gruppierungen und Gemeinschaften immer Konflikt fördernd ist“[33]. Dieser Ansatz ist für Walter Kälin damit realistischer und leichter mit traditioneller Grundrechtsdogmatik zu vereinbaren als die im Folgenden darzustellenden liberalen und feministischen Ansätze.

Läuft diese kommunitaristische Grenzziehung – auch die bisherige Grundrechtsdogmatik – auf die Reduzierung der Grundrechte für die Gruppenmitglieder in religiösen bzw. kulturellen Gruppen hinaus? Sie anerkennt, dass intolerante Haltungen in einem gewissen Ausmass hinzunehmen sind, weil Kulturtraditionen und religiöse Gruppen, die sie leben, einen – auch grundrechtlich geschützten – Eigenwert besitzen. Religionsgemeinschaften wären also vor Auflösung als Folge vollständiger Durchsetzung der Grundrechte im Innenverhältnis zu schützen. Sind damit Religionsgemeinschaften auch vor ihren Mitgliedern, die Veränderungen einführen wollen, zu schützen?

B. Feministische Ansätze

Das Problem der Toleranz gegenüber Frauen diskriminierenden, kulturellen und religiösen Gruppen gehen feministische Autorinnen anders an.

32 *W. Kälin*, Grundrechte im Kulturkonflikt (Anm. 23), S. 47.
33 Ebd.

Sie stellen fest, dass staatliche Zurückhaltung gegenüber gruppeninterner Diskriminierung faktisch Parteinahme für die Diskriminierer bedeutet. Kulturellen Rechtfertigungsversuchen für die Diskriminierung der Frauen müsse stets mit der Frage begegnet werden, in wessen Interesse das ‚kulturelle Argument' bemüht werde[34]. Religiöse Gruppen und kulturelle Minderheiten sind heterogene Gebilde, in denen die stärkeren Gruppenmitglieder sich gegen schwächere Angehörige durchsetzen. Zurückhaltung des Staates und der Mehrheitsgesellschaft gegenüber gruppeninterner Diskriminierung kann zur Folge haben, dass Frauen schutzlos den sozialen Zwängen und eigentlicher Unterdrückung ausgeliefert werden.

Gruppeninterne Minderheiten müssten deshalb von der Gruppenmehrheit gleich behandelt werden wie soziale Minderheiten von der Mehrheitsgesellschaft, so Leslie Green[35]. Die bisherige Abgrenzung zwischen öffentlichem und privatem Bereich schliesse Menschenrechtsverletzungen im Privatbereich der Familie von öffentlicher Überprüfung aus und diene damit der Rechtfertigung der Subordination der Frau[36].

Wenn aber Frauen Demokratie und Grundrechte in ihrem Bereich, der in traditionellen Gesellschaften häufig der private Bereich ist, verweigert werden, können sie diese Rechte auch in der öffentlichen und staatlichen Sphäre nicht entsprechend wahrnehmen. Denn die Stellung in der privaten Sphäre beeinflusse ihre Fähigkeiten, sich in der öffentlichen oder staatlichen Sphäre entsprechend zu beteiligen. Der Staat dürfe nicht neutral bleiben, weil vormoderne, althergebrachte Privilegien und Diskriminierungen sonst nicht beseitigt werden können[37]. Er müsse in der privaten Sphäre intervenieren, wenn er die Menschenrechtsidee wirklich umsetzen wolle[38].

Auf die Religionsfreiheit bezogen heisst das: Frauen wehren sich also dagegen, dass in den Religionsgemeinschaften die korporative Religions-

34 Vgl. *Arati Rao*, The Politics of Gender and Culture in International Human Rights Discourse, in: Julie Peters/Andrea Wolper (eds.), Women's Rights – Human Rights, New York/London 1995, S. 168 f.

35 *Leslie Green*, Internal Minorities and their Rights, in: Will Kymlinka (ed.), The Rights of Minority Cultures, Oxford 1995, S. 261 ff.

36 Vgl. Erstes Deutsches Fernsehen: ARD: Sonntag 25. Januar 2004, 19.10: „Türkei: Frauen-Morde für Familienehre" im Sendegefäss Weltspiegel.

37 Vgl. dazu das neue Familienrecht in Marokko: Im Namen des Königs, NZZ vom 24./25. Januar 2004, Nr. 19, S. 71-73.

38 *Susan Moller Okin*, Justice, Gender and the Familiy, New York 1989, S. 116 f.

freiheit weitere Grundrechte wie die Gleichstellung der Geschlechter ausser Kraft setzen oder doch stark reduzieren.

C. Liberale Ansätze

Was soll Vorrang haben, der Schutz der Gruppenautonomie oder der Schutz der Entscheidungsfreiheit ihrer Mitglieder? Will Kymlicka nimmt die kommunitaristische Kritik am Liberalismus auf. Er verbindet deshalb individuelle Autonomie mit dem Schutz kultureller Gruppenidentität. In diesem Sinne erweise sich Kultur als „context of choice“[39]. Die Erzählungen der eigenen Kultur zu verstehen, ist eine Vorbedingung dafür, dass wir sinnvolle Entscheidungen über unsere Lebensführung treffen können. Kulturen sind aber nicht in sich wertvoll, sondern deshalb, weil Menschen nur über kulturelle Erfahrungen Zugang zu verschiedenen Optionen haben. Im Interesse individueller Autonomie müssen Kulturen geschützt werden.

Kymlicka[40] unterscheidet deshalb zwischen berechtigten und unberechtigten kollektiven Rechten.

- Berechtigte kollektive Rechte: Damit kann sich eine religiöse Organisation nach aussen gegen Pressionen ihres gesellschaftlichen Kontextes wehren.
- Unberechtigte kollektive Rechte: Problematisch werden aber solche korporativen Rechte, wenn im Inneren einer Religionsgemeinschaft versucht wird, mittels korporativer Rechte eine Veränderung des eingewöhnten Gemeindelebens von Seiten diskriminierter Gemeindeglieder abzuklemmen.

Für Kymlicka verlangt die liberale Position, dass die Freiheit innerhalb kultureller und religiöser Gemeinschaften als hoher Wert zu schätzen ist, weil Liberale im Konflikt zwischen kollektiven und individuellen Rechten letzteren den Vorrang geben. Deshalb dürfen Minderheitsrechte nicht soweit gehen, dass sie zur Rechtfertigung der Beschränkung grundlegender Freiheitsrechte ihrer Mitglieder werden.

Individuen sollen selber entscheiden können, welche Aspekte des kulturellen Erbes sie erhalten wollen. Sie sollen die Freiheit haben, traditionelle Praktiken ihrer Gemeinschaft zu hinterfragen und zu revidieren. Mit

39 *Will Kymlicka*, Multicultural Citizenship, Oxford 1995, S. 82 ff.
40 *W. Kymlicka*, Citizenship (Anm. 39), S. 34-48, 38.

anderen Worten: Intolerante Gruppierungen müssen zwar ihre Kultur nicht aufgeben; Tendenzen, sie von innen heraus zu liberalisieren, sind aber zu stärken.

Kymlicka kritisiert den Entscheid des amerikanischen Supreme Court in Bezug auf die Amish-Gemeinde. Die Amish sind eine aus der Täuferbewegung hervorgewachsene religiöse Gruppierung, die sich einen Lebensstil aus der Zeit ihrer Gründer im 17. und 18. Jahrhundert bewahrt hat. Das Gericht hatte zu entscheiden, ob die Religionsfreiheit der Amish von der Pflicht befreie, die beiden letzten Jahre der obligatorischen Schulpflicht an einer öffentlichen Schule zu absolvieren. „In der High School würden Kinder zu Konkurrenzverhalten erzogen, was der religiösen Pflicht des Verzichts auf weltliche Güter und Erfolgsstreben widerspreche.“[41] Experten im Verfahren vor der Vorinstanz kamen zum Schluss, dass der Schulzwang die betroffenen Jugendlichen in einen ernsthaften Gewissenskonflikt stürze. Zudem würde die Gemeinde der Amish mit ihrem Lebensstil damit zerstört. Das Gericht kam zum Schluss, die Jugendlichen der Amish-Gemeinde von der Ausdehnung der obligatorischen Schulpflicht von acht auf zehn Jahren zu befreien[42]. Damit haben die Richter die korporative Religionsfreiheit über die individuellen Rechte (Schulobligatorium) der Jugendlichen dieser Gemeinde gestellt. Zudem wird den Jugendlichen im Namen der korporativen Religionsfreiheit das Recht auf eine Grundausbildung während der obligatorischen Schulzeit eingeschränkt.

„Grundrechte schützen [aber] nicht Kulturen als fest gefügte, definierbare Einheiten, sondern sie erlauben Individuen und Gruppen, selbst zu definieren, was ihre kulturelle Identität ausmacht.“[43] Ob allerdings die Jugendlichen der Amish-Gemeinde, die aus religiösen Gründen nicht einmal die obligatorische Schulzeit für sich in Anspruch nehmen können, fähig sind, sich auch gegen die Autoritäten der eigenen Gemeinschaft zu entscheiden, ist mehr als fraglich.

Kollektivrechte müssen aber nicht immer mit Individualrechten in Kollision geraten. Aber die kollektiven Rechte sind für Jürgen Habermas nur dann legitime Rechte, wenn gezeigt werden kann, „dass kein unter dem

41 *W. Kälin*, Grundrechte im Kulturkonflikt (Anm. 23), S. 67.

42 „Die Geschichte zeige, dass im Mittelalter wichtige Werte der westlichen Zivilisation von religiösen Orden bewahrt worden seien, die sich [ebenfalls] von der Welt abgesondert hatten.“ Ebd. S. 69.

43 *W. Kälin*, Grundrechte im Kulturkonflikt (Anm. 23), S. 28.

Gesichtspunkt staatsbürgerlicher Gleichheit legitimes Gruppenrecht mit den Grundrechten einzelner Gruppenmitglieder kollidieren kann“[44]. Demzufolge sind für Habermas Gruppenrechte nur dann legitim, „wenn diese sich als derivate Rechte – im Sinne einer Ableitung aus den kulturellen Rechten der einzelnen Gruppenmitglieder – verstehen lassen“[45].

D. Gruppenrechte als derivate Rechte

Die These, dass sich kollektive Rechte allein aus den subjektiven Rechten der Mitglieder auf Zugang zu ihren kulturellen Ressourcen rechtfertigen, wird wie folgt begründet:

- Sozialer Wandel wird in einer Gruppe sehr schwierig, wenn „zum Beispiel die Freiheit der öffentlichen Meinungsäusserung, und der Religionsausübung Korporationen statt Individuen zugebilligt werden, weil dadurch die existierenden Korporationen besonders geschützt werden. […] Gruppenrechte würden Hierarchien aufbauen und verstärken, individuelle Rechte dagegen sind im Kern antipaternalistisch und bieten am ehesten die Chance, hierarchische Verteilungsstrukturen zu verhindern“[46].
- Extreme Formen einer Politik der Anerkennung führen in letzter Konsequenz zu einem korporatistischen Staatswesen, so Reese Schäfer. Steven Rockefeller oder Jürgen Habermas sehen in der Anerkennung von fest gefügten kulturellen Gruppenrechten daher eine Gefahr für die Demokratie. Diese fordert „alle Kulturen dazu auf, von jenen intellektuellen und moralischen Werten abzulassen, die sich mit den Ideen von Freiheit, Gleichheit und beharrlicher kooperativ-experimenteller Suche nach Wahrheit und Wohlergehen nicht vertragen“[47].
- Gefährlich für die Demokratie erscheint vor allem auch die Anerkennung von Gruppen mit stark fundamentalistischen Tendenzen, welche keinen Spielraum offen lassen, „in dem eine Partei ohne Preisgabe

44 *J. Habermas*, Kulturelle Gleichbehandlung (Anm. 17), S. 387.

45 Ebd.

46 *Walter Reese-Schäfer*, Grenzgötter der Moral. Der neuere europäisch-amerikanische Diskurs zur politischen Ethik, Frankfurt a.M. 1997, S. 451.

47 *Steven Rockefeller*, Kommentar, in: Charles Taylor, Multikulturalismus und die Politik der Anerkennung, Frankfurt a.M. 1993, S. 95 ff.

des eigenen Geltungsanspruchs die anderen Parteien als Mitstreiter um authentische Wahrheiten anerkennen kann"[48].

- In pluralistischen Gesellschaften können religiöse Gruppen ihr Erbe nur durch die Zustimmung von Mitgliedern von einer Generation an die nächste weitergeben. Kirchenmitglieder können in ihrer Kirche auch fremd werden. Die staatlich garantiert Freiwilligkeit der Kirchenzugehörigkeit (Art. 15 Abs. 4 BV) darf in den theologischen Diskussionen nicht übersehen werden[49]. Denn in pluralistischen Gesellschaften wird das allgemeine Rechtsbewusstsein wesentlich durch die Grundrechte geprägt.
- Alle Religionsgemeinschaften sehen sich daher mit der universelle Geltung beanspruchenden Menschenrechtsidee konfrontiert, vor allem dann, wenn sie in ein grundrechtlich-rechtsstaatliches Umfeld eingebettet sind. Darum müssen Gläubige in einer pluralistischen Gesellschaft „sich auf die Prämissen des Verfassungsstaates einlassen, die sich aus einer profanen Moral begründen"[50]. Sonst wird in einer grundrechtlich geschützten Gesellschaft der Bereich Religion zur grundrechtlich nicht geschützten Enklave. Die Überbetonung des Grundrechts der kollektiven Religionsfreiheit verdrängt aus dem Bereich der Religionsgemeinschaften die Bedeutung der anderen Grundrechte.
- Die Kirchenzughörigkeit beruht heute nach dem Wegfall des konfessionell geschlossenen Staates und dessen ‚brachium saeculare' auf subjektiver Entscheidung. Je grösser der Graben zwischen kirchlichem Recht und allgemeinem Rechtsbewusstsein ist, umso eher ist die Frage erlaubt, „ob kirchliche Gemeinschaften überhaupt noch Tradierungschancen haben, wenn sie sich nicht auch in ihrer inneren

48 *Jürgen Habermas*, Anerkennungskämpfe im demokratischen Rechtsstaat, in: Charles Taylor, Multikulturalismus und die Politik der Anerkennung, Frankfurt a.M. 1993, S. 147-196, 177.

49 Vgl. *Adrian Loretan*, Die Konzilserklärung über die Religionsfreiheit – oder ist der Kirchenaustritt Privatsache?, in: Jenseits der Kirchen. Analyse und Auseinandersetzung mit einem neuen Phänomen in unserer Gesellschaft, hg. vom Schweizerischen Pastoralsoziologischen Institut, Zürich 1998, S. 113-145.

50 *Jürgen Habermas*, Glauben und Wissen, Frankfurt a.M. 2001, S. 14. Ohne diesen Reflexionsschub entfalten die Monotheismen in rücksichtslos modernisierten Gesellschaften ein destruktives Potential. Am 11. September 2001 ist diese Spannung zwischen säkularer Gesellschaft und Religion explodiert, so Jürgen Habermas.

Organisationsstruktur der sie umgebenden Menschenrechtskultur anpassen, zumal es sich um eine Rechtskultur handelt, die [...] von den Kirchen als grundsätzlich der christlichen Sozialethik entsprechend anerkannt wird"[51]. Als Beispiel sei die weitgehende Inkulturation des frühen Christentums in die heidnische und römisch-hellenistische Antike verwiesen, die das Recht der katholischen Kirche bis heute entscheidend prägt. Weshalb soll „eine entsprechende Inkulturation der Kirchen und ihrer Organisationsstrukturen in den Kontext der neuzeitlichen Menschen- und Grundrechtsidee ausgeschlossen sein?"[52]

– Das Überleben von Kirchen und anderen kulturellen Gruppen kann nicht durch kollektive Rechte von Staates wegen garantiert werden. Eine Überlieferung muss sich so darstellen können, dass auch Mitglieder in einer grundrechtlich geschützten Gesellschaft überzeugt werden, es lohne sich diese Tradition weiterzuführen.
  „Traditionen bewähren vielmehr ihre Lebensfähigkeit, indem sie sich in die zerstreuten und vernetzten Kanäle individueller Lebensgeschichten einfädeln und dabei die kritischen Schwellen des autonomen Urteils jedes einzelnen potenziellen Nutzniessers passieren. Frühestens in der Adoleszenz kann sich dann der intrinsische Wert einer Überlieferung jeweils zeigen. Jugendliche müssen davon überzeugt werden, dass sie im Horizont der angeeigneten Tradition ein sinnvolles, nicht verfehltes oder entleertes Leben führen können."[53] Für das Überleben von religiösen Kulturen ist entscheidend „die Gewährleistung jenes internen Spielraums, der für eine Traditionsaneignung unter Dissensbedingungen nötig ist. Eine dogmatisch abgeschirmte Kultur wird sich, zumal in einer alternativenreichen sozialen Umgebung, nicht reproduzieren können"[54].

E. *Offene Fragen*

Es stellen sich neue Fragen: Wie können Männer Frauen in einer Rechtskultur der Gleichberechtigung erklären, dass sie aus theologischen Gründen diskriminiert werden müssen? Werden religiöse Männer, die die Ras-

51 *F. Hafner*, Kirchen im Kontext (Anm. 2), S. 175.
52 Ebd. S. 176.
53 *J. Habermas*, Kulturelle Gleichbehandlung (Anm. 17), S. 388.
54 Ebd. S. 389.

sendiskriminierung aus religiösen Gründen ablehnen, auch die Geschlechterdiskriminierung aus religiösen Gründen ablehnen? Wird man trotz der rechtlichen Entwicklungen im staatlichen und völkerrechtlichen Gleichstellungsrecht die Diskriminierung des weiblichen Geschlechts aus religiösen Gründen weiterhin tolerieren?

Stehen jene Religionsgemeinschaften vor einer neuen Modernismuskrise, die gemäss ihrer Lehre Frauen aus religiösen Gründen diskriminieren? Werden damit einige christliche Kirchen in einem modernen Rechtsstaat zum Fremdkörper? Ist das Selbstbestimmungsrecht im Rahmen der Religionsfreiheit das geeignete Mittel, um diese Fremdheit, dieses Nicht-Inkulturieren nach der Französischen Revolution zu schützen? Oder handelt es sich um staatlich betriebenen kirchlichen Heimatschutz, zu dem der religiös neutrale Staat keinen rechtlichen Auftrag hat? Anders gefragt: Darf der religiös neutrale Staat Religionsgemeinschaften vor den Veränderungswünschen seiner eigenen Mitglieder schützen?

Fragen über Fragen! Solche Fragen zeigen, dass der liberale Staat den traditionellen Kirchen grosse Anpassungsleistungen abverlangt. Die intellektuelle theologische und rechtswissenschaftliche Auseinandersetzung mit dem modernen Rechtsstaat ist für die Religionsgemeinschaften angesagt.

V. Das Grundrecht der Religionsfreiheit

Wie man Religionsfreiheit versteht, hängt sehr stark davon ab, wie man die Grundprinzipien der Religionsfreiheit (d.h. Parität, Neutralität des Staates und Toleranz) interpretiert. Deshalb ist diesem Kapitel über die Religionsfreiheit das Kapitel über die Toleranz nach innen (4.) und das Kapitel ‚Kollektive kulturelle Rechte kontra subjektive Rechte‘ (3.) vorausgegangen.

Die Religionsfreiheit war die *politische* Antwort auf die Unversöhnlichkeit der Kirchen in den Religionskriegen. Als politische Lösung für eine gleichberechtigte Koexistenz der Kirchen schlug sie eine Toleranzkonzeption vor, „die auf den absoluten, also nicht-verhandelbaren Charakter der Geltungsansprüche religiöser Überzeugungen Rücksicht nahm. […] Toleranz wird denen zugemutet, die aus jeweils guten subjektiven Gründen andere Überzeugungen und Praktiken in dem Bewusstsein ablehnen, dass es sich um einen zwar kognitiven, aber auf längere Sicht unlösbaren Dissens handelt. [...] Toleranz ist nur erforderlich und möglich, wenn die Beteiligten ihre Ablehnung auf eine *vernünftigerweise* fortbestehende Nicht-Übereinstimmung stützen. Dem Rassisten oder dem Chauvinisten begegnen wir ja nicht mit dem Ruf nach mehr Toleranz, sondern mit der Aufforderung, seine Vorurteile zu überwinden“[55].

Diese spezifischen Bedingungen kommen den Lehren der Religionsgemeinschaften sehr entgegen. Dieses Nicht-Übereinstimmen von Weltwissen und religiöser Überlieferung verdient aber nur dann das Prädikat „vernüftig“, „wenn religiösen Überzeugungen aus der Sicht des säkularen Wissens ein epistemischer Status zugestanden wird, der nicht schlechthin irrational ist“[56]. Die Theologischen Fakultäten in den Universitäten übernehmen diesen Dialog mit den säkularen Wissenschaften des jeweiligen Landes[57].

Wer selbst Auffassungen vertritt, die nicht von Toleranz geprägt sind, verwirkt seine Grundrechte nicht. Güter wie die öffentliche Ordnung oder die Rechte Dritter dienen unter anderem dazu, fundamentalistische Ansprüche zurückzuweisen. „Solche Grundrechtsbeschränkungen greifen aber erst, wenn fundamentalistische Haltungen und Auffassungen in irgendeiner Weise umgesetzt werden, [...] Es sind somit nicht die Haltung des Fundamentalismus, sondern die verpönten Aktionen, die der Grundrechtsausübung Grenzen setzen.“[58]

Die Religionsfreiheit hat bis heute dazu beigetragen, dass weltanschauliche Konflikte die inzwischen pluralistisch gewordene Gesellschaft nicht zerreissen. Sie bot den Religionsgemeinschaften einen institutionellen Rahmen innerhalb des Rechtsstaates für die Lösung ihrer eigenen Fragen. In den verschiedenen nationalen Systemen enthält die Religionsfreiheit die drei Grundprinzipien:

- Nichtidentifikation oder Neutralität des Staates
- Gleichbehandlung oder Parität
- Toleranz.

Ohne Neutralität, Parität und Toleranz ist Religionsfreiheit nicht möglich.

55 Ebd. S. 391.

56 Ebd. S. 394.

57 Vgl. *Adrian Loretan* (Hg.), Theologische Fakultäten an europäischen Universitäten. Rechtliche Situation und theologische Perspektiven, Münster 2004 (in: Theologie Ost-West, Bd. 1).

58 *W. Kälin*, Grundrechte im Kulturkonflikt (Anm. 23), S. 43.

Nach modernem Rechtsverständnis darf es keinen Staat im Staate geben. „Wenn sich gleichwohl innerhalb eines liberalen Staates eine (nach dessen Verständnis) illiberale Gruppe eine eigene Rechtsordnung geben darf, hat das unauflösbare Widersprüche zur Konsequenz.“[59] Zwei Beispiele:

- In den letzten Jahren wurden Stammesgemeinschaften mit weit reichenden Selbstverwaltungsrechten entschädigt für die erzwungene Integration der Vorfahren in die Staatsordnung der Eroberer. So „können die Verpflichtungen einzelner Stammesangehörigen mit Rechten kollidieren, die diesen als Staatsbürgern des grösseren politischen Gemeinwesens zustehen. Aus den Selbstverwaltungsrechten, die indianische Territorien in den Vereinigten Staaten und in Kanada besitzen, ergeben sich solche Konsequenzen insbesondere für eigentums- und familienrechtliche Ansprüche. Davon sind in erster Linie wiederum Frauen betroffen“[60].
- Ganz anders verhält es sich mit religiösen Gruppen, die ihre auf vormoderne Ursprünge zurückgehende Doktrinen und Lebensformen an die Säkularisierung von Staat und Gesellschaft anpassen, um sich innerhalb des differenzierten Gefüges der Moderne behaupten zu können. „In der Umgebung moderner Gesellschaften und säkularer Herrschaftsgewalten ist das religiöse Bewusstsein dann selber zu einer ‚Modernisierung‘ […] veranlasst worden.“[61]

VI. Das Grundrecht der Gleichstellung

A. Gleiche Freiheiten für alle, ausser den Frauen

In der europäischen und amerikanischen Verfassungsgeschichte erkennen wir rückblickend drastische Beispiele von Ungerechtigkeit, so z.B. der Ausschluss von Frauen, von Sklaven und weiteren Deklassierten[62]. Die

59 *J. Habermas*, Kulturelle Gleichbehandlung (Anm. 17), S. 390. Inwiefern hier das Verhältnis von Staatskirchenrecht und Kirchenrecht betroffen ist, wäre eigens auszuführen.

60 Ebd. S. 390.

61 Ebd. S. 391.

62 Vgl. *Josi J. Meier*, Kampf um Gleichheit und Gerechtigkeit, in: Denise Buser/Adrian Loretan (Hg.), Gleichstellung der Geschlechter und die Kirchen. Ein

retrospektive Einsicht lässt auf einen sich selbst korrigierenden Lernprozess schliessen. Werden von diesem Lernprozess auch die Kirchen und Religionsgemeinschaften erfasst?

Der Blick auf die Widersprüche zwischen „Faktizität und Geltung“[63] kann freilich nur solange zur Antriebskraft der Umformung der Gesellschaft werden, wie die Dissonanzen nicht durch eine Ontologisierung, die auch der Staat akzeptiert, ihren Stachel verlieren.

Unter gleichberechtigten Bürgerinnen und Bürgern aber wirft jede Statusordnung die Frage nach der Legitimität des zugelassenen Masses an sozialer Ungleichheit auf. Innerhalb pluralistischer Gesellschaften kann der politische Vorrang eines ethisch imprägnierten Gemeinwohlbegriffs vor der effektiven Gewährleistung gleicher ethischer Freiheiten zu Diskriminierungen aufgrund des Geschlechts führen.

Kulturelle Rechte müssen, anders als soziale Rechte, im Hinblick auf die Ermöglichung der gleichmässigen Inklusion aller Bürgerinnen und Bürger gerechtfertigt werden[64]. „Im Lichte dieser Differenzierung wird klar, warum der Sinn kultureller Rechte verfehlt wird, wenn man sie einem erweiterten Sozialstaatsmodell eingliedert.“[65] Die Rechtfertigung kultureller Rechte geht von der Garantie gleicher Freiheiten für jede und jeden aus.

Die demokratische Ausgestaltung eines Systems der Grundrechte befreit „den klassischen Liberalismus von der starren Abstraktion naturrechtlich begründeter allgemeiner Gesetze, die um der gleich verteilten subjektiven Freiheiten willen herrschen sollen“[66]. Die aus der Geschichte des naturrechtlichen Denkens hervortretende Idee gleicher Freiheiten für jede und jeden nimmt im Prozess der Selbstgesetzgebung eine reflexive Gestalt an.

Beitrag zur menschenrechtlichen und ökumenischen Diskussion, Freiburg i.Ü. 1999, S. 15-21.

63 Vgl. *Jürgen Habermas*, Faktizität und Geltung. Beiträge zur Diskurstheorie des Rechts und des demokratischen Rechtsstaats, Frankfurt a.M. 1998 (Taschenbuchausgabe).

64 Nancy Fraser hat die Bedeutung einer analytischen Trennung der beiden fast immer miteinander verbundenen Dimensionen staatsbürgerlicher Ungleichheit erkannt. Vgl. *Nancy Fraser/Axel Honneth*, Umverteilung oder Anerkennung? Eine politisch-philosophische Kontroverse, Frankfurt a.M. 2003.

65 *J. Habermas*, Kulturelle Gleichbehandlung (Anm. 17), S. 383.

66 Ebd. S. 369.

Wie kann nun das Freiheit sichernde Prinzip staatsbürgerlicher Gleichheit der weiblichen Personen eingeschränkt werden auf Kosten kollektiver Gruppenrechte? Ist eine Relativierung universeller Menschenrechte durch Religionsfreiheit denkbar?[67] Solche kollektiven Gruppenrechte wollen die Selbstbehauptungsfähigkeiten diskriminierter Gruppen stärken. Sie scheinen aber trotz eines vorbildlich demokratischen Zustandekommens von einem dialektischen Umschlag von Gleichheit in Repression gegen eigene Mitglieder (Frauen) nicht gefeit zu sein.

Ein Beispiel aus Indien soll dies erläutern: „Talaq" heisst Scheidung. Gemäss der vorherrschenden Interpretation der religiösen Scharia-Gesetzgebung in Indien bedeutet die dreimalige Wiederholung durch einen Ehemann, dass er damit von seiner Frau geschieden ist. Sie kann nicht einmal ihre Koffer packen, denn sie verliert auch das Recht auf ihren Anteil an ehelichen Gütern. Versuche verschiedener Organisationen vor zivilen und religiösen Institutionen konnten nichts ändern. Der All India Muslim Personal Law Board, eine Kommission von 40 Ulemas aus verschiedenen religiösen Strömungen, wurde aufgefordert ein Urteil über diese Scheidungspraxis zu geben, „die Tausende von Frauen zum Spielball von Männern macht, die sich ihrer Gattin entledigen wollen"[68]. Dieser Rat alter Männer, der nur eine Frau in seinen Reihen zählt, erklärt: „Die Talaq-Scheidung sei ein ‚soziales Übel', doch sei sie wie alle Scharia-Gesetze ‚göttlich inspiriert'. ‚Wir haben nicht das Recht, die Scharia zu verändern. Das dreifache Talaq bleibt bestehen.' […] Der Staat wagt es nicht, das heikle Personenrecht der Muslime anzurühren, um sich nicht dem Vorwurf der Diskriminierung religiöser Minderheiten auszusetzen. Dies macht den willkürlich zusammengesetzten Beirat des All India Muslim Personal Law Board zu einer quasi-gerichtlichen Instanz."[69]

Die Zurückhaltung des Staates ist auch aus theologischen Gründen nicht verständlich. Denn die Scharia ist eine Sammlung nachkoranischer

67 Vgl. *Dagmar Richter*, Relativierung universeller Menschenrechte durch Religionsfreiheit? Ein Beitrag zu den rechtlichen Grenzen schädlicher religiöser Praktiken, in: *Rainer Grote/Thilo Marauhn* (Hg.), Religionsfreiheit zwischen individueller Selbstbestimmung, Minderheitenschutz und Staatskirchenrecht. Völker- und verfassungsrechtliche Perspektiven, Berlin 2001, S. 89-212.

68 „Talaq! Talaq! Talaq!" Indiens Musliminnen kämpfen gegen unfaires Scheidungsrecht, in: NZZ vom 7./8. August 2004, Nr. 182, S. 19.

69 Ebd. „Wir haben nicht das Recht, die Scharia zu verändern." Diese Begründung wird fast wörtlich gleich von anderen Religionsgemeinschaften gebraucht, um die Diskriminierung der Frau angeblich theologisch zu legitimieren.

Rechtspraktiken. Der Theologe Faizur Rahman, sagt, „der Prophet Mohammed selber sei erzürnt gewesen, als ihm einmal ein solcher Fall unterbreitet worden sei, und er habe dem Missetäter vorgeworfen, er spiele mit dem Buch Allahs. Es gibt eine Reihe islamischer Staaten, die inzwischen den Talaq-Brauch abgeschafft haben“[70].

Die indischen Zivilgerichte haben sich zurückgehalten mit der Berufung auf ein koloniales Gerichtsurteil von 1897, das Gerichten eine eigene Koran-Interpretation verbot. „Sie müssten sich stattdessen auf die ‚Autorität und das Alter‘ religiöser Kommentatoren stützen. Genau darum geht es, meinen auch die Frauenvertreterinnen, nämlich nicht um das Talaq, sondern um die ‚Beendigung patriarchalischer Praktiken unter dem Deckmantel religiöser Autorität‘“.[71]

B. Was heisst Diskriminierung?

„Niemand darf diskriminiert werden, namentlich wegen der Herkunft, der Rasse des Geschlechts, des Alters, der Sprache, der sozialen Stellung, der Lebensform, der religiösen, weltanschaulichen oder politischen Überzeugung oder wegen einer körperlichen, geistigen oder psychischen Behinderung“ (Art. 8 Abs. 2 BV). Diese Umschreibung der Bundesverfassung definiert den Begriff der Diskriminierung nicht inhaltlich. Sie macht aber deutlich, dass es um Unterscheidungen geht, welche an bestimmte Merkmale anknüpfen, wie z.B. Sprache, Lebensform und Geschlecht.

Diskriminierung lässt sich mit Walter Kälin umschreiben als „eine qualifizierte Art von Ungleichbehandlung von Personen in vergleichbaren Situationen, welche eine Benachteiligung eines Menschen zum Ziel oder zur Folge hat, die als Herabwürdigung einzustufen ist, weil sie an einem Unterscheidungsmerkmal anknüpft, das einen wesentlichen und nicht oder nur schwer aufgebbaren Bestandteil der Identität der betreffenden Person ausmacht. Das Diskriminierungsverbot ist verletzt, wenn die Schlechterstellung wegen eines verpönten Merkmals erfolgt und in der konkreten Situation nicht gerechtfertigt werden kann“[72]. Für Kälin muss ein Kausalzusammenhang zwischen der Verwendung des Unterscheidungskriteriums und der Benachteiligung bestehen.

70 Ebd.

71 Ebd.

72 *W. Kälin*, Grundrechte im Kulturkonflikt (Anm. 23), S. 107.

Der Europäische Gerichtshof für Menschenrecht in Strassburg hat in seiner Rechtsprechung zum Diskriminierungsverbot von Art. 14 EMRK ein dreistufiges Prüfungsprogramm entwickelt. Es wird untersucht,

1. ob eine Ungleichbehandlung zwischen vergleichbaren Situationen vorliegt,
2. ob die getroffene Unterscheidung einen objektiven und sachlichen Rechtfertigungsgrund aufweist,
3. ob das angestrebte Ziel und die eingesetzten Mittel verhältnismässig sind.

Ähnliche Unterscheidungskriterien wenden auch der Menschenrechtsausschuss der UNO und der interamerikanische Gerichtshof für Menschenrechte an. Auch hier liegt keine Diskriminierung vor, wenn die Unterscheidung „sich auf sinnvolle und objektive Kriterien stützt und der verfolgte Zweck im Hinblick auf den Pakt [über die bürgerlichen und politischen Rechte] rechtmässig ist“[73].

Die Geschlechterdiskriminierung betreffen die meisten Entscheide in der internationalen Praxis. „Ihnen ist gemeinsam, dass sie im Kern auf eine Verhältnismässigkeitsprüfung hinauslaufen.“[74]

Eine *indirekte Diskriminierung* liegt vor, wenn eine Massnahme neutral formuliert ist, d.h. also keine der verpönten Merkmale aufweist, in ihren Auswirkungen jedoch eine Personengruppe mit Merkmalen, die im Rahmen einer direkten Diskriminierung als verpönt einzustufen wären, besonders stark benachteiligt. Zum Beispiel ist eine Zulassungsvoraussetzung zur Polizei, die eine bestimmte Mindestgrösse oder ein bestimmtes Mindestgewicht voraussetzt, welche von Frauen nicht oder nur selten erreicht werden, indirekt diskriminierend.

Auch im Bereich der indirekten Geschlechterdiskriminierung wird vom Gerichtshof der Europäischen Gemeinschaft untersucht, ob die Ungleichbehandlung wegen des Geschlechts in ihrem Ausmass verhältnismässig ist[75]. Die Rechtfertigung einer indirekten Benachteiligung hängt davon ab, ob das verfolgte Ziel sachlich gerechtfertigt ist, das verwendete Unterscheidungsmerkmal notwendig und zur Erreichung des Ziels geeignet

73 Ebd. S. 111.

74 Ebd.

75 *Kathrin Arioli*, Die Rechtsfigur der indirekten Diskriminierung, in: Aktuelle Juristische Praxis (AJP) 1993, S. 1327 ff., 1331.

ist. Das Geschlecht ist immer ein verpönter Anknüpfungspunkt für Benachteiligung[76].

VII. Und die römisch-katholische Kirche

Werden die oben genannten Kriterien auch auf die Religionsgemeinschaften und andere vormodernen Kulturen angewandt werden? So wird z.B. in der römisch-katholischen Kirche die Lehre vertreten: „Die heilige Weihe empfängt gültig nur ein getaufter Mann".[77]

Der amerikanische Staat hat im Falle von religiös begründeter Rassendiskriminierung die ‚christliche' Universität gedrängt, nach einer Lösung zu suchen, um diese zu überwinden. Es gäbe auch in der katholischen Kirche Möglichkeiten, die Geschlechterdiskriminierung ansatzweise zu überwinden, selbst wenn keine Priesterweihe für Frauen eingeführt würde. Denn Frauen können auch unabhängig von der Weihe an der Leitungsvollmacht und an den Ämtern der Kirche beteiligt werden[78].

Werden Kirchen in einer Rechtskultur der Gleichstellung der Geschlechter eine Struktur der Ungleichstellung der Geschlechter aufrechterhalten können?[79] Die Zeichen der Zeit (Grundrechtsentwicklung) sprechen dafür, dass das begonnene grundrechtliche Denken unumkehrbar ist. Wird die Kirche die Menschenrechte nach aussen einfordern können und gleichzeitig Symbole der Ungleichstellung der Geschlechter in ihrer Liturgie und ihrem Kirchenbild vorleben? Kann das Recht einer solchen Kirche „Vorbildfunktion" für Gesellschaft und Staat übernehmen?[80]

Die deutschen Bischöfe wollen im Rahmen des geltenden Rechts und trotz der vorherrschenden Auffassung von der Verknüpfung von Lei-

76 *W. Kälin*, Grundrechte im Kulturkonflikt (Anm. 23), S. 115.

77 C. 1024 CIC.

78 Vgl. *Adrian Loretan*, Laien im pastoralen Dienst. Ein Amt in der kirchlichen Gesetzgebung, 2. Aufl. Freiburg i.Ü. 1997, darin besonders: Laien als Amtsträger (S. 214-280), Laien als Jurisdiktionsträger (S. 281-338).

79 Vgl. *Denise Buser/Adrian Loretan* (Hg.), Gleichstellung der Geschlechter und die Kirchen (Anm. 62).

80 Vgl. *Dietmar Mieth*, Die Spannung zwischen Recht und Moral in der katholischen Kirche, in: Concilium 32 (1996), S. 410-415, bes. 411-413. Der Autor verneint die Frage im Unterschied zu *Klaus Demmer*, Christliche Existenz unter dem Anspruch des Rechts. Ethische Bausteine der Rechtstheologie, Freiburg i.Ü. 1995, S. 137.

tungsvollmacht und Weihe „den Anteil der Frauen in Entscheidungspositionen […] in der Kirche erhöhen“[81]. Noch deutlicher fordert Papst Johannes Paul II., dass es „daher dringend einiger konkreter Schritte [bedürfe …], dass den Frauen Räume zur Mitwirkung in verschiedenen Bereichen und auf allen Ebenen (sic!) eröffnet werden, auch in den Prozessen der Entscheidungsfindung, vor allem dort, wo es sie selbst angeht“[82]. Die Vereinbarkeit von Erwerbsarbeit und Familienarbeit für Frauen wird eingefordert[83]. Gerade auf dem Gebiet der theologischen, kulturellen und spirituellen Reflexion erwartet der Papst von den Frauen überraschend neue Zugänge zum Glauben in all seinen Ausdrucksformen. So führt er weiter aus: „Sicher muss man viele Forderungen, die die Stellung der Frau in verschiedenen gesellschaftlichen und kirchlichen Bereichen betreffen, als berechtigt anerkennen. In gleicher Weise gilt es hervorzuheben, dass das neue Bewusstsein der Frau auch den Männern hilft, ihre Denkmuster, ihr Selbstverständnis und ihre Art und Weise zu überprüfen, wie sie sich in der Geschichte etablieren und diese auslegen, wie sie ihr soziales, politisches, wirtschaftliches, religiöses und kirchliches Leben gestalten.“[84] Wie diese letzte Forderung des Papstes in den Ortskirchen der Schweiz umgesetzt wird, darauf dürfen Frauen und Männer gespannt sein[85].

Ein entscheidendes Problem aber bleibt nicht nur in der katholischen Kirche, sondern auch in der Ökumene. Dazu am Schluss die lutherische Landesbischöfin von Hannover, Margot Kässmann: Sie bezeichnete die Frauenfrage als eines der Schlüsselprobleme in der Ökumene, besonders

81 Für eine Zukunft in Solidarität und Gerechtigkeit, Nr. 201.

82 Johannes Paul II., Nachsynodales Apostolisches Schreiben Vita consecrata, über das geweihte Leben und seine Sendung in Kirche und Welt, Nr. 58. (deutsch hg. vom Sekretariat der Deutschen Bischofskonferenz, Bonn 1996, Verlautbarungen des Apostolischen Stuhles Nr. 125). Wer bei dieser Stelle kontextgebunden nur an die Frauen der Vita consecrata denkt, übersieht, dass die Kirche seit dem Konzil in ihrem Grundrechtskatalog die „wahre Gleichheit in Würde und Tätigkeit“ (c. 208 CIC, vgl. LG 32) auf ihre Fahnen geschrieben hat.

83 Schreiben [der Glaubenskongregation] an die Bischöfe der Katholischen Kirche, Über die Zusammenarbeit von Mann und Frau in der Kirche und in der Welt, Rom 2004, Nr. 13.

84 Johannes Paul II., Vita consacrata (Anm. 82), Nr. 57.

85 Es wäre hilfreich, wenn die einzelnen Diözesen neben den Frauenkommissionen auch entsprechend ausgebildete Frauenbeauftragte ernennen würden, die die Frauen in kirchlichen Ämtern begleiten und ihre Anliegen und Rechte in der vorwiegend von Männern geprägten Kirche einbringen könnten.

im Verhältnis zu den orthodoxen Kirchen. „Wir können uns nicht verhalten, als gäbe es keine Probleme“, sagte sie am Rande der Vollversammlung des Lutherischen Weltbundes im kanadischen Winnipeg[86].

VIII. Schluss

Formal werden in diesen Zeilen die Religionsgemeinschaften und die Kirchen durch rechtliches Denken herausgefordert. Die von Jürgen Habermas angemahnte Auseinandersetzung der Religionsgemeinschaften mit dem liberalen Rechtsstaat wird nicht ohne Folgen bleiben für die Kirchen und Religionsgemeinschaften. „Religiöse Lehren, die dem Staat einmal die sakralen Grundlagen seiner Legitimation bereitgestellt hatten, verarbeiten den Zwang zur Entpolitisierung, indem sie aus ihrer Binnenperspektive das Verhältnis der religiösen Gemeinde (a) zum liberalen Staat, (b) zu den anderen Religionsgemeinschaften und (c) zur säkularisierten Gesellschaft im Ganzen neu bestimmen.“[87] Diese Denkarbeit wird die Theologie interdisziplinär in Zusammenarbeit mit der Rechtswissenschaft (a), der Religionswissenschaft (b) und den Gesellschaftswissenschaften (c) in Zukunft zu leisten haben.

86 Schlüsselproblem (Kipa-Meldung), in: SKZ 171 (2003), S. 579.

87 *Jürgen Habermas*, Intoleranz und Diskriminierung, in: Aram Mattioli/Markus Ries/Enno Rudolph, Intoleranz im Zeitalter der Revolutionen. Europa 1770-1848, Zürich 2004, S. 43-56, 48.

SJKR/ASDE 9 (2004), S. 39-71

Neugestaltung des Verhältnisses zwischen Kirchen und Staat im Kanton Zürich – Reformpostulate und Reformbedarf*

von Martin Röhl (Zürich)

I. Ausgangslage

A. Kirchengesetz und Kirchenordnung in den letzten vier Jahrzehnten

Die geltende Regelung des Verhältnisses zwischen dem Staat Zürich und der evangelisch-reformierten Landeskirche stammt aus dem Jahr 1963[1]. Die gestützt darauf erlassene Kirchenordnung trat 1967 in Kraft[2]. Diese beiden Erlasse erfuhren in den letzten vier Jahrzehnten verschiedene Teilrevisionen, blieben in ihrer Grundkonzeption aber unverändert.

Das Kirchengesetz ist seit seinem Inkrafttreten von grundlegenden Änderungen verschont geblieben. Verschiedene Revisionen hatten die teilweise Pauschalisierung der staatlichen Leistungen an die Landeskirche zum Gegenstand[3]. Einerseits wurde damit eine Vereinfachung der Verwaltungsabläufe ermöglicht; anderseits gestattete dies die Kürzungen der staatlichen Leistungen an die Landeskirche. Weitere Revisionen des Kirchengesetzes ergaben sich aus zwingenden Anpassungen an das staatliche Recht, so etwa im Zusammenhang mit der Änderung der Bezirksein-

* Überarbeitete Fassung eines anlässlich der 17. Jahrestagung der Schweizerischen Vereinigung für Evangelisches Kirchenrecht (SVEK) am 30. Januar 2004 in Zürich gehaltenen Referats. Die vorliegenden Ausführungen geben die persönliche Meinung des Verfassers wieder.

1 Gesetz über die evangelisch-reformierte Landeskirche des Kantons Zürich vom 7. Juli 1963 (KG; LS 181.11).

2 Kirchenordnung der evangelisch-reformierten Landeskirche vom 2. Juli 1967 (KO; LS 181.12).

3 Vgl. § 5 Abs. 1 und § 6 KG.

teilung im Kanton[4], der Totalrevision des Wahlgesetzes im Jahr 1983[5] und dem neuen staatlichen Personalrecht[6].

Die Teilrevisionen der Kirchenordnung betrafen in erster Linie die sogenannten Gottesdienst- und Unterrichtsartikel: Taufe[7], Sonntagsschule und Jugendgottesdienst[8] und kirchlicher Unterricht[9]. Die jüngsten Änderungen in den Jahren 1999 und 2000 hatten die Bestimmungen über den Schutz kirchlicher Minderheiten[10] und den Datenschutz[11] zum Inhalt. Insgesamt präsentiert sich die Kirchenordnung von 1967 nach wie vor in ihrer ursprünglichen Fassung.

Kirchengesetz und Kirchenordnung erfuhren somit im Lauf der Jahrzehnte nur einzelne und zudem weitgehend unbestrittene Änderungen. Grundlegende Fragestellungen – z.B. die Stellung des Pfarramts im Verhältnis zu weiteren kirchlichen Ämtern und Diensten (einschliesslich die Frage der Ordination), Berufsbilder für die kirchlichen Berufe, die Gemeindeleitung im Zusammenspiel von Kirchenpflege und Pfarramt – wurden lediglich diskutiert, ohne dass sich dies im Kirchengesetz oder in der Kirchenordnung niedergeschlagen hätte. Insbesondere die im Frühjahr 1996 aufgenommenen Arbeiten an einer Neuregelung des Verhältnisses zwischen Kirchen und Staat führten dazu, dass an Kirchengesetz und Kirchenordnung nur noch die unumgänglichen Anpassungen erfolgten. Weitergehende Reformpostulate wurden mit Blick auf ein neues Kirchengesetz und die Totalrevision der Kirchenordnung zurückgestellt. Bezüglich der Kirchenordnung gestattet dieses Vorgehen, die Kirchenordnung als Ganzes zu überdenken, grundsätzliche theologische und verwaltungsorganisatorische Fragen im Gesamtzusammenhang gründlich zu klären und keine Präjudizien zu schaffen, die einer Neukonzeption der Kirchenordnung entgegenstehen könnten.

4 Aufteilung des Bezirks Zürich in die beiden Bezirke Zürich und Dietikon sowie Wechsel der Gemeinde Zollikon vom Bezirk Zürich zum Bezirk Meilen im Jahr 1985.

5 Gesetz über die Wahlen und Abstimmungen (Wahlgesetz) vom 4. September 1983 (LS 161).

6 Vgl. § 10 KG. Das neue staatliche Personalrecht trat am 1. Juli 1999 in Kraft.

7 Vgl. Art. 59 ff. KO.

8 Vgl. Art. 75 ff. KO.

9 Vgl. Art. 79 ff. KO.

10 Art. 40 und 40a KO.

11 Art. 18a KO.

B. Wie weiter?

Seit der Ablehnung der Neuregelung des Verhältnisses zwischen Kirchen und Staat in der Volksabstimmung vom 30. November 2003 besteht im Verhältnis zwischen Kirchen und Staat eine neue Ausgangslage, obschon die Rechtslage unverändert geblieben ist[12]. Einerseits wurde bereits am 1. Dezember 2003 im Kantonsrat eine Motion eingereicht, die darauf abzielt, die Kirchensteuerpflicht für juristische Personen abzuschaffen bzw. für diese als freiwillig zu erklären[13]. Anderseits sollen Bestrebungen im Gang sein, die Staatsbeiträge an die Landeskirche, die dieser gestützt auf § 5 KG zukommen, zu überprüfen bzw. zu kürzen.

Regierungs- und der Kantonsrat werden sich vorläufig nicht mehr mit dem Verhältnis zwischen Kirchen und Staat befassen, da diese Fragen Teil des Verfassungsentwurfs bilden, der im Jahr 2005 den Stimmberechtigten vorgelegt werden wird[14]. Im Wesentlichen sieht dieser Entwurf vor, die Autonomie der anerkannten kirchlichen Körperschaften im Bereich des Stimm- und Wahlrechts sowie der Schaffung und Auflösung von Kirchgemeinden zu erweitern[15] und neben der evangelisch-reformierten Landeskirche, der römisch-katholischen Körperschaft und der christkatholischen Kirchgemeinde zwei jüdische Gemeinden anzuerkennen[16]. Insbesondere werden die drei anerkannten kirchlichen Körper-

12 Zur Vorgeschichte und Abstimmung vgl. *Werner Bräm*, Staatskirchenrechtliche Reformschritte im Kantons Zürich, in: SJKR/ADSE 1 (1996), S. 160 ff.; *ders.*, Zum Stand der Entwicklung im Verhältnis von Kirche und Staat im Kanton Zürich, in: SJKR/ADSE 3 (1999), S. 177 ff.; *ders.*, Konkreter Schritt auf dem Weg zur neuen Gestaltung des Verhältnisses zwischen Staat und Kirche im Kanton Zürich, in: SJKR/ADSE 6 (2001), S. 187 ff.; *Martin Röhl*, Neuregelung des Verhältnisses zwischen Kirchen und Staat im Kanton Zürich – Standortbestimmung nach der Volksabstimmung vom 30. November 2003, in: SJKR/ADSE 8 (2003), S. 241 ff. Vgl. zum Ganzen auch *Tobias Jaag*, Neuordnung des Verhältnisses zwischen Kirchen und Staat im Kanton Zürich, in: SJZ 99 (2003), S. 549 ff.

13 NZZ vom 1. und 2. Dezember 2003.

14 Der Verfassungsentwurf (E-KV) wurde vom Verfassungsrat am 8. Juli 2004 in zweiter Lesung und am 28. Oktober 2004 zuhanden der Volksabstimmung verabschiedet.

15 Art. 130 Abs. 2 E-KV.

16 Art. 130 Abs. 1 und 131 Abs. 1 E-KV. Es sind dies die Israelitische Cultusgemeinde und die Jüdische Liberale Gemeinde. Gegenüber der Anerkennung der drei christlichen Kirchen handelt es sich um eine Anerkennung minderen Grades, deren Wirkungen das Gesetz näher zu regeln hat.

schaften als befugt erklärt, durch einen dem obligatorischen Referendum unterstehenden Erlass für ihren Bereich sowohl das Ausländerstimm- und Wahlrecht einzuführen als auch das Stimm- und Wahlrechtsalter selbständig festzusetzen. Dem Gesetzgeber ist es laut Verfassungsentwurf überlassen, die Grundzüge der Organisation der staatlich anerkannten kirchlichen Körperschaften, die Kompetenz zur Besteuerung der natürlichen und juristischen Personen sowie die negative Zweckbindung eines Teils der Steuererträge, die staatlichen Leistungen und die Zuständigkeit für die Festlegung des Pfarrwahlverfahrens und der Amtsdauer der Pfarrerinnen und Pfarrer zu regeln[17].

Weil der Ausgang der Volksabstimmung über die neue Kantonsverfassung ungewiss ist, lässt sich im heutigen Zeitpunkt nicht mit Bestimmtheit vorhersagen, wie sich das Verhältnis zwischen Staat und Kirchen im Kanton Zürich in Zukunft gestalten wird. Diese Ungewissheit wird bis auf weiteres die innerkirchlichen Reformarbeiten begleiten: Es ist davon auszugehen, dass der Status quo bzw. das Kirchengesetz von 1963 für drei bis fünf Jahre unverändert weitergelten wird. Längerfristig ist insbesondere mit einer Entflechtung von Kirchen und Staat vor allem im finanziellen Bereich zu rechnen[18]. Hingegen erscheint ein weiterer Anlauf auf formelle Trennung von Kirchen und Staat als eher unwahrscheinlich.

II. Reform des Staatskirchenrechts

A. Forderungen von politischer Seite

Die politischen Auseinandersetzungen im Vorfeld der Volksabstimmung vom 30. November 2003 offenbarten, dass die Auffassungen über die Stossrichtung der Reformen im Verhältnis zwischen Kirchen und Staat sehr unterschiedlich sind. Sie reichen von der Forderung, den Status quo unverändert beizubehalten, bis zum Begehren auf vollständige Trennung von Kirchen und Staat sowie Verweisung der Kirchen auf die Organisationsformen des Privatrechts. Diese Meinungsvielfalt bringt den gesellschaftlichen Wandel der vergangenen Jahrzehnte zum Ausdruck, der sich auch gegenüber den Kirchen auswirkt. Eine Gesellschaft, die multikultu-

17 Art. 130 Abs. 3 E-KV.

18 D.h. im Bereich der Staatsbeiträge, der Besoldung der Pfarrerinnen und Pfarrer sowie der Besteuerung der juristischen Personen.

rell und individualistisch geprägt ist, neigt zum seit der Aufklärung immer wieder geäusserten Grundsatz, dass Religion Privatsache sei[19]. Auch sind Strömungen unübersehbar, welche die christlich-institutionelle Präsenz in der Gesellschaft schwächen wollen[20].

Im Mittelpunkt der politischen Reformpostulate stehen die Entflechtung der finanziellen Beziehungen zwischen Kirchen und Staat, die Gleichbehandlung der anerkannten kirchlichen Körperschaften, die Stimm- und Wahlrechtsautonomie, die Anerkennung weiterer Religionsgemeinschaften neben der evangelisch-reformierten Landeskirche, der römisch-katholischen Körperschaft und der christkatholische Kirchgemeinde sowie die Kirchensteuerpflicht der juristischen Personen und die Verwendung dieser Steuererträge.

1. Finanzielle Entflechtung

Die finanziellen Leistungen des Staates an die Landeskirche werden heute im Wesentlichen mit den historischen Rechtstiteln begründet[21]. Gestützt auf diese trägt der Staat insbesondere 63 % der Besoldungen der Pfarrerinnen und Pfarrer der evangelisch-reformierten Kirchgemeinden und der Pfarrerinnen und Pfarrer in besonderen Diensten[22]. Hinzu kommt eine Verwaltungspauschale für die Aufwendungen der Landeskirche für die Kirchensynode, den Kirchenrat und sein Sekretariat sowie die Bezirkskirchenpflegen[23]. Weitere finanzielle Leistungen Staates an die Landeskirche stützen sich auf Spezialgesetze und Vereinbarungen zwischen dem Staat und der Landeskirche und bilden ein Entgelt für von der Landeskirche geleistete Dienste.

19 Vgl. dazu auch *Roland J. Campiche*, Kann die Kirche ihren Geltungsanspruch als Institution angesichts der Umgestaltung des Religiösen in der Spätmoderne einlösen, in: Jan Bauke/Matthias Krieg (Hg.), Die Kirche und ihre Ordnung, Zürich 2003, S. 15 ff.

20 *Ruedi Reich*, Revision der Kirchenordnung, warum und wozu?, in: Jan Bauke/Matthias Krieg (Hg.), Die Kirche und ihre Ordnung, Zürich 2003, S. 5 ff., 8 f.

21 Art. 64 Abs. 3 Satz der Verfassung des eidgenössischen Standes Zürich vom 18. April 1869 (KV; LS 101): „Die auf historischen Rechtstiteln beruhenden Verpflichtungen des Staates bleiben gewahrt."

22 § 51 KG in Verbindung mit § 1 Abs. 1 der Verordnung über die Besoldungen der Pfarrer vom 13. Juli 1964 (LS 181.45). Pfarrämter in besondern Diensten finden sich im Bereich der Gefängnisse, der kantonalen Spitäler und Kliniken sowie in der Behindertenseelsorge.

23 § 5 Abs. 1 Ziffer 2 KG.

Die Ausrichtung der Verwaltungspauschale lässt sich damit rechtfertigen, dass der Staat die Landeskirche durch das Kirchengesetz verpflichtet, bestimmte Behörden zu schaffen und zu unterhalten, deren Mitgliederzahl und Aufgaben vorschreibt sowie die Strukturen und das zu beachtende Verfahren vorgibt[24]. Demgegenüber sind die historischen Rechtstitel zunehmend schwieriger nachzuvollziehen und zu legitimieren. Im Rahmen der Vorarbeiten für das in der Volksabstimmung vom 30. November 2003 gescheiterte Kirchengesetz zeigte sich zudem, dass die unterschiedlichen Auffassungen von Landeskirche und Staat über die historischen Rechtstitel fortbestehen und dass auch durch weitere Gutachten und Untersuchungen keine Annäherung der Standpunkte zu erwarten ist[25]. Gerade weil sich die Frage der Ablösung der historischen Rechtstitel auf dem bisherigen Weg nicht zufriedenstellend beantworten liess, schlug der Regierungsrat an ihrer Stelle staatliche Kostenbeiträge im Verhältnis zur Mitgliederzahl der anerkannten Kirchen vor[26]. Diesem Vorgehen stimmte die Landeskirche in erster Linie im Interesse der Gleichstellung der anerkannten Kirchen und der ökumenischen Zusammenarbeit zwischen der Landeskirche und der römisch-katholischen Körperschaft zu. Ungeachtet dessen stellt sie sich auf den Standpunkt, dass die historischen Rechtstitel unabhängig von einer Verankerung bzw. Erwähnung in der Kantonsverfassung bestehen und nicht untergehen können.

Nachdem das neue Kirchengesetz in der Volksabstimmung verworfen wurde, sind die Ansprüche aus den historischen Rechtstiteln weiterhin durch die Kantonsverfassung garantiert. Dies mag für die Landeskirche erfreulich sein, hätte doch die Neuregelung der Landeskirche einen Rückgang der finanziellen Leistungen des Staates um einen zweistelligen Millionenbetrag beschert[27]. Der „stille Abschied“[28] von den Leistungen, die heute auf der Grundlage der historischen Rechtstitel ausgerichtet wer-

24 Vgl. § 25 Abs. 1 (Bezirkskirchenpflegen), § 28 Abs. 1 (Kirchensynode), § 33 Abs. 1 (Kirchenrat) und § 37 Abs. 1 KG (Landeskirchliche Rekurskommission).

25 A. Kantonsverfassung: Neuregelung des Verhältnisses zwischen Kirchen und Staat (Änderung); B. Kirchengesetz – Antrag und Weisung des Regierungsrates vom 6. März 2002, Amtsblatt (ABl. 2002, S. 457 f.) (zitiert: Antrag RR).

26 §§ 16 ff. des Kirchengesetzes vom 31. März 2003 (Referendumsvorlage; E-KG; ABl. 2003, S. 658 ff.), auch abgedr. in: SJKR/ASDE 8 (2003), S. 310 ff.

27 Antrag RR (Anm. 25), S. 469. Berechnungen gehen von zwölf Millionen Franken aus.

28 So *W. Bräm*, Entwicklung (Anm. 12), S. 180.

den, zugunsten von staatlichen, nach der Mitgliederzahl bemessenen Kostenbeiträgen hätte allerdings den Vorteil gehabt, die staatlichen Beiträge an die gesamtgesellschaftliche bedeutenden Leistungen der Landeskirche in einer mit dem Staat partnerschaftlich erarbeiteten Form auf längere Frist zu sichern und so ein seit mehr als hundert Jahren bestehendes Rechtsproblem zu lösen. Bemerkenswert ist immerhin, dass die historischen Rechtstitel auch im Entwurf für eine neue Kantonsverfassung Erwähnung finden: Die Übergangsbestimmungen sehen vor, dass die heutigen, auf den historischen Rechtstiteln beruhenden Leistungen des Staates bis zu deren rechtskräftiger Neuregelung garantiert werden und dass sich die Neuregelung dieser Leistungen an deren bisherigem Gesamtumfang orientiert[29].

2. Gleichbehandlung der anerkannten kirchlichen Körperschaften

Seit 1963 sind neben der evangelisch-reformierten Landeskirche und ihren Kirchgemeinden auch die römisch-katholische Körperschaft und ihre Kirchgemeinden sowie die christkatholische Kirchgemeinde Zürich staatlich anerkannte öffentlich-rechtliche Körperschaften[30]. Dieser formellen Gleichstellung steht die Ungleichbehandlung im Bereich der staatlichen Leistungen gegenüber, in erster Linie zwischen der Landeskirche und der römisch-katholischen Körperschaft. Von den staatlichen Leistungen im Umfang von jährlich rund 50 Millionen Franken kommen nur gerade acht Millionen Franken der römisch-katholischen Körperschaft und einige hunderttausend Franken der christkatholischen Kirchgemeinde zu, während sich die finanzielle Unterstützung der Landeskirche auf mehr als 40 Millionen Franken beläuft. Hiervon werden rund 90 % für die Besoldungen der Pfarrerinnen und Pfarrer aufgewendet, d.h. für eine auf den historischen Rechtstiteln beruhende Verpflichtung des Staates.

Weil – abgesehen von den durch die Kantonsverfassung gewährleisteten historischen Rechtstiteln – kein sachlicher und vernünftiger Grund für eine derart ungleiche Behandlung der anerkannten Kirchen im finanziellen Bereich mehr ersichtlich ist, bildet die finanzielle Gleichstellung der anerkannten Kirchen ein aus juristischer Sicht berechtigtes politisches Anliegen[31]. Die Ablösung der historischen Rechtstitel durch staatliche

29 Art. 145 Abs. 1 E-KV.

30 Art. 64 Abs. 2 KV.

31 Die Aufteilung der staatlichen Leistungen aufgrund der jeweiligen Mitgliederzahlen der anerkannten Kirchen beruht demgegenüber auf einem objektiv fest-

Kostenbeiträge drängt sich auch deshalb auf, weil eine gerichtliche Durchsetzung der Forderung nach finanzieller Gleichbehandlung der anerkannten kirchlichen Körperschaften daran scheitert, dass die historischen Rechtstitel in der Verfassung garantiert sind und deshalb die Voraussetzungen für eine akzessorische Überprüfung von Art. 64 Abs. 3 KV durch das Bundesgericht nicht erfüllt sind[32].

3. Stimm- und Wahlrechtsautonomie

Der Kanton Zürich ist heute der letzte Kanton der Schweiz, der den von ihm anerkannten kirchlichen Körperschaften das Recht vorenthält, über das Stimm- und Wahlrecht ihrer Mitglieder selbst zu bestimmen. Die hierfür erforderliche Verfassungsänderung scheiterte am 30. November 2003 ein weiteres Mal, nachdem die Stimmberechtigten dieses Anliegen bereits 1982 verworfen hatten[33]. Die Gewährung von Autonomie in diesem Bereich hätte es der Landeskirche erlaubt, ihren Mitgliedern mit ausländischer Staatsbürgerschaft die politische Mitwirkung in innerkirchlichen Angelegenheiten zu ermöglichen sowie das Stimm- und Wahlrechtsalter dem Zeitpunkt der Religionsmündigkeit anzugleichen, die mit dem zurückgelegten 16. Altersjahr eintritt[34].

Die Gegner der Stimm- und Wahlrechtsautonomie verweisen zur Begründung ihres Standpunkts auf die relativ engen Bindungen zwischen Kirchen und Staat. Es sei nicht opportun, den Kirchgemeinden als Spezialgemeinden in diesem Bereich Autonomie zu gewähren, nicht aber den weiteren Spezialgemeinden und den politischen Gemeinden. Auch wird befürchtet, dass auf diese Weise das allgemeine Stimm- und Wahlrecht für Ausländerinnen und Ausländer eingeführt werde[35]. Dem ist entgegen-

---

stellbaren Kriterium und erweist sich deshalb als rechtsgleich (vgl. § 18 Abs. 2 E-KG).

32 Zur akzessorischen Überprüfung von Kantonsverfassungen durch das Bundesgericht vgl. *Ulrich Häfelin/Walter Haller*, Schweizerisches Bundesstaatsrecht, 5. Aufl. Zürich 2001, N. 1029 ff., 1943.

33 ABl. 1982, S. 1069; zur damaligen Verfassungsvorlage vgl. ABl. 1980, S. 1441 ff.

34 Art. 303 Abs. 3 des Schweizerisches Zivilgesetzbuches vom 10. Dezember 1907 (ZGB; SR 211).

35 *Eduard Rübel*, Kirchengesetz und Kirchenordnung der Zürcher Landeskirche, 2. Aufl. Zürich 1983, S. 30; *Gregor A. Rutz*, Zürcher Staatskirchenrecht im Lichte der Verfassungsrevision, Freiburg i.Ü. 2001, S. 62 f.; vgl. Protokoll des Kantonsrates 1999-2003, S. 15161 f.

zuhalten, dass die Gewährung der Stimm- und Wahlrechtsautonomie an die anerkannten Kirchen bis heute in keinem Kanton die Ausdehnung des Stimm- und Wahlrechts in staatlichen Angelegenheiten auf ausländische Staatsangehörige zur Folge hatte. Zu beachten ist ausserdem, dass die erweiterte Stimm- und Wahlrechtsautonomie innerkirchlich umgesetzt werden muss, d.h. es bedarf einer Änderung der Kirchenordnung, die dem obligatorischen Referendum untersteht[36].

Die geltende Rechtslage hat zur Folge, dass Menschen von der Teilhabe an der Selbstbestimmbarkeit in kirchlichen Angelegenheiten ausgeschlossen werden, denen nach kirchlichem Selbstverständnis ein Recht auf Mitbestimmung zukommt[37]. Denn die Staatsangehörigkeit bildet aus theologischer Sicht regelmässig kein taugliches Differenzierungskriterium für den Umfang der Mitwirkungsrechte in der Kirche[38]. Zwar greift der Staat mit der Verweigerung der Stimm- und Wahlrechtsautonomie nicht in die Autonomie der Landeskirche ein[39]. Denn diese besteht nur im Rahmen des Kirchengesetzes, das bezüglich des Stimm- und Wahlrechts in kirchlichen Angelegenheiten auf die massgebenden Bestimmungen der Kantonsverfassung verweist[40]. Die Erweiterung der landeskirchlichen Autonomie in Stimm- und Wahlrechtsangelegenheiten setzt daher weder eine Verfassungsänderung, noch die Umwandlung der Kirchgemeinden von Territorialkörperschaften in Körperschaften auf personaler Grundlage, noch die Entlassung der Kirchgemeinden aus den Reihen der Spezialgemeinden staatlichen Rechts voraus[41]. Vielmehr genügt es staatskirchenrechtlich, die landeskirchliche Autonomie auf Gesetzesebene entsprechend zu erweitern. – Der Entwurf der neuen Kantonsverfassung räumt nun den anerkannten kirchlichen Körperschaften ausdrücklich das Recht auf autonome Regelung des Stimm- und Wahlrechts ihrer Mitglieder in kirchlichen Angelegenheiten ein[42].

36 Art. 159b Abs. 1 Ziffer 2 KO.
37 *W. Bräm*, Reformschritte (Anm. 12), S. 164.
38 *Dieter Kraus*, Schweizerisches Staatskirchenrecht, Tübingen 1993, S. 382 Anm. 75; vgl. *G. Rutz*, Zürcher Staatskirchenrecht (Anm. 35), S. 63.
39 So *G. Rutz*, Zürcher Staatskirchenrecht (Anm. 35), S. 64.
40 § 3 Abs. 1 in Verbindung mit § 9 Abs. 1 KG.
41 So aber *G. Rutz*, Zürcher Staatskirchenrecht (Anm. 35), S. 65.
42 Art. 130 Abs. 2 lit. a E-KV.

4. Anerkennung weiterer Religionsgemeinschaften

Die im Anerkennungsgesetz vorgesehene Möglichkeit, neben der evangelisch-reformierten Kirche, der römisch-katholischen Kirche und der christkatholischen Kirche weitere Religionsgemeinschaften anzuerkennen, dürfte massgeblich zum Scheitern des gesamten Reformpakets in der Volksabstimmung vom 30. November 2003 beigetragen haben. Streitig war einerseits, ob überhaupt weiteren Religionsgemeinschaften die staatliche Anerkennung zu erteilen sei, und anderseits das im Gesetzesentwurf dafür vorgesehene Verfahren. Dieses wies den Anerkennungsentscheid aus rechtsstaatlichen Überlegungen dem Regierungsrat zu, der die Anerkennung bei Erfüllung der gesetzlichen Voraussetzungen hätte erteilen müssen[43].

Die Schaffung einer generellen Rechtsgrundlage für die Anerkennung weiterer Religionsgemeinschaften scheint politisch nicht durchsetzbar zu sein. Infolgedessen steht die einzelfallweise Anerkennung im Vordergrund, insbesondere der im Kanton Zürich schon lange bestehenden jüdischen Gemeinden. Diesen Weg beschreitet auch der Verfassungsentwurf mit der Anerkennung der Israelitischen Cultusgemeinde und der Jüdischen Liberalen Gemeinde, wobei es dem Gesetzgeber obliegt, die Wirkungen dieser Anerkennung zu regeln[44].

5. Kirchensteuerpflicht der juristischen Personen

Nachdem bereits am Tag nach der Volksabstimmung vom 30. November 2003 im Kantonsrat eine Motion eingereicht wurde, welche die Abschaffung der Kirchensteuerpflicht für juristische Personen zum Ziel hat, ist davon auszugehen, dass diese Frage die Neuregelung des Verhältnisses zwischen Kirchen und Staat mitprägen wird.

Die juristische Lehre lehnt die Kirchensteuerpflicht der juristischen Personen mehrheitlich als verfassungswidrig ab[45]. Demgegenüber hat das

43 § 13 Abs. 2 des Gesetzes über die Anerkennung von Religionsgemeinschaften vom 31. März 2003 (Referendumsvorlage; AnG; ABl. 2003, S. 671 ff.), auch abgedr. in: SJKR/ASDE 8 (2003), S. 317 ff.

44 Art. 131 E-KV.

45 Dazu eingehend *U. Häfelin/W. Haller*, Bundesstaatsrecht (Anm. 32), N. 421; *Fritz Fleiner/Zaccaria Giacometti*, Schweizerisches Bundesstaatsrecht, Zürich 1949, S. 320 f.; *Peter Karlen*, Das Grundrecht der Religionsfreiheit in der Schweiz, Diss. Zürich 1988, S. 366 ff.; *Ulrich Häfelin*, in: Jean-François Aubert/Kurt Eichenberger/Jörg Paul Müller/René A. Rhinow/Dietrich Schindler

Bundesgericht in ständiger Praxis seit 1878 die Zulässigkeit der Besteuerung juristischer Personen durch Religionsgemeinschaften bestätigt[46], unter anderem mit dem Hinweis, dass es Sache der Kantone sei, entsprechende Regelungen zu erlassen. Die erwähnte Motion hat in erster Linie die steuerliche Entlastung von Unternehmen zum Ziel. Es geht somit um handfeste finanzpolitische Interessen: Die Partnerschaft zwischen Staat und Kirchen bleibt von einem wirtschaftsbetonten Universaldenken nicht verschont, das den Staat in allen Belangen schwächen will, die keinen monetären Erfolg zulassen oder diesen sogar behindern könnten[47]. Diesen Bestrebungen steht gegenüber, dass selbst Wirtschaftskreise in der Vernehmlassung zum neuen Kirchengesetz der Kirchensteuer für juristische Personen mit Blick auf die gesamtgesellschaftlichen Leistungen der Kirchen nicht opponierten und eine negative Zweckbindung begrüssten[48]. Die negative Zweckbindung, wie sie der Entwurf für ein neues Kirchengesetz vorsah[49], stellt sicher, dass die Steuererträge der juristischen Personen nicht mehr für kultische Zwecke verwendet werden, sondern den gesamtgesellschaftlich bedeutenden Leitungen der Kirchen zugute kommen[50].

Der Wegfall dieser Steuerträge würde zusammen mit einer allfälligen Kürzung der staatlichen Leitungen die finanziellen Möglichkeiten der Landeskirche erheblich einschränken. Vor allem im nicht kultischen Bereich wäre ein spürbarer Abbau des Angebots unumgänglich[51]. Gerade deswegen beantragt der Regierungsrat dem Kantonsrat, die Motion vom 1. Dezember 2003 betreffend Abschaffung der obligatorischen Kirchen-

---

(Hg.), Kommentar zur Bundesverfassung der Schweizerischen Eidgenossenschaft vom 24. Mai 1874, Basel/Zürich/Bern 1987 ff., Art. 49 Rz. 100 ff.

46 BGE 4 533, zuletzt BGE 126 I 122 ff.

47 So *W. Bräm*, Reformschritte (Anm. 12), S. 160 f. Dies in Abrede stellend *G. Rutz*, Zürcher Staatskirchenrecht (Anm. 35), S. 88.

48 Antrag RR (Anm. 25), S. 461. Die Zürcher Handelskammer wies in ihrer Vernehmlassung darauf hin, dass bei Wegfall der Kirchensteuer für juristische Personen die Kirchen ihre Leistungen zugunsten der Gesamtgesellschaft kürzen müssten. Dies habe zur Folge, dass der Staat zumindest einen Teil dieser Leistungen selbst erbringen müsste, was erfahrungsgemäss teurer zu stehen komme (Protokoll des Kantonsrates 1999-2003, S. 15316).

49 Vgl. § 22 Abs. 1 E-KG.

50 Dazu Antrag RR (Anm. 25), S. 470 f., 482.

51 Der gesamte Steuerertrag aus der Besteuerung der juristischen Personen beläuft sich zurzeit auf jährlich rund 100 Millionen Franken. Nach Schätzungen entfallen davon mehr als 70 Millionen Franken auf die Landeskirche.

steuer nicht zu überweisen und vorerst den Ausgang der Arbeiten an der neuen Kantonsverfassung abzuwarten[52]. Diese sieht die Besteuerung der natürlichen und juristischen Personen durch die anerkannten kirchlichen Körperschaften sinngemäss vor, wobei das Gesetz die Einzelheiten und die Verwendung der Steuerträge juristischer Personen zu regeln hätte[53].

B. Standpunkt der Landeskirche

1. Zu den Forderungen von politischer Seite

Die Vorschläge für die Reform des Staatskirchenrechts, wie sie von politischer Seite her vertreten werden, decken sich weitgehend mit den Revisionsanliegen der Landeskirche – allerdings mit anderer Stossrichtung. Auch die Landeskirche tritt ein für die finanzielle Entflechtung zwischen Kirchen und Staat, die Gleichbehandlung der anerkannten kirchlichen Körperschaften, die Stimm- und Wahlrechtsautonomie, die Anerkennung weiterer Religionsgemeinschaften und die Kirchensteuerpflicht der juristischen Personen. Sie hätte diese Neuerungen begrüsst[54], hat sich jetzt aber dem Ergebnis der Volksabstimmung vom 30. November 2003 zu stellen. Hierbei kommt ihr der Entwurf der neuen Kantonsverfassung entgegen, indem er eine Neugestaltung des Verhältnisses zwischen Kirchen und Staat vorschlägt, der auch die Landeskirche zustimmen kann.

a) Finanzielle Entflechtung und Gleichbehandlung der anerkannten Kirchen

Die „stille Ablösung“ der historischen Rechtstitel durch staatliche Kostenbeiträge, wie sie das von den Stimmberechtigten verworfene Kirchengesetz vorsah, hätte der Landeskirche und ihren Kirchgemeinden finanzielle Einbussen verursacht. Der errechnete Ausfall von rund zwölf Millionen Franken wurde angesichts einer jährlichen Budgetsumme der Landeskirche und ihrer Kirchgemeinden von zusammen fast 300 Millionen Franken jedoch als verkraftbar betrachtet. Im Gegenzug hätte die Landeskirche auf längerfristig mit staatlichen Kostenbeiträgen rechnen können und wären zugleich die Erträge aus der Besteuerung der juristischen

52 Regierungsratbeschluss Nr. 485 vom 30. März 2004.

53 Art. 130 Abs. 3 lit. b E-KV. Gegenwärtig findet die Kirchensteuer für juristische Personen ihre Grundlagen in § 201 des Steuergesetzes vom 8. Juni 1997 (LS 631.1).

54 Vgl. *W. Bräm*, Reformschritte (Anm. 12), S. 163.

Personen gesichert gewesen. Die aufgrund der Mitgliederzahl berechneten Kostenbeiträge anstelle der Leistungen auf der Grundlage der historischen Rechtstitel hätten zugleich die finanzielle Gleichbehandlung von evangelisch-reformierter Landeskirche und römisch-katholischer Körperschaft herbeigeführt. Bezüglich der staatlichen Leistungen sehen die Übergangsbestimmungen der neuen Kantonsverfassung vor, dass sich diese ungeachtet des Bestandes und der Anerkennung der historischen Rechtstitel am bisherigen Gesamtleistungsumfang zu orientieren haben[55].

b) Stimm- und Wahlrechtsautonomie

Die Stimm- und Wahlrechtsautonomie entspricht einem mehrere Jahrzehnte alten Postulat der Landeskirche, denn die biblische Tradition verbietet die Diskriminierung ausländischer Kirchenmitglieder[56]. Obschon die Landeskirche – anders als die römisch-katholische Kirche – unter ihren Mitgliedern nur einen geringen Ausländeranteil aufweist[57] und die Stimm- und Wahlrechtsautonomie für die Landeskirche aus staatskirchenrechtlicher Sicht daher von untergeordneter Bedeutung ist, scheint dieses zentrale landeskirchliche Anliegen in Anbetracht der im Kanton Zürich herrschenden politischen Verhältnissen kaum mehrheitsfähig zu sein. Gleichwohl räumt der Entwurf der neuen Kantonsverfassung den anerkannten kirchlichen Körperschaften in kirchlichen Angelegenheiten diesbezüglich Autonomie ein[58]. Vorläufig ist es der Landeskirche jedoch noch verwehrt, das Stimm- und Wahlrechtsalter zu senken bzw. der Religionsmündigkeit und dem Konfirmationsalter anzupassen[59], obschon sich kaum begründen lässt, weshalb das staatliche Recht Jugendliche an der

55 Art. 145 Abs. 1 E-KV.

56 *Ruedi Reich*, Kirche und Demokratie – Betrachtungen aus theologischer Sicht, in: SJKR/ADSE 2 (1997), S. 13 ff., S. 26; *ders.*, Überlegungen aus evangelisch-reformierter Sicht, in: René Pahud de Mortanges/Gregor A. Rutz/Christoph Winzeler, Die Zukunft der öffentlich-rechtlichen Anerkennung der Religionsgemeinschaften, Freiburg i.Ü. 2000, S. 105 ff. (112).

57 Die evangelisch-reformierte Landeskirche weist unter ihren Mitgliedern einen Ausländeranteil von rund drei Prozent auf. Diese Personen stammen vorwiegend aus dem Einzugsbereich der lutherischen Kirche, d.h. aus dem mittel- und nordeuropäischen Raum. Demgegenüber beträgt der Ausländeranteil in der römisch-katholischen Kirche im Kanton Zürich rund 30 Prozent.

58 Art. 130 Abs. 2 lit. a E-KV.

59 Die Religionsmündigkeit tritt mit dem zurückgelegtem 16. Altersjahr ein (Art. 303 Abs. 3 ZGB). Die Konfirmation erfolgt in der Regel am Ende des neunten Schuljahrs, d.h. ebenfalls im 16. Altersjahr (Art. 89 KO).

politischen Mitwirkung in jener Kirche hindert, der sie nun gemäss eigener Entscheidung angehören[60].

c) Anerkennung weiterer Religionsgemeinschaften

Die Anerkennung weiterer Religionsgemeinschaften ist im Sinn eines ökumenischen Anliegens innerhalb der seit 1996 laufenden Reformarbeiten begrüssenswert[61], vor allem mit Blick auf die Sicherung des religiösen Friedens. Denn die staatliche Anerkennung ist regelmässig mit der Verpflichtung verbunden, die Grundwerte der schweizerischen Rechtsordnung anzuerkennen, sich demokratisch zu organisieren, über die Finanzen öffentlich Rechenschaft abzulegen und die Geistlichen durch die Mitglieder wählen zu lassen[62]. Obschon die Anerkennung weiterer Religionsgemeinschaften in der Volksabstimmung vom 30. November 2003 deutlich verworfen wurde, bleibt es ein Anliegen der Landeskirche, die staatliche Anerkennung wenigstens für die jüdischen Gemeinden im Kanton Zürich zu gewähren[63]. Zu hoffen bleibt, dass die Anerkennung der Israelitischen Cultusgemeinde und der Jüdischen Liberalen Gemeinde, wie sie im der Entwurf der Kantonsverfassung enthalten ist[64], einen ersten Schritt in diese Richtung darstellt.

d) Kirchensteuerpflicht der juristischen Personen

Die Landeskirche ist auf die Erträge aus der Besteuerung der juristischen Personen insoweit angewiesen, als es ihr diese Mittel gestatten, der gesamten Bevölkerung ein breites diakonisches Angebot zur Verfügung zu stellen. Diese Leistungen von gesamtgesellschaftlicher Bedeutung müssten bei einem Wegfall dieser Steuererträge reduziert oder ganz gestrichen und mindestens teilweise von der öffentlichen Hand übernommen werden. Im Interesse der Sicherung des diakonischen Angebots und ungeachtet des damit verbundenen Mehraufwands im Rechnungswesen ist eine negative Zweckbindung der Kirchensteuererträge juristischer Personen, wie sie auch das vom Volk abgelehnte Kirchengesetzes vorsah, hinzunehmen. Denn der Aufwand für die gesamtgesellschaftlich bedeutenden

60 *W. Bräm*, Reformschritte (Anm. 12), S. 165. Die Senkung des Stimm- und Wahlrechtsalters scheint sogar unter den Gegnern einer erweiterten Autonomie der Kirchen in diesem Bereich unbestritten zu sein (vgl. *G. Rutz*, Zürcher Staatskirchenrecht [Anm. 35], S. 66).

61 *W. Bräm*, Reformschritte (Anm. 12), S. 163.

62 Vgl. § 3 Abs. 1, § 8 und § 9 AnG.

63 *W. Bräm*, Reformschritte (Anm. 12), S. 166.

64 Art. 131 E-KV.

Leistungen der Kirchen beträgt im Kanton Zürich jährlich rund 150 Millionen Franken, während sich die staatlichen Leistungen und Kirchensteuererträge der juristischen Personen auf höchstens 120 Millionen Franken belaufen[65]. Angesichts dieser Unterdeckung von rund 30 Millionen Franken zulasten der Kirchen verliert die Frage nach dem genauen Inhalt des unbestimmten Rechtsbegriffs „kultische Zwecke", wie er zur Umschreibung der negativen Zweckbindung verwendet wird[66], an Bedeutung: Weil für das Erbringen der gesamtgesellschaftlich bedeutenden Leistungen ohnehin weitere Finanzmittel[67] der Kirchen herangezogen werden müssen, besteht keine Gefahr, dass zweckgebundene staatliche Kostenbeiträge und Kirchensteuererträge juristischer Personen für kultische Zwecke zweckentfremdet werden.

2. Landeskirchliche Reformanliegen

Das Kirchengesetz von 1963 ist im Unterschied zum in der Volksabstimmung vom 30. November 2003 abgelehnten Kirchengesetz kein Rahmengesetz, sondern es beinhaltet detaillierte Regelungen vor allem hinsichtlich der innerkirchlichen Organisation und des Dienstrechts für die Pfarrerinnen und Pfarrer. Diese historisch gewachsene gesetzliche Ordnung ist weit entfernt vom Leitsatz, unter dem die Reformarbeiten der vergangenen Jahre standen: „So viel Autonomie wie möglich, so viel staatliche Strukturen wie nötig"[68]. Mit der baldigen politischen Umsetzung dieses Leitsatzes kann nicht gerechnet werden, weil die Revision des Kirchengesetzes staatlicherseits erst wieder an die Hand genommen werden wird, wenn die Stimmberechtigten über die neue Kantonsverfassung und damit über das künftige Verhältnis zwischen Kirchen und Staat entschieden haben werden.

Die politischen Verhältnisse im Kanton Zürich lassen eine Teilrevision des Kirchengesetzes im Augenblick nicht als ratsam erscheinen. Es besteht die Gefahr, dass Reformpostulate eingebracht werden, die den Interessen der Landeskirche zuwiderlaufen[69]. Ungeachtet dessen sind im Folgenden einige der wichtigsten staatskirchenrechtlichen Reformanliegen

65 Antrag RR (Anm. 25), S. 469; Regierungsratsbeschluss Nr. 485 vom 30. März 2004, S. 4.

66 § 22 Abs. 1 E-KG.

67 In erster Linie die Erträge aus der Besteuerung der natürlichen Personen.

68 *W. Bräm*, Reformschritte (Anm. 12), S. 163.

69 Z.B. im Bereich der Staatsbeiträge.

der Landeskirche näher zu beleuchten. Diesen ist gemeinsam, dass sie ohne Revision des Kirchengesetzes bzw. ohne Erweiterung der der Landeskirche vom Staat gewährten Autonomie[70] nicht umsetzbar sind.

a) Stimm- und Wahlrechtsautonomie

Die Gewährung der vollen Stimm- und Wahlrechtsautonomie, wie sie auch der Entwurf der neuen Kantonsverfassung vorsieht[71], würde es der Landeskirche gestatten, die theologisch nicht begründbare Ungleichbehandlung von Mitgliedern mit schweizerischer und ausländischer Staatsangehörigkeit hinsichtlich der politischen Mitwirkung in innerkirchlichen Angelegenheiten zu beenden. Was in allen anderen Kantonen möglich ist und sich dort bewährt hat, sollte auch im Kanton Zürich umsetzbar sein, ohne dass sich Auswirkungen auf das Stimm- und Wahlrecht in politischen Angelegenheiten ergeben.

b) Gemeindeleitung

Die Kirchenordnung verpflichtet die Kirchenpflege in gemeinsamer Verantwortung mit den Pfarrerinnen und Pfarrern sowie den Kirchgemeindeangestellten in erster Linie zum Aufbau der Gemeinde; Pfarrerinnen, Pfarrer und Kirchenpflegemitglieder sorgen gemeinsam für eine gemeindefördernde Zusammenarbeit unter sich, den Kirchgemeindeangestellten und Freiwilligen der Kirchgemeinde[72]. Damit bringt die Kirchenordnung zum Ausdruck, dass die Gemeindeleitung nach landeskirchlichem Verständnis auf dem sogenannten Zuordnungsmodell beruht. Gemäss diesem sind Kirchenpflege und Pfarramt einander zugeordnet; sie bilden gemeinsam die Leitungsebene der Gemeinde[73]. Das Zuordnungsmodell offenbart sich unter anderem darin, dass Pfarrerinnen und Pfarrer mit beratender Stimme und Antragsrecht an den Sitzungen der Kirchenpflege teilnehmen[74]. Es handelt sich hierbei nicht um ein Recht, sondern um eine Amtspflicht der Pfarrerinnen und Pfarrer[75]. In der Praxis wohnen zudem

70 Vgl. § 3 KG.

71 Art. 130 Abs. 2 lit. a E-KV.

72 Art. 35 Abs. 1 und Art. 109 KO.

73 reform06 – Auf dem Weg zur neuen Kirchenordnung: Leitsätze und Grundthesen, Unterlage zur Konsultation 2002, Zürich 2002, S. 17; *Jakob Frey*, Gemeindeleitung im Zusammenwirken von Kirchenvorsteherschaft und Pfarramt, in: SJKR/ADSE 1 (1996), S. 15 ff. (29).

74 § 80 Abs. 1 des Gesetzes über das Gemeindewesen vom 6. Juni 1926 (Gemeindegesetz, GG; LS 131.1), Art. 31 Abs. 2 Satz 2 KO.

75 *E. Rübel*, Kirchengesetz und Kirchenordnung (Anm. 35), S. 70.

vielfach die Angestellten der Kirchgemeinde teilweise oder integral an den Sitzungen der Kirchenpflege bei, obschon sie lediglich zum einzelnen, sie betreffenden Traktandum angehört werden dürfen, während die Beratungen und Beschlussfassung ohne ihre Anwesenheit stattfinden müssen[76].

Gerade Letzteres zeigt, dass der gesetzliche Rahmen, wie ihn Gemeindegesetz und Kirchenordnung dem Zuordnungsmodell setzen, dem heutigen Verständnis von Gemeindeleitung und -aufbau nur noch teilweise gerecht wird. Namentlich bleibt ausser Betracht, dass dem kirchenmusikalischen und dem diakonischen Auftrag neben der Wortverkündigung durch die Pfarrerin bzw. den Pfarrer eine zentrale Bedeutung beim Gemeindeaufbau zukommt. Diese Aufgaben werden in der Regel nicht von den Pfarrerinnen und Pfarrern, sondern von besonders qualifizierten Angestellten wahrgenommen. Dies verlangt nach einer Präzisierung des heutigen Leitungsmodells. Erste Überlegungen im Rahmen des innerkirchlichen Reformprojekts reform06[77] gingen dahin, dass Kirchgemeindeangestellte mit gestaltend-geistlichem Aufgabenprofil[78] zusammen den Fachkonvent der Kirchgemeinde bilden, dem die operative Verantwortung für den Gemeindeaufbau zukommt. Die Verbindung zur für den Gemeindeaufbau strategisch verantwortlichen Kirchenpflege stellt eine Vertretung des Fachkonvents dar, die mit beratender Stimme integral an den Kirchenpflegesitzungen teilnimmt. Diese Vertretung darf aber nicht über ein selbständiges Antragsrecht in der Kirchenpflege verfügen, um die Stellung und das Antragsrechts der Kirchenpflegemitglieder nicht zu schmä-

76 *E. Rübel*, Kirchengesetz und Kirchenordnung (Anm. 35), S. 71; *Hans Rudolf Thalmann*, Kommentar zum Zürcher Gemeindegesetz, 3. Aufl. Wädenswil 2000, § 80 N 5. Die Direktion der Justiz und des Innern hielt in diesem Zusammenhang in einem Kreisschreiben vom 29. Oktober 1981 über die Teilnahme Aussenstehender an den Sitzungen der Kirchenpflegen fest, dass die eigenmächtige Erweiterung der Pflege das demokratische Prinzip und das Stimmrecht verletze, bewirke sie doch, dass die Entscheidungsbildung anders zustande komme, als es die Gesetzgebung vorschreibt und die Wählenden dies erwarteten.

77 Vgl. dazu Antrag und Bericht des Kirchenrates an die Kirchensynode vom 2. Oktober 2002 betreffend „reform06“: Stand Oktober 2002 der Arbeiten zur Revision der Kirchenordnung sowie zum Verhältnis zwischen Kirche und Staat (Protokoll der evangelisch-reformierten Kirchensynode des Kantons Zürich vom 26. November 2002, Anhang) und *M. Röhl*, Neuregelung (Anm. 12), S. 249 ff.

78 Dazu zählen in erster Linie die Pfarrerinnen und Pfarrer, die diakonischen Mitarbeitenden, die Kirchenmusikerinnen und -musiker sowie Katechetinnen und Katecheten.

lern und sich widersprechende Anträge von diesen und aus dem Fachkonvent zu verhindern. Das so erweiterte Zuordnungsmodell lässt sich unter dem heute geltenden Gemeindegesetz und Kirchengesetz jedoch nicht verwirklichen.

Im Zusammenhang mit einem neuen Gemeindeleitungsmodell stellt sich in Kirchgemeinden mit mehreren Pfarrstellen die Frage der Teilnahme von Pfarrerinnen und Pfarrern an den Kirchenpflegesitzungen. Vor allem die Zunahme von Teilzeitpfarrstellen hat zur Folge, dass Pfarrerinnen und Pfarrer in Teilzeitanstellung einen erheblichen Teil ihrer Arbeitszeit für Kirchenpflegesitzungen aufwenden, so dass ihnen diese Zeit für die pfarramtliche Tätigkeit fehlt. Deshalb sah das am 30. November 2003 verworfene Kirchengesetz für Pfarrerinnen und Pfarrer in Kirchgemeinden mit mehreren Pfarrstellen die Möglichkeit vor, sich durch eine Person aus ihrer Mitte in der Kirchenpflege vertreten zu lassen[79]. Auch in dieser Frage kann nur die Änderung des Gemeindegesetzes Abhilfe schaffen.

c) Kirchliche Bezirke

Das Kirchengesetz schreibt der Landeskirche die Einteilung und Organisation der kirchlichen Bezirke vor[80]. Die Bezirkseinteilung richtet sich mit Ausnahme der Stadt Zürich nach der Einteilung der staatlichen Bezirke[81]. Die Stadt Zürich ist mit Blick auf die 33 Kirchgemeinden auf Stadtgebiet in zwei selbständige kirchliche Bezirke aufgeteilt[82]. Die Aufgaben auf Bezirksebene werden von den Bezirkskirchenpflegen wahrgenommen, deren Mitgliederzahl vom Regierungsrat festgesetzt wird[83]. Sie beaufsichtigen in erster Linie die Kirchgemeinden und ihre Organe bezüglich der Erfüllung der kirchlichen Aufgaben sowie die Amtsführung der Pfarrerinnen und Pfarrer[84].

79 § 11 Abs. 3 E-KG. Die innerkirchlichen Reformarbeiten zeigten das Bedürfnis, die Vertretungsregelung obligatorisch zu erklären, um in den Kirchenpflegesitzungen ein Kräftegleichgewicht zwischen der Pfarrschaft und dem neu vorgesehenen Fachkonvent zu erzielen.

80 Vgl. §§ 24-26 KG. § 7 E-KG hätte es den Kirchen freigestellt, zwischen der kantonalkirchlichen und der Gemeindeebene eine Zwischenebene in Form von Bezirken oder Regionen zu schaffen.

81 § 24 Abs. 1 KG.

82 § 24 Abs. 2 KG.

83 § 25 Abs. 1 KG; Beschluss des Regierungsrates über die Festsetzung der Mitgliederzahl der Bezirkskirchenpflegen vom 18. Februar 1971 (LS 181.212).

84 § 26 Abs. 1 KG.

Diese gesetzlichen Vorgaben stehen den innerkirchlichen Reformanliegen entgegen: Einerseits ist die Landeskirche an die Bezirkseinteilung gebunden, obgleich eine verstärkte übergemeindliche Zusammenarbeit die Bildung von kirchlichen Regionen als prüfenswert erscheinen lässt[85]. Anderseits ist eine Professionalisierung der Aufsicht über die Pfarrerinnen und Pfarrer zu prüfen. Ein solcher Entwicklungsschritt würde es gestatten, die Arbeit der Pfarrerinnen und Pfarrer zu evaluieren und gestützt auf die Evaluationsergebnisse Weiterbildungs- und Förderungsmassnahmen in der Absicht anzuordnen, die Qualität der pfarramtlichen Tätigkeit zu verbessern.

d) Rechtsschutz

Für den Rechtsschutz in innerkirchlichen Angelegenheiten sind die landeskirchlichen Organe zuständig[86]: Die Bezirkskirchenpflegen beurteilen Rekurse gegen Beschlüsse der Kirchgemeindeversammlungen und Anordnungen der Kirchenpflegen, der Kirchenrat befindet über Rekurse gegen erstinstanzliche Anordnungen und Rekursentscheide der Bezirkskirchenpflegen und die Landeskirchliche Rekurskommission entscheidet Rekurse gegen erstinstanzliche Anordnungen des Kirchenrates, die nicht an das Verwaltungsgericht weiterziehbar sind[87]. Diese aus den sechziger Jahren stammende Rechtsmittelordnung hat zur Folge, dass in innerkirchlichen Rechtsstreitigkeiten keine Möglichkeit besteht, Anordnungen und Rekursentscheide der Bezirkskirchenpflegen sowie Rekursentscheide des Kirchenrates von einer mit richterlicher Unabhängigkeit ausgestatteten und über volle Kognition verfügenden Rechtsmittelinstanz überprüfen zu lassen[88]. Einzige richterliche Instanz bildet in diesen Fällen das Bundesgericht, das mit staatsrechtlicher Beschwerde angerufen werden kann.

In diesem Zusammenhang stellt sich die Frage, ob der heute bestehende Instanzenzug mit der Rechtsweggarantie vereinbar ist, wie sie im Rah-

85 Ob ein Wechsel von den Bezirken zu Regionen innerkirchlich eine Mehrheit finden würde, lässt sich im heutigen Zeitpunkt nicht vorhersagen. Im Rahmen der Konsultation 2002 sprach sich nur eine knappe Mehrheit für die Beibehaltung der heutigen Bezirkseinteilung aus (reform06 – Auf dem Weg zur neuen Kirchenordnung, Auswertung der Konsultation 2002, Zürich 2002, S. 48 f.).

86 Dazu eingehend *Martin Röhl*, Rechtsschutz in der Zürcher Landeskirche, in: Nachdenken über den demokratischen Staat und seine Geschichte. Beiträge für Alfred Kölz, Zürich 2003, S. 337 ff.

87 § 26 Abs. 2, § 34 Abs. 3 Ziffer 12 und § 37 Abs. 3 KG.

88 *M. Röhl*, Rechtsschutz (Anm. 86), S. 349.

men der von Volk und Ständen angenommenen, jedoch noch nicht in Kraft gesetzten Justizreform in der Bundesverfassung vorgesehen ist[89]. Danach hat jede Person bei Rechtsstreitigkeiten Anspruch auf Beurteilung durch eine richterliche Behörde. Gefordert ist die Möglichkeit einer umfassenden Rechts- und Sachverhaltskontrolle durch den Richter[90]. Die Rechtsweggarantie der Bundesverfassung ist als Grundrecht unmittelbar anwendbar[91] und gilt daher auch für die Landeskirche als öffentlich-rechtliche Körperschaft, die vorbehältlich abweichender Bestimmungen des Kirchengesetzes an das staatliche Recht gebunden ist[92].

Innerhalb der Landeskirche liesse sich die Rechtsweggarantie durch eine geringfügige Änderung des Rechtswegs verwirklichen: Rekursentscheide der Bezirkskirchenpflege und des Kirchenrates über Anordnungen[93] der Kirchenpflegen bzw. der Bezirkskirchenpflegen wären unmittelbar bei der Landeskirchlichen Rekurskommission anzufechten[94]. Eine solche Regelung würde zugleich zu einer Entlastung des Kirchenrates beitragen, und es liessen sich Konflikte zwischen der kirchenrätlichen Rechtsprechungsaufgabe und seiner Aufsichts- und Beratungsfunktion gegenüber den Bezirkskirchenpflegen von vornherein vermeiden.

89 Art. 29a der Bundesverfassung der Schweizerischen Eidgenossenschaft vom 18. April 1999 (BV; SR 101), eingefügt durch Bundesbeschluss über die Reform der Justiz vom 8. Oktober 1999 (BBl. 1999, S. 8633). Zur Rechtsweggarantie im Allgemeinen vgl. *Yvo Hangartner*, Recht auf Rechtsschutz, in: AJP 11/2002, S. 135 ff.; *Andreas Kley*, in: Die Schweizerische Bundesverfassung, [St. Galler] Kommentar, hg. v. Bernhard Ehrenzeller/Philippe Mastronardi/Rainer J. Schweizer, Klaus A. Vallender, Zürich/Basel/Genf/Lachen 2002, Art. 29a Rz. 1 ff. Zur Rechtsweggarantie in innerkirchlichen Streitigkeiten vgl. auch ZBl 104/2003, S. 650.

90 *Walter Kälin*, Die Bedeutung der Rechtsweggarantie für die kantonale Verwaltungsjustiz, in: ZBl 100/1999, S. 49 ff. (55).

91 *Y. Hangartner*, Recht auf Rechtsschutz (Anm. 89), S. 135; *W. Kälin*, Rechtsweggarantie (Anm. 90), S. 53 ff.

92 Art. 10 Abs. 1 KG. Vgl. *Rainer J. Schweizer*, in: Die Schweizerische Bundesverfassung [St. Galler] Kommentar (Anm. 89), Art. 35 Rz. 15 ff.

93 Zum Begriff der Anordnung vgl. *Alfred Kölz/Jürg Bosshart/Martin Röhl*, Kommentar zum Verwaltungsrechtspflegegesetz des Kantons Zürich, 2. Aufl. Zürich 1999, Vorbem. zu §§ 4-31 N. 8 ff.

94 *M. Röhl*, Rechtsschutz (Anm. 86), S. 355. Zur richterlichen Unabhängigkeit der Landeskirchlichen Rekurskommission vgl. ebda. S. 350.

Nicht in erster Linie juristischer, sondern politischer Natur ist schliesslich die Frage, ob die Landeskirchliche Rekurskommission ihre Entscheidungen in der Besetzung von fünf oder drei Mitgliedern fällen soll[95].

e) Kirchenrat und Kirchensynode

Das Kirchengesetz beinhaltet für Kirchensynode und Kirchenrat je eine umfassende Aufzählung der Zuständigkeiten[96]. Diese bewegen sich im Rahmen dessen, was für Legislativ- und Exekutivorgane üblich ist. Auch sind diese Zuständigkeitskataloge nicht abschliessend, indem die Kirchenordnung Kirchensynode und Kirchenrat weitere Kompetenzen zuweisen kann[97]. Gleichwohl drängt sich nach vier Jahrzehnten eine Überprüfung und Neuordnung der Aufgaben von Kirchensynode und Kirchenrat auf.

Zur Diskussion stehen sodann die Mitgliederzahlen von Kirchensynode und Kirchenrat. Hinsichtlich der Kirchensynode, die seit 1963 unverändert 180 Mitglieder zählt[98], ist zu berücksichtigen, dass die Mitgliederzahl der Landeskirche von einem Höchststand von rund 660'000 Mitgliedern Ende der Sechzigerjahre auf gegenwärtig rund 500'000 zurückgegangen ist. Kam damals auf 3'700 Mitglieder der Landeskirche ein Sitz in der Kirchensynode, liegt diese Vertretungszahl heute bei rund 2'800 Mitgliedern. Bereits die Beibehaltung der ursprünglichen Vertretungszahl würde eine Verkleinerung der Kirchensynode um rund 40 auf 140 Mitglieder mit sich bringen. Die Verkleinerung des landeskirchlichen Parlaments nähme eine auf staatlicher Ebene bei zahlreichen Kantons- und Gemeindeparlamenten zu beobachtende Entwicklung auf. Ein solcher Schritt verspricht eine effizientere Parlamentsarbeit und steigert die Attraktivität der Mitarbeit in der Kirchensynode, indem dem einzelnen Synodemitglied ein grösseres Stimmengewicht zukommt und diesem die Einsitznahme in einer ständigen oder Spezialkommission eher möglich ist. Schliesslich verursacht eine kleinere Kirchensynode weniger administrativen und finanziellen Aufwand.

Die Festsetzung der Mitgliederzahl des Kirchenrates ist vorrangig eine politische Frage. Während eine fünfköpfige Exekutive eine effizientere Verhandlungsführung und Beschlussfassung in den Sitzungen erwarten

95 Laut § 37 Abs. 1 KG entscheidet die Landeskirchliche Rekurskommission heute in der Besetzung von fünf Mitgliedern.

96 Vgl. §§ 30 und 34 KG.

97 § 30 Abs. 2 und § 34 Abs. 4 KG.

98 § 28 Abs. 1 KG.

lässt, gewährleistet ein siebenköpfiger Kirchenrat, wie ihn heute das Kirchengesetz vorsieht[99], die Vertretung der verschiedenen Strömungen innerhalb der Landeskirche und der einzelnen Regionen des Kantons besser. Finanzielle Einsparungen sind durch eine Verkleinerung des Kirchenrates nicht zu erwarten, weil aufgrund der Geschäftslast die Pensen der nebenamtlichen Mitglieder vergrössert werden müssten[100].

f) Pfarrerinnen und Pfarrer

Das Kirchengesetz regelt den Anspruch der Kirchgemeinden auf eine Pfarrstelle[101] sowie die Rechte und Pflichten der Pfarrerinnen und Pfarrer als Arbeitnehmende[102]. Nur in den Schranken dieser detaillierten Bestimmungen verfügt die Landeskirche über Handlungsspielraum.

Das geltende Kirchengesetz sichert jeder Kirchgemeinde mindestens eine Vollzeitpfarrstelle zu, ungeachtet der Zahl der Gemeindeglieder und der konkreten Gemeindesituation[103]. Diesbezüglich schaffen die sogenannten Zusatzdienste für Pfarrerinnen und Pfarrer kleiner Kirchgemeinden zwar einen gewissen Ausgleich[104], doch reicht dies nicht aus, um die Pfarrstellen bzw. die vorhandenen personellen Mittel im Bereich der Pfarrschaft entsprechend den objektiven Bedürfnissen auf die Kirchgemeinden aufzuteilen. Zudem bereitet es vielfach Mühe, für Pfarrerinnen und Pfarrer kleiner Kirchgemeinden geeignete Zusatzdienste zu finden. Diese Sachlage hat zur Folge, dass vor allem in grösseren Kirchgemeinden neben den ordentlichen zahlreiche zeitlich befristete und gemeinde-

99 § 33 Abs. 1 KG.

100 Heute setzt sich der Kirchenrat aus einem vollamtlichen Präsidenten und sechs nebenamtlichen Mitgliedern zusammen. Die Entschädigung der nebenamtlichen Kirchenratsmitglieder beruht auf einem Arbeitspensum von 30 % eines Vollamts.

101 §§ 16-19 KG.

102 §§ 39-53 KG.

103 § 16 Abs. 1 KG.

104 § 51 Abs. 2 KG. Vgl. auch die Verordnung über zusätzliche Funktionen von Pfarrern und Pfarrerinnen im Dienste der Landeskirche vom 1. Juni 1994 (LS 181.451). Gemäss deren § 3 hat die Pfarrerin bzw. der Pfarrer in Kirchgemeinden mit 600 und weniger Mitgliedern anderthalb Arbeitstage (30 %,) und in Kirchgemeinden mit 601 bis 900 Mitgliedern einen Arbeitstag (20 %) auf den Zusatzdienst zu verwenden, z.B. für die Spitalseelsorge in einem Bezirks- oder Regionalspital, für die Gefängnisseelsorge, zur Unterstützung des Pfarramts in einer Nachbarkirchgemeinde, im Rahmen einer Unterrichts- oder Weiterbildungsverpflichtung.

eigene Pfarrstellen bestehen[105]. Solche Pfarrstellen können sich nur jene Kirchgemeinden leisten, die über die entsprechenden finanziellen Mittel verfügen, da sie bei einer zeitlich befristeten Pfarrstelle für einen Teil und bei einer gemeindeeigenen Pfarrstelle für alle Sach- und Personalaufwendungen aufzukommen haben. Damit besteht die Gefahr, dass das kirchliche Angebot in erster Linie von der Finanzkraft der Kirchgemeinde abhängt. Solche aus gesamtkirchlicher Sicht unerwünschten Unterschiede lassen sich durch eine bedarfsgerechte Zuteilung der Pfarrstellen vermeiden, wobei allein die tatsächlichen, aus dem Blickwinkel der gesamten Landekirche objektivierten Bedürfnisse der einzelnen Kirchgemeinde ausschlaggebend sein dürfen[106].

Die generelle Wohnsitzpflicht für vom Volk gewählte Gemeindepfarrerinnen und -pfarrer sowie die Festsetzung der Pfarrbesoldungen durch den Staat verunmöglichen es der Landeskirche, verschiedene Typen von Gemeindepfarrstellen mit unterschiedlichem Anforderungsprofil und zusätzliche Entwicklungsperspektiven im Pfarrberuf zu schaffen[107]. Sodann verhindern die staatlich festgelegten Besoldungen der Pfarrerinnen und Pfarrer eine lohnwirksame Evaluation der pfarramtlichen Tätigkeit.

Verschiedene Konfliktsituationen in Kirchgemeinden haben in den vergangenen Jahren offenbart, dass das geltende Disziplinarrecht in Verbindung mit der sechsjährigen Amtsdauer der Pfarrerinnen und Pfarrer[108] bei Auseinandersetzungen zwischen Pfarrerin bzw. Pfarrer und der Kirchenpflege oder der Gemeinde nicht genügt, um eine im Interesse der Kirchgemeinde und der Landeskirche liegende Lösung durchzusetzen. Das Kirchengesetz sieht für solche Fälle gegenüber Pfarrpersonen, die Ursache eines Konflikts bilden, unter strengen Voraussetzungen lediglich die Einstellung im Amt, die Abberufung aus dem Amt und den Entzug der Wählbarkeit vor[109]. Meist stellt sich in einer solchen Situation jedoch die Frage, ob die Pfarrerin oder der Pfarrer das Vertrauen der Gemeinde noch

105 § 19 KG und Art. 113 KO.

106 Jeder Kirchgemeinde müsste aber eine Pfarrstelle mit einem minimalen Stellenpensum von 50 bis 75 Stellenprozenten zustehen.

107 Zu denken ist z.B. einerseits an eine Pfarrstelle mit Wohnsitzpflicht und der Verpflichtung, ein gastliches Pfarrhaus zu führen und jederzeit erreichbar zu sein, und anderseits an eine Pfarrstelle mit geregelter Arbeitszeit ohne Wohnsitzpflicht in der Gemeinde. Das unterschiedliche Anforderungsprofil würde sich in der Entlöhnung niederschlagen.

108 Art. 64 Abs. 4 KV.

109 Vgl. §§ 47 und 48 KG.

besitzt. Dies lässt sich in einem gewissen Umfang auch im Rahmen eines vom Kirchenrat angeordneten Disziplinar- oder Administrativverfahrens ermitteln. Grössere Gewissheit vermag allerdings die direkte Meinungsäusserung der Gemeinde als Hauptleidtragende in Form eines Plebiszits zu bringen, das als Abwahlverfahren oder als vorzeitig angeordnete Wiederwahl ausgestaltet werden kann[110]. Das Arbeitsverhältnis wird damit nicht durch ein aufsichts- oder disziplinarrechtliches Eingreifen des Kirchenrates, sondern durch einen souveränen Akt der Stimmberechtigten beendet, die mit ihrer Zustimmung das Arbeitsverhältnis seinerzeit auch begründet haben. In Verbindung mit einer auf vier Jahre verkürzten Amtsdauer liesse sich so vielfach ein Ausscheiden der betroffenen Pfarrperson vor Ablauf oder auf Ende der Amtsdauer erreichen und ein aufwändiges, für alle Beteiligten belastendes Disziplinar- bzw. Administrativverfahren vermeiden.

C. Fazit

Die nicht abschliessende Zusammenstellung der politischen und landeskirchlichen Reformanliegen offenbart, dass die staatskirchenrechtlichen Grundlagen im Kanton Zürich nach vier Jahrzehnten einer Revision bedürfen. Über die Stossrichtung der Reformen besteht jedoch sowohl in politischen Kreisen als auch innerhalb der Landeskirche nur zum Teil Einigkeit.

Weil eine Revision von Kantonsverfassung und Kirchengesetz nötig ist, steht die Frage im Vordergrund, ob die Reformpostulate politisch mehrheitsfähig sind. Die Chancen für eine Änderung der staatskirchenrechtlichen Grundlagen erscheinen nach der Abstimmung vom 30. November 2003 mit Bezug auf die weitere finanzielle Entflechtung zwi-

110 Im Kanton Aargau kann der Kirchenrat die vorzeitige Wiederwahl einer Pfarrerin oder eines Pfarrers anordnen (§ 137 Abs. 8 der Kirchenordnung der evangelisch-reformierten Landeskirche des Kantons Aargau vom 22. November 1976 [SRLA 151.100]). Im Kanton St. Gallen sieht die Kirchenordnung die Abberufung in Form eines Abwahlverfahrens vor (Art. 149-151 der Kirchenordnung der evangelisch-reformierten Kirche des Kantons St. Gallen vom 30. Juni 1980 [GE 11-20]). Wichtig ist es in einem solchen Fall, Mechanismen zum Schutz der von einem solchen Verfahren betroffenen Pfarrerin bzw. des betroffenen Pfarrers vor der ungerechtfertigten Benutzung solcher Instrumente vorzusehen. Das sanktgallische Abberufungsverfahren schreibt zu diesem Zweck Vermittlungsbemühungen des Kirchenrates vor.

schen Kirchen und Staat, die Gleichbehandlung der anerkannten Kirchen, die erweiterte Autonomie im Bereich des Stimm- und Wahlrechts sowie die staatliche Anerkennung der jüdischen Gemeinden gegeben zu sein. Berechtigte Hoffnungen bestehen zudem bezüglich der Beibehaltung der Kirchensteuerpflicht juristischer Personen. Diese Stossrichtung verfolgt denn auch der Entwurf für eine neue Kantonsverfassung.

Staatspolitisch kaum umstritten dürften die Reformanliegen der Landeskirche bezüglich Gemeindeleitung, kirchliche Bezirke, Rechtsschutz, Behördenorganisation und Pfarrschaft sein, handelt es sich bei diesen nach heutigem Verständnis doch um Gegenstände, die angesichts der Beziehungsnähe zu den innerkirchlichen Angelegenheiten von der Landeskirche selbst zu regeln sind. Hierauf zielten auch die in der Volksabstimmung abgelehnten Reformvorlagen ab, die insoweit kaum bestritten waren.

III. Reform des innerkirchlichen Rechts

A. Allgemeine Zielsetzung

Neben den staatskirchenrechtlichen Reformarbeiten, die nach dem Vorliegen des Entwurf für die neue Kantonsverfassung vorübergehend ruhen, ist der innerkirchliche Reformbedarf nicht aus den Augen zu verlieren. Denn es gilt einerseits die Kirchenordnung an die gesellschaftlichen Veränderungen der letzten 40 Jahre anzupassen, der Landeskirche ihr Profil zurückzugeben und die Grundlage für eine Kirche zu schaffen, welche die Zukunft gestalten und nicht eine kleiner werdende Kirche verwalten will[111]. Anderseits bietet sich der Landeskirche die Gelegenheit, statt eine Teilrevision des Kirchengesetzes mit ungewissem Ausgang anzustreben, die Reformarbeiten im innerkirchlichen Autonomiebereich vorzuziehen,

111 Vgl. Leitsatz 12, in: reform06 – Auf dem Weg zur neuen Kirchenordnung: Leitsätze und Grundthesen, Unterlage zur Konsultation 2002, Zürich 2002, S. 7: „Die angestrebten Reformen gehen aus vom Grundauftrag der Landeskirche, das Evangelium in Wort und Tat zu bezeugen. Dabei stellen sie sich dem Spannungsfeld, das einerseits die Zukunftsfähigkeit der Landeskirche vor Augen hat und andererseits die Realisierbarkeit der zu treffenden Massnahmen. Die Reformen fördern ein Klima des Aufbruchs und der Innovation nach innen und aussen. Sie stärken den Willen nach Präsenz und Übernahme von Verantwortung der Kirche in der Gesellschaft."

so dass später nur noch Anpassungen an die geänderten staatskirchenrechtlichen Grundlagen erforderlich sind.

Weil an der Kirchenordnung im vergangenen Jahrzehnt lediglich die unumgänglichen Anpassungen vorgenommen wurden, besteht heute im kirchlichen Autonomiebereich ein erheblicher Reformbedarf. Im Folgenden ist auf die wichtigsten Reformanliegen einzugehen.

B. Schaffung einer Zürcher Kirchenverfassung?

Im Unterschied zu vielen anderen Kantonalkirchen kennt die Zürcher Landeskirche keine formelle Kirchenverfassung. Zwar beinhaltet die geltende Kirchenordnung Normen, denen Verfassungsrang zukommt. Diese stehen jedoch meist unter dem Titel „Grundsätzliches" am Anfang der sieben Hauptteile der Kirchenordnung und sind somit über deren ganze Länge verstreut[112]. Um das Profil der Landeskirche gegen aussen und innen zu stärken, drängt sich die Zusammenfassung dieser Bestimmungen auf. Mit Blick auf Lesbarkeit und Praxistauglichkeit der Kirchenordnung soll gemäss einem Vorentscheid des Kirchenrates jedoch auf eine separate Kirchenverfassung verzichtet werden. Stattdessen würden in einer totalrevidierten Kirchenordnung die Normen mit Verfassungsrang in einem ersten Abschnitt den weiteren Bestimmungen vorangestellt. Mit Blick auf eine stufengerechte Rechtssetzung einerseits und die Profilierung der Landeskirche anderseits ist allerdings einer separaten Kirchenverfassung der Vorzug zu geben, auch wenn dies nicht der zürcherischen Tradition entspricht. Nach diesem Verständnis vereinigt die Kirchenverfassung in sich die Grundlagen der Landeskirche bezüglich Bekenntnis und Organisation. Die Kirchenordnung enthält demgegenüber die wesentlichen Ausführungsbestimmungen.

112 Verfassungsrang kommt namentlich zu: Art. 1-6 KO betreffend das Selbstverständnis und Bekenntnis der Landeskirche, Art. 44 KO betreffend den Auftrag der Kirchgemeinde, Art. 108 und 109 KO betreffend Ämter und Dienste der Kirchgemeinde, Art. 158 KO betreffend Bestand und Organisation der Landeskirche, Art. 170 KO betreffend Auftrag der Landeskirche, Art. 209 KO betreffend das Wächteramt der Landeskirche.

C. Kirchenmitgliedschaft

Das heute geltende Verfahren des Kircheneintritts und -austritts hat sich in den vergangenen Jahrzehnten grundsätzlich bewährt[113]. Gleichwohl ist es geboten, dieses Verfahren im Einzelnen hinsichtlich administrativer Vereinfachungen zu prüfen[114] und insbesondere die Frage der selbständigen Kirchenmitgliedschaft von religionsunmündigen Kindern und Jugendlichen verbindlich zu klären. Zusätzlich sind Strategien zu entwickeln, um Kirchenaustritten entgegen zu wirken. Hierzu muss die Landeskirche ihre vielfältigen Dienste und ihr Angebot für den Einzelnen und die ganze Gesellschaft in der Öffentlichkeit besser verständlich machen. Sie hat ihren diakonischen und prophetischen Auftrag in unserer Zeit und Welt zu verdeutlichen, um so zu verhindern, dass Religion und Glaube endgültig zur Privatsache werden[115].

In diesem Zusammenhang stellt sich die Frage nach dem Umgang mit Nichtmitgliedern, die Kasualien oder andere Angebote der Landeskirche, etwa im Bereich des kirchlichen Unterrichts oder der kirchlichen Jugendarbeit, in Anspruch nehmen wollen[116]. Während vor allem ostschweizerische Kantonalkirchen diesbezüglich Regelungen getroffen oder Empfehlungen erlassen haben[117], existieren für die Zürcher Landeskirche lediglich ein Votum des Kirchenratspräsidenten in der Kirchensynode[118] und eine interne Weisung[119]. Im Vordergrund steht dabei die seelsorgerliche Behandlung des Einzelfalls, während zur Zurückhaltung gegenüber der Erhebung von Gebühren aufgefordert wird, weil sich insbesondere der Wert von Kasualhandlungen nicht beziffern lasse. Tatsache ist aber, dass die Mehrheit der Kirchgemeinden für Leistungen an Nichtmitgliedern Gebühren erheben oder an deren Stelle zu einer Spende auffordern. In Rechnung gestellt wird dabei in erster Linie der bezifferbare Aufwand für

113 Vgl. Art. 10-14 KO.

114 Z.B. die Schaffung einer zentralen Eintritts- und Wiedereintrittsstelle.

115 Dazu *R. Reich*, Kirchenordnung (Anm. 20), S. 6.

116 Dazu eingehend *Cla Reto Famos*, Rituale und Kirche – Überlegungen zu Kasualien ohne Mitgliedschaft oder ohne kirchlichen Auftrag, in: SJKR/ADSE 6 (2001), S. 75 ff.

117 So die evangelisch-reformierten Landeskirchen der Kantone Glarus, Graubünden, Thurgau und St. Gallen.

118 Protokoll der evangelisch-reformierten Kirchensynode des Kantons Zürich vom 9. Juni 1998, S. 41.

119 Hinweise zum Umgang mit Kasualien etc. bei Nichtreformierten vom Juli 2000.

die Benützung der Kirche oder anderer kirchlicher Räume sowie für die beanspruchte Arbeitszeit der Kirchgemeindeangestellten[120]. Obschon die Kirchgemeinden im Rahmen ihrer Autonomie zu einem solchen Vorgehen befugt sind, verlangt die Bedeutung der Fragestellung einen landeskirchlich einheitlichen Umgang mit Nichtmitgliedern, die Kasualien und andere Angebote der Landeskirche beanspruchen. Auch sind die Kirchgemeinden anzuhalten, für Gebühren eine genügende gesetzliche Grundlage zu schaffen sowie das Kostendeckungs- und Äquivalenzprinzip zu beachten[121].

D. Gottesdienst und Bildung

Die gesellschaftlichen Veränderungen der vergangenen Jahrzehnte, denen sich auch die Landeskirche als Teil dieser Gesellschaft nicht entziehen kann, haben nicht nur die schwindende Bedeutung des christlichen Glaubens und der Kirche im Bewusstsein des Einzelnen und der Allgemeinheit zur Folge, sondern wirken sich auch auf die zentralen kirchlichen Handlungsfelder Gottesdienst, religiöse Erziehung und Erwachsenenbildung, Seelsorge und Diakonie sowie Gemeindeleitung und Gemeindeaufbau aus[122]. Für den Bereich des Gottesdienstes enthält die geltende Kirchenordnung ausführliche Regelungen über Ordnung, Formen und Zeiten der Gottesdienste, von denen abzuweichen nur in Ausnahmefällen gestattet ist[123]. Ungeachtet dessen erproben zahlreiche Kirchgemeinden neue Gottesdienstformen mit dem Ziel, die Botschaft des Evangeliums auch einem jüngeren Publikum und kirchenfernen Bevölkerungskreisen nahe zu bringen[124]. Gerade mit Blick auf die Erhaltung und Gewinnung

120 Die Leistungen der Pfarrerin bzw. des Pfarrers dürfen dagegen nicht in Rechnung gestellt werden, weil die Kasualien zu den üblichen Amtspflichten der Pfarrerinnen und Pfarrer gehören, so dass den Kirchgemeinden daraus keine zusätzlichen Aufwendungen entstehen.

121 Zu den Voraussetzungen der Gebührenerhebung vgl. im einzelnen *Ulrich Häfelin/Georg Müller*, Allgemeines Verwaltungsrecht, 4. Aufl. Zürich/Basel/Genf 2002, Rz. 2693 ff.

122 Zu den zentralen kirchlichen Handlungsfeldern vgl. reform06 – Auf dem Weg zur neuen Kirchenordnung: Leitsätze und Grundthesen, Unterlage zur Konsultation 2002, Zürich 2002, S. 12.

123 Vgl. Art. 45-74 KO.

124 Zu diesem Zweck wurde bereits kurz nach dem Inkrafttreten der Kirchenordnung von 1967 der sogenannte Experimentierartikel in die Kirchenordnung eingefügt

von Mitgliedern sind die Bestimmungen über den Gottesdienst zu überarbeiten und ist dabei den unumkehrbaren gesellschaftlichen Entwicklungen Rechnung zu tragen.

Weiter fortgeschritten sind die Reformen im Bereich der religiösen Erziehung. Gegenwärtig ist die Landeskirche mit der Umsetzung eines neuen Gesamtkonzepts für das Religionspädagogische Handeln befasst. Es zielt darauf, für Kinder und Jugendliche vom Kleinkinderalter bis über die Konfirmation hinaus ein kirchliches Angebot zur Verfügung zu stellen[125]. Für die Umsetzung dieses Gesamtkonzepts ist es unumgänglich, neben der Unterrichtsverordnung[126] auch die Kirchenordnung[127] zu revidieren.

E. Organisationsrechtliches

Nach geltendem Recht sind lediglich die politischen Gemeinden und die Schulgemeinden verpflichtet, eine Gemeindeordnung zu erlassen[128]. Für die Kirchgemeinden ist dies eine Befugnis, aber keine Pflicht[129]. Infolgedessen verfügen zahlreiche Kirchgemeinden über keine Kirchgemeindeordnung und ergibt sich deren Gemeindeorganisation in Ergänzung zu den Vorschriften des Gemeindegesetzes in erster Linie aus Einzelbeschlüssen der Kirchgemeindeversammlung und der Kirchenpflege, über die der betreffenden Kirchgemeinde jedoch oftmals die Übersicht fehlt. Die unterschiedliche Behandlung der verschiedenen Gemeindearten lässt sich heute nicht mehr rechtfertigen, namentlich weil es sich bei der Kirchenpflege um eine Laienbehörde handelt, die nur ausnahmsweise über

---

(Art. 167 Abs. 2 KO). Danach kann der Kirchenrat Versuche insbesondere auf dem Gebiet des Gottesdienstes, die den Rahmen der geltenden Kirchenordnung überschreiten, gestatten. Von dieser Bestimmung wird jedoch nur selten Gebrauch gemacht, indem die Kirchgemeinden von sich aus tätig werden, ohne dass der Kirchenrat hiervon Kenntnis erhält.

125 Vgl. Antrag und Bericht des Kirchenrates an die Kirchensynode vom 7. April 2004 betreffend Religionspädagogisches Gesamtkonzept rpg ‚aufwachsen – aufbrechen‘ (Protokoll der evangelisch-reformierten Kirchensynode des Kantons Zürich vom 22. Juni 2004, Anhang).

126 Verordnung über den landeskirchlichen Unterricht vom 4. April 1990 (Landeskirchliche Unterrichtsverordnung, LUV; LS 181.17).

127 Es sind dies insbesondere Art. 75-94 KO.

128 § 41 Abs. 1 Satz 2 GG.

129 Art. 23 Satz 1 KO.

die Unterstützung eines ausgebauten Verwaltungsapparats verfügt. Kirchgemeinden bedürfen daher mehr als andere Gemeinden einer verbindlichen Rahmenordnung in Gestalt einer Kirchgemeindeordnung, die den Behörden der Kirchgemeinde als Leitlinie bei der Aufgabenerfüllung dient.

Auf der Ebene der kirchlichen Bezirke sind die Zuständigkeiten der Behörden und Organe zu überprüfen. Dies gilt in erster Linie für die Kompetenzen der Bezirkskirchenpflegen im Bereich der Aufsicht über die Amtsführung der Pfarrerinnen und Pfarrer: Aus fachlichen Gründen und mit Blick auf eine Evaluation der Tätigkeit der Pfarrerinnen und Pfarrer drängt es sich auf, die Bezirkskirchenpflegen von dieser Aufgabe zu entbinden und stattdessen die Dekaninnen und Dekane damit zu betrauen[130]. So gelangt die Fachaufsicht über die Pfarrerinnen und Pfarrer in die Hände von Fachpersonen, die über Kenntnisse sowohl in Theologie als auch im Gemeindepfarramt verfügen. Die sich daraus ergebende Hierarchisierung innerhalb der Pfarrschaft ist im Interesse einer verbesserten Personalführung und der Qualitätssicherung im Bereich der pfarramtlichen Tätigkeit in Kauf zu nehmen.

Neben der Neupositionierung des Dekanenamts[131] gebietet sich auch die Überprüfung von Stellung und Aufgaben der Pfarrkapitel[132]. Sodann sind die Diakonatskapitel, die erst vor wenigen Jahren als gebietsweiser Zusammenschluss der diakonischen Mitarbeitenden durch kirchenrätliche Verordnung geschaffen wurden[133], in der Kirchenordnung zu verankern.

130 Gemäss § 26 Abs. 1 KO beaufsichtigen die Bezirkskirchenpflegen die Amtsführung der Pfarrerinnen und Pfarrer. Das Kirchengesetz enthält jedoch keine Vorschrift darüber, wie diese Aufsicht auszuüben ist. Es ist daher nicht ausgeschlossen, diese Aufsicht teilweise den Dekaninnen und Dekanen zu übertragen.

131 Nach heutiger Regelung vertreten die Dekaninnen und Dekane unter anderem ihr Pfarrkapitel – die in einem kirchlichen Bezirk wohnhaften Mitglieder des zürcherischen Ministeriums (Art. 155 Abs. 1 Satz 1 KO) – nach aussen und bilden sie das Verbindungsglied der Pfarrschaft des Bezirks zur Bezirkskirchenpflege und zum Kirchenrat (Art. 157 Abs. 1 KO). Im Übrigen sind sie in erster Linie unterstützend, beratend, seelsorgerlich und vermittelnd tätig (Art. 157 Abs. 2 und 3 KO).

132 Vgl. Art. 156 KO.

133 §§ 16a ff. der Verordnung über Ausbildung, Wählbarkeit und Aufgaben der Gemeindehelfer und Gemeindehelferinnen, Diakone und Diakoninnen (Diakonische Mitarbeiterinnen und Mitarbeiter) vom 10. September 1986 (LS 181.71). §§ 16a ff. über die Diakonatskapitel traten auf 1. April 1998 in Kraft.

Dringend geboten ist eine Verbesserung des Finanzausgleichs zwischen den Kirchgemeinden. Ziel ist es nicht, die Kirchensteuersätze zu vereinheitlichen und den Steuerwettbewerb unter den Kirchgemeinden zu unterbinden. Aber es gilt, jede Kirchgemeinde in die Lage zu versetzen, ihren Mitgliedern ein kirchliches Angebot zur Verfügung zu stellen, das mit Blick auf die ganze Landeskirche qualitativ und quantitativ einheitlichen Ansprüchen zu genügen vermag. Zu diesem Zweck gilt es Grundlagen zu schaffen, um die Steuerfussdisparität zwischen den einzelnen Gemeinden abzubauen[134].

F. Landeskirchliches Personalrecht

Die Angestellten der Landeskirche unterstehen je nach Funktion und Arbeitgeber unterschiedlichen personalrechtlichen Vorschriften. Für Pfarrerinnen und Pfarrer im Gemeindepfarramt oder in besonderen Diensten gelten in erster Linie das Kirchengesetz und die regierungsrätliche Besoldungsverordnung sowie subsidiär das staatliche Personalrecht. Auf die Angestellten der Kirchgemeinden findet deren kommunales Personalrecht Anwendung. Fehlt ein solches, gilt sinngemäss das staatliche Personalrecht[135]. Für die Angestellten der Landeskirche sind die Vorschriften des staatlichen Personalrechts massgebend[136].

Das Kirchengesetz gestattet es der Landeskirche, für ihre eigenen Angestellten und die Angestellten der Kirchgemeinden – Pfarrerinnen und Pfarrer ausgenommen – in der Kirchenordnung Abweichungen vom staatlichen Personalrecht festzulegen und eine eigene Personalverordnung zu erlassen[137]. Von diesem Recht sollte mit Blick auf die Rechtssicherheit umfassend Gebrauch gemacht werden, denn die Kirchgemeinden

134 Die Kirchensteuerfüsse bewegen sich heute zwischen 5 und 15 % des Satzes für die einfache Staatssteuer.

135 § 72 Abs. 2 GG. Nur wenige Kirchgemeinden verfügen über ein eigenes Personalrecht. Soweit eine Regelung vorhanden ist, wird meist mehr oder weniger integral auf die massgebenden Bestimmungen der örtlichen politischen Gemeinde und in neuerer Zeit vermehrt auf das staatliche Personalrecht verwiesen.

136 § 10 KG. Mit Blick auf die laufenden Reformarbeiten erliess der Kirchenrat mit Beschluss Nr. 89 vom 24. März 1999 auf den Zeitpunkt des Inkrafttretens des totalrevidierten staatlichen Personalrechts am 1. Juli 1999 lediglich Übergangsbestimmungen.

137 § 10 Abs. 2 KG.

wissen vielfach nicht, welches Recht sie im Einzelfall anzuwenden haben[138].

Im Rahmen des neuen landeskirchlichen Personalrechts ist sodann die Rechtsstellung der Freiwilligen hinsichtlich ihrer Rechte und Pflichten gegenüber dem Gemeinwesen zu klären, für das sie tätig sind.

IV. Teilrevision der Kirchenordnung

Nach Ablehnung der neuen Kirchengesetzgebung am 30. November 2003 unterbreitete der Kirchenrat der Kirchensynode vom 30. März 2004 eine Auslegeordnung zum Verhältnis zwischen Kirche und Staat sowie zur Frage einer Teilrevision der Kirchenordnung[139]. Der Kirchenrat kündigte an, das vormalige Reformprojekt, das auf eine Totalrevision der Kirchenordnung ausgerichtet war, aufgrund der neuen politischen und terminlichen Rahmenbedingungen zu sistieren und stattdessen eine Teilrevision der Kirchenordnung durchzuführen. In einer kurzen Aufstellung skizzierte er die wichtigsten Revisionsbereiche, die auch auf der Basis des geltenden Kirchengesetzes bearbeitet werden können. Die Kirchensynode stimmte diesem Vorgehen zu. In der Folge erarbeitete der Kirchenrat zuhanden der Kirchensynode einen Katalog von Bereichen, deren Überarbeitung er als dringlich betrachtet und die innerhalb des gesetzten Zeitrahmens auch bewältigt werden können[140]. Weil inhaltlich und formal der

138 Wohl deshalb entspricht der Erlass eines einheitlichen landeskirchlichen Personalrechts auch dem Wunsch einer deutlichen Mehrheit der Kirchgemeinden (vgl. reform06 – Auf dem Weg zur neuen Kirchenordnung, Auswertung der Konsultation 2002, Zürich 2002, S. 55 f.) Weil damit die Gemeindeautonomie beschränkt wird, ist hierfür neben der Zustimmung der Kirchensynode auch die Genehmigung des Regierungsrates erforderlich (§ 10 Abs. 2 Satz 3 KO).

139 Antrag und Bericht des Kirchenrates an die Kirchensynode vom 4. Februar 2004 an die Kirchensynode betreffend das Verhältnis zwischen Kirche und Staat sowie die Teilrevision der Kirchenordnung (Protokoll der evangelisch-reformierten Kirchensynode des Kantons Zürich vom 30. März 2004, Anhang).

140 Antrag und Bericht des Kirchenrates an die Kirchensynode vom 2. Juni 2004 an die Kirchensynode betreffend Teilrevision der Kirchenordnung (Protokoll der evangelisch-reformierten Kirchensynode des Kantons Zürich vom 21. September 2004, Anhang). Ziel ist es, die teilrevidierte Kirchenordung Mitte 2006 in Kraft zu setzen, zeitgleich mit dem Beginn der Amtsdauer 2006/2010 der Kirchenpflegen bzw. 2006/2012 der Pfarrerinnen und Pfarrer. Eine Vernehmlassung bei den kirchlichen und staatlichen Behörden ist für das Frühjahr 2005 geplant, sodass

Rahmen einer Teilrevision gewahrt werden soll, stehen Aufbau und Struktur der Kirchenordnung nicht zur Disposition. Ebenso wird auf eine theologische Grundsatzdiskussion verzichtet und bleiben generelle Anpassungen bezüglich der Terminologie und der sprachlichen Ausgewogenheit der Geschlechter unberücksichtigt. Zur Diskussion stehen folgende Bereiche: Mitgliedschaft, Gemeindeleitung und Behördenschulung, Aufgaben der Bezirkskirchenpflegen und Dekanate, Religionspädagogik, Erwachsenenbildung, Personalrecht, Finanzen der Landeskirche und Finanzausgleich sowie Gesamtkirchliche Dienste.

V. Schlussbetrachtung

Die staatskirchenrechtlichen Reformanliegen lassen sich angesichts der Ergebnisse der Volksabstimmung vom 30. November 2003 nicht kurzfristig verwirklichen. Ungeachtet dessen können Reformen im Autonomiebereich der Landeskirche angegangen werden. Sollen diese umfassend sein, ist eine Totalrevision der Kirchenordnung unumgänglich. Vier Jahrzehnte nach der letzten Totalrevision besteht allerdings die Gefahr, dass die Ziele zu hoch gesteckt werden. Dies kann dazu führen, dass Auseinandersetzungen über einzelne Revisionspunkte die gesamten Revisionsarbeiten lähmen und bei den damit befassten Personen Ermattung und Frustration eintreten. Es ist daher bei den Revisionsarbeiten das Bewährte zu erhalten und schwergewichtig der ausgewiesene Reformbedarf zu bearbeiten, wie dies im Rahmen vorgesehenen Teilrevisionen vorgesehen ist.

---

die Kirchensynode Anfang 2006 über die Revisionsvorschläge wird beraten können.

SJKR/ASDE 9 (2004), S. 73-82

Die negative Zweckbindung von Kirchensteuern juristischer Personen*

von Andreas Kley (Bern) und Reto Feller (Bern)

I. Die Kirchensteuerpflicht juristischer Personen als Diskussionsgegenstand der Verfassungsgebung und -rechtsprechung

Der Streitpunkt der Kirchensteuerpflicht juristischer Personen hat mit Inkrafttreten der neuen Bundesverfassung am 1. Januar 2000 kurzzeitig Aktualität erlangt und Diskussionen angeregt, ob sich infolge des geänderten Verfassungstextes auch juristische Personen auf die Glaubens- und Gewissensfreiheit des Art. 15 BV berufen können[1]. Doch mit dem Grundsatzentscheid BGE 126 I 122[2] verzichtete das Bundesgericht auf eine

* Überarbeitete Fassung eines Referats von *Andreas Kley* an der Tagung vom 31. Oktober 2003 über die Reform des Zürcher Religionsrechts, die vom Institut für Sozialethik der Universität Zürich organisiert wurde. Siehe den Bericht von *Jean-Daniel Strub*, Die Wissenschaft und das (politisch) Mögliche, in: SJKR/ASDE 8 (2003), S. 194 ff.

1 *Yvo Hangartner*, Der Entwurf einer nachgeführten Bundesverfassung, in: AJP 1997, S. 139 ff. (148); vgl. allgemein die Kritik der bundesgerichtlichen Rechtsprechung bei *René Rhinow*, Grundzüge des Schweizerischen Verfassungsrechts, Basel 2003, N. 1351; *Ulrich Häfelin/Walter Haller*, Schweizerisches Bundesstaatsrecht, 5. Aufl. Zürich 2001, N. 421; *Jörg Paul Müller*, Grundrechte in der Schweiz, 3. Aufl. Bern 1999, S. 101. Zur Argumentation der Befürworter *Ferdinand Zuppinger*, Zur Kirchensteuerpflicht juristischer Personen, in: Die Kirchensteuer juristischer Personen in der Schweiz. Vorträge an einer Tagung an der Universität Freiburg, hg. von Louis Carlen, Freiburg i.Ü. 1988, S. 11 ff.

2 Mit Anm. von *Peter Karlen* abgedruckt in: SJKR/ASDE 5 (2000), S. 111 ff.

Abkehr von seiner langjährigen Rechtsprechung[3]. Der kantonale Gesetzgeber darf weiterhin den juristischen Personen mit verfassungsgerichtlichem Plazet Kirchensteuern auferlegen. Ein Umschwung in dieser Frage ist in den nächsten Jahren nicht zu erwarten.

Die Postulate aus Wirtschaftskreisen und von diversen politischen Gruppierungen, die Kirchensteuerpflicht juristischer Personen zu modifizieren oder gleich ganz abzuschaffen, stehen somit weiter im Raum. Gewisse Kantone signalisieren ein Entgegenkommen und versuchen mit der Verwirklichung neuer Besteuerungsmodelle zu verhindern, dass die Anhängerschaft für eine Befreiung der juristischen Personen von der Kirchensteuer zunimmt. Die Stimmbürgerschaft würdigt solche Reformen indes (noch) zurückhaltend. Drei aktuelle Beispiele mögen diese Vorgänge illustrieren:

Im Kanton *Basel-Stadt* ist die Einführung einer sog. *Mandatssteuer* gescheitert[4]. Nach den Vorstellungen der vorberatenden Verfassungskommission hätten die Steuerpflichtigen (sämtliche natürlichen und juristischen Personen) die Mandatssteuer nach ihrer Wahl entweder einer öffentlichrechtlich bzw. öffentlich anerkannten Religionsgemeinschaft oder einem öffentlich anerkannten Hilfswerk bzw. einem Fonds des Staates für soziale Zwecke entrichten müssen[5]. Die Leistungspflicht wäre vom Glauben bzw. von der Mitgliedschaft in einer öffentlichrechtlich anerkannten Religionsgemeinschaft entkoppelt worden. Die juristischen Personen wären nach diesem Modell zwar nicht zur Zahlung einer Kirchensteuer, aber zu einer Art „Gemeinschaftssteuer" verpflichtet gewesen.

Das Stimmvolk des *Kantons Zürich* hat in der Volksabstimmung vom 30. November 2003 gegen eine Reform der Kirchengesetzgebung[6] vo-

3 Vgl. bereits BGE 4, 533; 35 I 333; BGE vom 25. Mai 1940, ZBl 1940, S. 358 ff.; 102 Ia 468, bestätigt von der Europäischen Menschenrechtskommission, vgl. Beschwerde Nr. 7865/77, DR 16 S. 85, VPB 1983 Nr. 190. In BGE 95 I 350 entschied das Bundesgericht, dass juristische Personen, die selber religiöse oder kirchliche Zwecke verfolgen, nicht zur Kirchensteuer für andere Religionsgemeinschaften herangezogen werden dürfen.

4 Vgl. Verfassungsratsbeschluss Nr. 18 vom 26. Februar 2002. Vgl. auch *Konrad Sahlfeld/Wolfgang Sahlfeld*, „Otto per mille" – Die italienische Variante der Kirchensteuer und der gescheiterte Versuch im Kanton Basel-Stadt, sie mittels einer Mandatssteuer zu kopieren, in: SJKR/ASDE 7 (2002), S. 103 ff.

5 Vgl. 1. Zwischenbericht der Verfassungskommission Religionsgemeinschaften und Bildung (B/Nr. 601) vom 9. Januar 2001.

6 Vgl. zu den Texten der Vorlage, insbesondere zum Kirchengesetz vom 31. März 2003 die Dokumentation in: SJKR/ASDE 8 (2003), S. 308 ff. Siehe zum gesam-

tiert. Unter anderem war beabsichtigt, dass Erträge aus den Kirchensteuern juristischer Personen nicht für kultische Zwecke verwendet werden dürfen[7]. Mit dieser *negativen Zweckbindung von Kirchensteuern juristischer Personen*[8] wurde ebenfalls eine Entschärfung der verfassungsrechtlichen Problematik angestrebt, weil die entsprechenden Erträge nur zur Erfüllung gesamtgesellschaftlich relevanter Aufgaben kultureller oder sozialer Natur hätten eingesetzt werden dürfen.

Der Verfassungsrat des Kantons *Freiburg* hat in der zweiten Lesung des Entwurfs für eine neue Kantonsverfassung beschlossen, auf die Einführung einer Mandatssteuer anstelle der Kirchensteuer auf Verfassungsebene zu verzichten[9]. Der Vorschlag, die Kirchensteuer für juristische Personen abzuschaffen, wurde vom Verfassungsrat deutlich abgelehnt[10]. Art. 143 der vom Stimmvolk in der Volksabstimmung vom 16. Mai 2004 angenommenen Kantonsverfassung sieht vor, dass die Erhebung von Kirchensteuern durch das Gesetz geregelt wird. Damit verbleibt dem Freiburger Gesetzgeber die Möglichkeit, das bereits im Verfassungsgebungsverfahren diskutierte Modell der negativen Zweckbindung von Kirchensteuern juristischer Personen einzuführen[11].

---

ten Gegenstand der Abstimmungsvorlage *Tobias Jaag*, Neuordnung des Verhältnisses zwischen Kirchen und Staat im Kanton Zürich, in: SJZ 2003, S. 549 ff. In BGE 129 I 366 E. 4 S. 375 ff. hält das Bundesgericht fest, dass die Abstimmungsvorlage zwar unterschiedliche Teile umfasst, jedoch eine Gesamtvorlage zur Neuordnung des Verhältnisses zwischen Kirche und Staat bildet und damit den Grundsatz der Einheit der Materie wahrt.

7 § 22 Abs. 1 des zur Abstimmung unterbreiteten Kirchengesetzes. Eine Art Mandatssteuer, deren Mandatierung aber nicht der einzelne Steuerzahler, sondern der Staat vornimmt, war als Alternative im regierungsrätlichen Entwurf vorgesehen, vgl. dazu *Urs Josef Cavelti*, Bewegung im Verhältnis von Kirche und Staat im Kanton Zürich, in: AJP 2001, S. 770 Anm. 11 f.

8 Kritisch dazu *Johannes Georg Fuchs*, Die Kirchensteuerpflicht juristischer Personen als Unterstützung der Volkskirchen, in: Kirchensteuer juristischer Personen (Anm. 1), S. 34; eher befürwortend *Josef Bruhin*, Sind Kirchensteuern juristischer Personen theologisch und pastoral fragwürdig?, ebda. S. 48, der diesen Vorschlag u.W. erstmals in der Schweiz unterbreitet hat.

9 Vgl. Art. 159 Abs. 2 des Verfassungsentwurfs nach der ersten Lesung und Art. 159 des Verfassungsentwurfs nach der zweiten Lesung vom 9.-12. Dezember 2003.

10 Mit 70 zu 30 Stimmen, vgl. Protokoll der Sitzung vom 11. Dezember 2003, S. 13 f.

11 Vgl. etwa die These 8.22^{bis} der Verfassungskommission 8 gemäss ihrem Schlussbericht zuhanden des Büros des Verfassungsrates vom Dezember 2001 (S. 34).

Diese Übersicht zeigt die hohen politischen Hürden, die ein Kurswechsel im Bereich der Kirchensteuern juristischer Personen zu bewältigen hat. Immerhin zeigt das Beispiel Zürich, dass die Idee einer negativen Zweckbindung bereits Eingang in einen Abstimmungstext gefunden hat. Andere Kantone könnten sich von diesem „Teilerfolg" inspirieren lassen. Aus diesen Gründen lohnt es sich, diese Konstruktion einer genaueren juristischen Analyse zu unterziehen (II.), auf mögliche Auslegungsprobleme hinzuweisen (III.) und weitere Konsequenzen juristischer und politischer Natur zu erwägen (IV.).

II. Die Einordnung der Kirchensteuer mit negativer Zweckbindung in das System der Steuern und Abgaben

Der anfallende Steuerertrag wird typischerweise zur Deckung jeder Art von Staatsaufgaben verwendet. Will der Gesetzgeber den Ertrag ausschliesslich zur Finanzierung einer bestimmten öffentlichen Aufgabe verwenden, liegt eine sog. Zwecksteuer vor. Bei den Zwecksteuern kann weiter unterschieden werden[12]. Sollen bestimmte *allgemeine öffentliche Aufgaben* im Interesse der Gesamtheit finanziert werden (z.B. Spitalsteuer oder Strassenverkehrsabgabe), kann von einer *Zwecksteuer (i.e.S.)* gesprochen werden. Hier erfolgt die Zweckbindung häufig aus politischer Opportunität, um die Annahme der einschlägigen Erlasse durch das Volk zu erleichtern. Dazu kann das illustrative Beispiel der Spielbankenabgabe angeführt werden: Mit einer Verfassungsänderung hat das Volk der Aufhebung des Spielbankenverbots in der Abstimmung vom 7. März 1993 zugestimmt. Ausschlaggebend für diesen Entscheid dürfte die Bestimmung von Art. 106 Abs. 3 BV[13] gewesen sein, wonach der Bund eine er-

12 Die Einteilung der Zwecksteuern erfolgt (terminologisch) uneinheitlich, vgl. *Ernst Höhn/Robert Waldburger*, Steuerrecht, Bd. 1, 9. Aufl. Bern 2001, § 1 N. 5; *Ernst Blumenstein/Peter Locher*, System des Steuerrechts, 6. Aufl. Zürich 2002, S. 9 f.; *Pierre Tschannen/Ulrich Zimmerli/Regina Kiener*, Allgemeines Verwaltungsrecht, Bern 2000, S. 370 f.; *Ulrich Häfelin/Georg Müller*, Allgemeines Verwaltungsrecht, 4. Aufl. Zürich 2001, N. 2668 ff.

13 Das Inkrafttreten dieser Bestimmung (1. April 2000) wurde koordiniert mit demjenigen des Bundesgesetzes über Glücksspiele und Spielbanken vom 18. Dezember 1998 (SBG; SR 935.52); vgl. auch Art. 196 BV (8. Übergangsbestimmung zu Art. 106 [Glücksspiele]) und Art. 35 aBV.

tragsabhängige Spielbankenabgabe erhebt, die zur Deckung des Bundesbeitrags an die AHV verwendet wird[14].

Dient hingegen die Zwecksteuer der Finanzierung spezieller Aufwendungen im Interesse *bestimmter Personen*, liegt eine *Kostenanlastungssteuer* (z.B. Kurtaxe, Motorfahrzeugsteuern) vor. Unter diesen Begriff fallen Sondersteuern, welche einer bestimmten Gruppe von Pflichtigen auferlegt werden, weil diese Personen zu bestimmten Aufwendungen des Gemeinwesens eine nähere Beziehung haben als die Gesamtheit der Steuerpflichtigen. Die Zweckbindung bei Kostenanlastungssteuern gilt als unverzichtbar, weil es dort um die Abwälzung von Sonderaufwendungen des Gemeinwesens auf potentielle Nutzniesser geht. Die Kostenanlastungssteuer kann aber deshalb nicht als Kausalabgabe qualifiziert werden, da sie voraussetzungslos, d.h. unabhängig vom konkreten Nutzen oder vom konkreten Verursacheranteil des Pflichtigen erhoben wird[15].

Wird der Kirchensteuerertrag, der von Leistungen juristischer Personen herrührt, mit einer negativen Zweckbindung verknüpft, darf der Mitteleinsatz nur für nichtkultische Zwecke erfolgen, namentlich für die Bereiche Soziales und Kultur. Es werden dementsprechend Leistungen im Interesse der Gesamtheit erbracht. Zu diesen Leistungen haben indes die juristischen Personen keine nähere Beziehung als die Gesamtheit der Steuerpflichtigen. Es sollen mit dem Steuerertrag keine von den juristischen Personen verursachten Sonderaufwendungen abgegolten werden. Aus diesen Gründen ist die Kirchensteuer mit Zweckbindung als *Zwecksteuer (i.e.S.)* zu qualifizieren. Die diese Steuerart typischerweise begleitenden politischen Motive sind auch in diesem Fall anzutreffen; es wird versucht, die verfassungsrechtliche und steuerpolitische Problematik rund um die Kirchensteuerpflicht juristischer Personen zu entschärfen.

14 Vgl. auch Art. 40 ff. des Bundesgesetzes über Glücksspiele und Spielbanken vom 18. Dezember 1998 (SBG; SR 935.52) sowie Art. 90 der Verordnung über Glücksspiele und Spielbanken vom 23. Februar 2000 (VSBG; SR 935.521).

15 BGE 124 I 289 E. 3b S. 291 f.

III. Abgrenzungsproblem: Auslegung des Begriffs „kultische Zwecke"

Wegen der Wichtigkeit des Regelungsgegenstandes muss auf Verfassungsebene oder in einem Gesetz im formellen Sinn festgelegt sein, dass der Steuerertrag nur für „nichtkultische Zwecke" verwendet werden darf. Die Aufgabe der Eingrenzung und Auslegung dieses unbestimmten Begriffs obliegt der Rechtsanwendung. Die Regierung als oberstes Vollzugsorgan kann in ihrer Funktion als Verordnungsgeberin den Vollzug mit einer exemplarischen Aufzählung kultischer Zwecke vereinfachen.

Eine Annäherung an den Begriff des „kultischen Zwecks" kann auf unterschiedliche Weise geschehen. Ein Anknüpfungspunkt ist Art. 49 Abs. 6 der Bundesverfassung 1874 (aBV)[16], wonach keine natürliche Person gehalten ist, Steuern zu bezahlen, welche speziell für eigentliche Kultuszwecke einer Religionsgenossenschaft, der sie nicht angehört, erhoben werden. Voraussetzung einer Steuerbefreiung im Sinne dieser Norm ist nicht nur, dass eine „spezielle" Kultussteuer erhoben wird, sondern verlangt wird zusätzlich, dass diese Erträgnisse für einen „eigentlichen Kultuszweck" verwendet werden[17]. Nach der älteren bundesgerichtlichen Rechtsprechung gelten als eigentliche Kultuszwecke der Bau, die innere Ausstattung und der Unterhalt von Kirchen und Pfarrhäusern, auch wenn diese zusätzlich der Allgemeinheit für Veranstaltungen zur Verfügung gestellt werden. Auch die Aufwendungen für Kultusgegenstände, Gottesdienste, die Bezahlung des Kirchenpersonals sowie die Kosten für den Verwaltungsapparat gelten als Kultuszwecke. Nicht als Kultuszwecke eingestuft werden die mit einer Armensteuer finanzierten allgemeinen Fürsorgeleistungen, die Kosten für ein Krematorium oder einen Friedhof sowie Ausgaben für den Religionsunterricht an öffentlichen

16 Der Sinngehalt dieser Norm ist heute in Art. 15 Abs. 1 und 4 BV enthalten, vgl. *Andreas Kley*, Das Religionsrecht der alten und neuen Bundesverfassung, in: Das Religionsrecht der neuen Bundesverfassung, hg. von René Pahud de Mortanges, Freiburg i.Ü 2001, S. 16; *E. Höhn/R. Waldburger*, Steuerrecht (Anm. 12), § 4 N. 100 f.; *U. Häfelin/W. Haller*, Bundesstaatsrecht (Anm. 1), N. 417.

17 *Ulrich Häfelin*, in: *Jean-François Aubert* et al. (Hg.), Kommentar zur Bundesverfassung der Schweizerischen Eidgenossenschaft, Basel/Bern/Zürich 1987 ff. (Loseblatt), N. 79 zu Art. 49 aBV. Der Wortlaut von Art. 49 Abs. 6 aBV bezieht sich nur auf spezielle Steuern zu Kultuszwecken, erfasst also insbesondere nicht die Finanzierung der Landeskirchen aus allgemeinen Steuererträgen des Kantons (vgl. BGE 99 Ia 739 E. 3 S. 742 ff.).

Schulen[18]. Diese Einteilung ist in der Lehre auf Kritik gestossen[19]. Zwar ist denkbar, sich bei der Auslegung an dieser Rechtsprechung zu orientieren. Von einer integralen Übernahme ist indes abzuraten, da die bundesgerichtlichen Festlegungen zum Teil Jahrzehnte zurückliegen und eine einheitliche Linie vermissen lassen. So kann namentlich der Unterhalt von Kirchengebäuden angesichts des gewachsenen Stellenwerts der – im allgemeinen öffentlichen Interesse liegenden – Denkmalpflege kaum (ausschliesslich) als Kultuszweck qualifiziert werden.

Der Auslegungsgegenstand „kultische Zwecke" kann näher eingegrenzt werden über die Begriffe „Kultus" bzw. „Kultushandlung", die Gebrauch finden im Zusammenhang mit der Umschreibung des Schutzbereichs der Glaubens- und Gewissensfreiheit (Art. 15 Abs. 2 BV). Dieses Grundrecht verschafft dem Einzelnen unter anderem das Recht, eine religiöse Überzeugung frei zu praktizieren und zu verbreiten. Zum individuellen Kult können das persönliche Gebet, Meditation, Beichte oder Fasten gezählt werden. Die gemeinschaftlichen Kultushandlungen umfassen namentlich Gottesdienst, Predigt, Messe, Prozessionen, rituelle Tänze, Spendung der Sakramente, Taufe und Hochzeit, religiöse Gesänge und das religiöse Brauchtum (Beispiele Glockenläuten, kirchliche Bestattung usw.)[20]. Ausgaben, die unmittelbar oder mittelbar die Ausübung von individuellen oder gemeinschaftlichen Kultushandlungen ermöglichen, dienen einem kultischen Zweck; eine Verwendung von Steuererträgen juristischer Personen hierfür wäre ausgeschlossen. Umgekehrt wären beispielsweise kirchliche Aktivitäten für die gesellschaftliche Eingliederung der Ausländer als nichtkultisch zu qualifizieren, wenn diese auch Andersgläubigen dienen[21].

18 Übersicht über die Praxis in BGE 107 Ia 126 E. 3 S. 130 ff. Vgl. auch die Übersicht bei *U. Häfelin*, BV-Kommentar (Anm. 17), N. 82 ff. zu Art. 49 aBV; *Zaccaria Giacometti/Fritz Fleiner*, Schweizerisches Bundesstaatsrecht, unveränderter Nachdruck der Neubearbeitung 1949, Zürich 1976, S. 320.

19 Vgl. die Übersicht bei *U. Häfelin*, BV-Kommentar (Anm. 17), N. 84 zu Art. 49 aBV.

20 *Urs Josef Cavelti*, in: Kommentar zur Schweizerischen Bundesverfassung, hg. von Bernhard Ehrenzeller et al., Zürich 2002, N. 17 zu Art. 15 BV; vgl. auch *Regina Kiener/Mathias Kuhn*, Die bau- und planungsrechtliche Behandlung von Kultusbauten im Lichte der Glaubens- und Gewissensfreiheit, in: ZBl 2003, S. 632.

21 So schon *U. Häfelin*, BV-Kommentar (Anm. 17), N. 83 zu Art. 49 aBV mit Hinweis auf ZBl 1982, S. 131 f.

Daraus ergibt sich, dass für die Abgrenzung des Kultuszwecks brauchbare Kriterien bestehen, die sich auch praktisch umsetzen lassen[22]. Für gemischte Zwecke besteht der Vorschlag der Lehre, eine verhältnismässige Teilung vorzunehmen[23]. Das Argument, die Verwendung verfügbarer Mittel für kultische Zwecke lasse sich nicht von den nichtkultischen Verwendungen unterscheiden, ist daher nicht zugkräftig. Es bleibt aber zu bedenken, dass die Notwendigkeit zur Abgrenzung eine verstärkte Staatsaufsicht über die Kirchen nach sich zieht, was mindestens einer angestrebten Entflechtung des Verhältnisses von Kirche und Staat zuwiderläuft[24].

IV. Mögliche Auswirkungen der Einführung einer negativen Zweckbindung

A. Zergliederung des Staats- bzw. Kirchenhaushalts

Im Regelfall werden Steuereinnahmen für die laufende Verwaltung verwendet. Zwecksteuern führen zu einer Zergliederung des Staatshaushalts, weil Erträge nur für die Erfüllung vorbestimmter Aufgaben eingesetzt werden dürfen. Der Handlungsspielraum des Gemeinwesens wird eingeschränkt. Die Aufteilung des Kirchenhaushalts dürfte indes als negatives Argument nicht allzu stark ins Gewicht fallen. Denn die negative Zweckbindung („nicht für kultische Zwecke") lässt noch zahlreiche Möglichkeiten offen, wofür die von den juristischen Personen geleisteten Beträge verwendet werden können.

22 Gemäss *U. Cavelti*, Bewegung im Verhältnis von Kirche und Staat (Anm. 7), S. 769 Anm. 10, soll der Begriff der kultischen Zwecke „in etwa die gottesdienstlichen Veranstaltungen umfassen".

23 *U. Häfelin*, BV-Kommentar (Anm. 17), N. 84 zu Art. 49 aBV.

24 Das Spannungsverhältnis zu einer angestrebten Erweiterung der kirchlichen Autonomie wird auch im Bericht der Geschäftsleitung des Zürcher Kantonsrates zur Kirchenvorlage gesehen (Amtsblatt Nr. 43 vom 24. Oktober 2003, Ziff. B.4).

B. Vorteile gegenüber einer gänzlichen Abschaffung der Kirchensteuer juristischer Personen und mögliche Signalwirkung für das Bundesgericht

Im Falle einer Abschaffung der Kirchensteuerpflicht juristischer Personen müssen die Einnahmenausfälle der Kirchen entweder durch höhere Staatsbeiträge, die Übernahme gewisser Aufgaben durch den Staat oder durch einen Leistungsabbau kompensiert werden[25]. Alle drei Szenarien sind wenig wünschbar; insofern wirkt eine negative Zweckbindung Erfolg versprechend. Allerdings sollten die Vorteile einer negativen Zweckbindung nicht nur gegenüber einer gänzlichen Abschaffung, sondern auch gegenüber der Beibehaltung des bisherigen Systems abgewogen werden.

Die Kirchensteuerpflicht juristischer Personen wird zwar regelmässig angefochten, doch hat sie das Bundesgericht stets und bis in die Gegenwart geschützt. Ein Umschwung in dieser Frage ist deshalb von der Justiz nicht zu erwarten, auch wenn die rechtlichen Anfechtungen fortdauern. Angesichts dieser klaren Rechtslage kann man sich fragen, ob die Einführung einer negativen Zweckbindung einen geschickten politischen Kompromiss darstellt. Wird damit die Schlagkraft der Argumente von politischen Gegnern der Kirchensteuerpflicht juristischer Personen vermindert oder bedeutet es den Anfang vom Ende der Kirchensteuerpflicht?

Die negative Zweckbindung will politischen und rechtlichen Einwänden gegenüber der Kirchensteuerpflicht juristischer Personen begegnen. Es werden nur mehr nichtreligiöse, gewissermassen staatliche Aufgaben finanziert; dieser Leistungspflicht kann sich keine juristische Person verweigern. Eine Zweckbindung kann ferner dahingehend verstanden werden, dass auf kantonaler Ebene die Glaubens- und Gewissensfreiheit juristischer Personen gesetzlich in gewissem Umfang anerkannt wird. Diese teilweise Anerkennung könnte ein „dammbrechendes" juristisches Signal darstellen und das Bundesgericht zur Übernahme dieser rechtlichen Realität bewegen, indem es den Geltungsbereich der Glaubens- und Gewis-

25 Gemäss Bericht der Geschäftsleitung des Zürcher Kantonsrates zur Kirchenvorlage (Amtsblatt Nr. 43 vom 24. Oktober 2003, Ziff. B.5) beträgt der Aufwand der evangelisch-reformierten Landeskirche und der römisch-katholischen Körperschaft für ihre Tätigkeiten in den Bereichen Soziales, Bildung und Kultur, die als gesamtgesellschaftlich relevant beurteilt werden, rund 150 Millionen Franken. Die Kirchen erhalten rund 50 Millionen Franken aus staatlichen Beiträgen und 65 Millionen Franken aus den Kirchensteuern juristischer Personen.

sensfreiheit auch auf die juristischen Personen erstreckt[26]. In der Folge würde Art. 15 BV durch diesen gerichtlichen Eingriff in die kantonale Kirchenhoheit verbieten, von juristischen Personen Kirchensteuern zu erheben, für welche nichtkultischen, aber immer noch kirchlichen Zwecke auch immer.

C. Politische Dimension

Eine negative Zweckbindung verschafft den Kirchen nur noch Mittel aus der Kirchensteuer juristischer Personen, soweit sie Aufgaben übernehmen, die nicht mehr religiös ausgerichtet sind und der Allgemeinheit dienen – Aufgaben also, welche der Staat auch übernehmen könnte. Man mag diese Regelung als „leistungsorientiertes Freiheitsverständnis" werten, „welches zu gesellschaftlich relevanten Kräften bewusst Beziehungen knüpft und unterhält". Die Kirchensteuer juristischer Personen mutiert zu einer „Subvention" oder „Abgeltung" für „gesellschaftlich relevante Leistungen der Religionsgemeinschaften"[27]. Die Kirchen erhalten Steuermittel, die sie für öffentliche Aufgaben einzusetzen haben. Diesbezüglich besteht kein Unterschied mehr zu zahlreichen anderen wohltätigen Organisationen. Der Beitrag der Kirchen als Vermittlerinnen von Werten, kultureller Bildung und als Übermittlerinnen der abendländisch-christlichen Tradition[28] wird damit von Seiten des Staates nicht unterstützt. Hinter dieser Haltung verbirgt sich ein Konzeptwechsel, der Fragen aufwirft. Die betroffenen Landeskirchen müssen sich überlegen, ob und wieweit eine derartige Abgeltungsregelung mit ihrem Selbstverständnis zu vereinbaren ist.

26 Vgl. BGE 126 I 122 E. 5e S. 132 wo das Bundesgericht „die Verhältnisse in den Kantonen" berücksichtigt.

27 *Urs Josef Cavelti*, Kultusbudgets und Kirchensteuern, in: Das Religionsrecht der neuen Bundesverfassung (Anm. 16), S. 64 f. Vgl. auch *J. Bruhin*, Kirchensteuern juristischer Personen (Anm. 8), S. 48.

28 Die der Bundesrat noch 1978 in seiner Botschaft zur Trennungsinitiative speziell hervorhob: „Die von den Kirchen aus dem Geist der Heiligen Schrift vertretenen Grundwerte sind für den Staat unentbehrlich. [...] Durch Erhaltung und Vermittlung solcher Grundwerte tragen die Kirchen eine hohe Verantwortung für Staat und Gesellschaft" (BBl 1978 II 693). Ähnlich auch das Bundesgericht in ZBl 1947, S. 537 ff.

SJKR/ASDE 9 (2004), S. 83-94

Die kirchenrechtliche Stellung der Pfarrerinnen und Pfarrer in den reformierten Kirchgemeinden der Schweiz – Lösungsansätze zur Herabsetzung des Konfliktpotenzials*

von Theres Meierhofer-Lauffer (Engelberg)

I. Einleitung

1. Rechtsfolgen der Ordination

Mit der jährlich mehrmals stattfindenden „Konferenz der Kirchenleitungen" KKL bietet der Schweizerische Evangelische Kirchenbund SEK den Präsidien seiner Mitgliedkirchen ein Forum für den Gedankenaustausch und die gegenseitige Information. Die vielfältigen Themen werden nicht selten auf Anregung einzelner Kantonalkirchen auf die Traktandenliste gesetzt. Anlässlich der Konferenz vom 14. Mai 2004 diskutierten die Kirchenleitungen im erweiterten Kreis über den von einer eingesetzten Arbeitsgruppe vorgelegten Entwurf einer gemeinsamen Ordinationsliturgie, der sich zurzeit in der Vernehmlassung befindet. Im begleitenden theologischen Kommentar wurde bewusst auf eine Abklärung der Rechtsfolgen verzichtet, welche die Mitgliedkirchen bei einer Vereinheitlichung der Ordination, namentlich auch bei einer Öffnung für weitere kirchliche Dienste[1] zu gewärtigen hätten. Dabei verkannte die Arbeitsgruppe die Wechselwirkung zwischen ekklesiologischen und rechtlichen Fragen, was in der Diskussion deutlich zum Ausdruck kam und zu entsprechen-

* Überarbeitete Fassung eines Impulsreferates anlässlich der Konferenz der Kirchenleitungen des Schweizerischen Evangelischen Kirchenbundes vom 27. August 2004 in Bern.

1 Der Entwurf „Auf dem Weg zu einer gemeinsamen Ordinationsliturgie" sieht eine Ordination für Pfarrerinnen und Pfarrer, für Diakone und Diakoninnen sowie für Katechetinnen und Katecheten vor.

den Fragestellungen im Vernehmlassungsverfahren führte. Vor diesem Hintergrund war es folgerichtig, die anschliessende KKL vom 27. August 2004 auf Wunsch der Kantonalkirche Basel-Land der kirchenrechtlichen Stellung der Pfarrerinnen und Pfarrer zu widmen. Hinter diesem Schwerpunktthema verbirgt sich – trotz des akademisch trockenen Titels – ein nicht zu unterschätzendes Konfliktpotential.

2. *Vereint im innerkirchlichen Konflikt*

Dies soll eine provokative Feststellung verdeutlichen: Im SEK wird immer wieder um das Bewusstsein für die Mitgliedkirchen gerungen, zu *einer* evangelischen Kirche zu gehören. Verschiedene Gremien denken über die sinnvolle Bündelung der Kräfte nach, über bessere Vernetzungen, eine einheitliche Ordinationsliturgie – selbst von einem neuen gemeinsamen Glaubensbekenntnis war schon die Rede. Bei all den Bemühungen auf diesem Weg sollten sich die Mitgliedkirchen des Kirchenbundes vor Augen halten, dass sie sich in einem Bereich des kirchlichen Lebens bereits völlig eins wissen: im innerkirchlichen Konflikt. Ganz egal ob gross oder klein, ob in der Stadt oder auf dem Land, diesseits oder jenseits der Saane – in jeder Mitgliedkirche gibt es Kirchgemeinden, in denen Konflikte gären, schwelen oder bereits in aller Heftigkeit ausgebrochen sind. Die Themen sind immer wieder die gleichen, nur die Konstellationen unter den Konfliktparteien weisen Unterschiede auf. Die aus solchen Situationen wachsenden Unsicherheiten und Spannungen belasten das Gemeindeleben und absorbieren in den Kirchgemeinden und zunehmend auch in den Aufsichtsbehörden wertvolle Kräfte. Sehr oft werden Ursache und Eskalation eines Gemeindekonfliktes der rechtlich und faktisch besonderen Stellung des Pfarrers oder der Pfarrerin innerhalb der Kirchgemeinde zugeschrieben[2]. In vielen Kantonalkirchen wird intensiv über Reformen des Personalrechts nachgedacht. Es macht daher Sinn, die bereits angestellten Überlegungen und allfällige Reformprojekte im Rahmen der KKL einmal zusammenzutragen.

2 *Cla Reto Famos*, Leitung und Gliederung einer evangelisch-reformierten Kirchgemeinde, in: SJKR/ASDE 4 (1999), S. 27 ff.

II. Der Status der Pfarrpersonen

1. Übersicht

Eine vom SEK in verdienstvoller Weise erstellte Übersicht stellt anschaulich dar, wie die Anstellungsverhältnisse der Pfarrpersonen in den einzelnen Mitgliedkirchen geregelt sind[3]. Dabei zeigt sich – bei aller Vielfalt – inhaltlich eine nicht ganz unerwartete einheitliche Tendenz. Auf einen Nenner gebracht und von einer Reihe von Ausnahmen abgesehen, ermöglicht uns die gesamtschweizerische Synopse folgende Definition: *Der Pfarrer ist ein vom Kirchenvolk auf eine bestimmte Amtszeit gewählter „Beamter“.*

2. Beamter sui generis (ministre)

Im Rahmen dieser Umschreibung hat der Begriff „Beamter/Beamtin“ ekklesiologisch und rechtlich eine ganz unterschiedliche Bedeutung. Aus ekklesiologischer Sicht läge es näher, die Pfarrpersonen als „Bedienstete“ zu bezeichnen, was nach deutschem Sprachempfinden aber nicht überzeugt. Die französische Sprache ist hier wesentlich zutreffender: Der Pfarrer ist ein „Beamter“ sui generis – nicht als „fonctionnaire“, sondern als „ministre“. Sein Auftrag lässt sich nicht auf die Funktion eines leitenden Angestellten in einem kirchlichen Tätigkeitsbereich unter anderen reduzieren.

Dieser Unterscheidung gilt es Rechnung zu tragen, wenn nachfolgend die rechtliche Stellung der Pfarrpersonen im einzelnen betrachtet werden soll. Dabei handelt es sich um einen Status, der hinsichtlich der mit ihm verbundenen Rechte und Pflichten durchaus mit dem staatlichen Beamtenstatus verglichen werden kann. Dieser ist allerdings seit ein paar Jahren auf allen Ebenen stark im Wandel begriffen. Die inzwischen abgeschlossenen Revisionen kantonaler Personalgesetze brachten eine Vereinheitlichung der Anstellungsverhältnisse und damit die Abschaffung des beamtenrechtlichen Sonderstatus. Mit diesen Reformen konnte insbesondere dem Bedürfnis der öffentlichen Verwaltung nach einer flexibleren Personalpolitik entsprochen werden, einem Bedürfnis, welches auch

3 Die Übersicht findet sich als im Internet unter: www.kirchenrecht.net/ch/sjkr/ (Schweizerisches Jahrbuch für Kirchenrecht).

in den Kirchgemeinden – nicht zuletzt aus betriebswirtschaftlicher Sicht – zunehmend an Bedeutung gewinnt[4].

Daraus den Schluss zu ziehen, dass auch der Beamtenstatus der Pfarrpersonen ohne weiteres durch ein öffentlich- oder privatrechtliches Anstellungsverhältnis ersetzt werden könnte, wird jedoch dem Wesen des ihnen übertragenen Amtes nicht gerecht. Dieses Amt ist nämlich, wie bereits erwähnt, weniger mit den Aufgaben eines Chefbeamten zu vergleichen als mit der Funktion und Verantwortung eines staatlichen Behördemitgliedes. Die meisten Parallelen finden sich bezeichnenderweise im Vergleich mit dem Amt eines Richters oder einer Richterin. Zentrales gemeinsames Merkmal ist die unerlässliche Wahl durch das Volk – sei es an der Urne, durch ein gewähltes Parlament oder an der Kirchgemeindeversammlung. Ist es beim Richter die richterliche Unabhängigkeit, die mittels Wahl durch die Legislative gewährleistet werden soll, dient die Volkswahl für die Pfarrerinnen und Pfarrer dem Schutz der Verkündigungsfreiheit. Die christliche Gemeinde, die sich durch die Verkündigung des Wortes konstituiert weiss[5], kann und soll die Bestellung der mit dieser Verkündigung beauftragten Amtsträger grundsätzlich nicht an ein Exekutivorgan delegieren.

III. Das Amtsdauersystem

1. Die Amtsdauer als Folge der Volkswahl

Vor diesem Hintergrund ist das Amtsdauersystem vorab als Folge dieses aus ekklesiologischer Sicht unverzichtbaren Prinzips der Volkswahl zu würdigen. Das System einer zeitlich begrenzten Amtsdauer ist eigentlich eine Errungenschaft der demokratischen Schweiz, mit der das deutsche System der lebenslänglichen Anstellung durchbrochen werden konnte[6]. Heute wird darin hauptsächlich noch die besondere Garantie des Arbeitsplatzes auf eine bestimmte Zeit gesehen. Damit verbunden sind regelmässig eine gesellschaftlich exponierte Stellung des Amtsinhabers oder der Amtsinhaberin: eine Verantwortung, die mit gewissen Pflichten einher-

4 *Matthias Michel*, Beamtenstatus im Wandel, Diss. iur. Zürich 1998, S. 27 ff.

5 *Ingolf U. Dalferth*, Was nicht zur Debatte steht, in: Die Kirche und ihre Ordnung, denkMal 4, Zürich 2003, S. 63 ff.

6 *M. Michel*, Beamtenstatus (Anm. 4), S. 19 ff.

geht, welche eine Einschränkung der Grundrechte bedeuten können. Bei den Pfarrpersonen speziell zu erwähnen sind hier die Wohnsitzpflicht, das Seelsorgegeheimnis, die Pflicht, Überstunden zu leisten, das Verbot von bestimmten Nebenbeschäftigungen sowie die – inhaltlich und rechtlich schwer fassbare – Pflicht einer amtsgemässen Lebensführung. Ekklesiologisch entscheidend ist jedoch die besondere Treuepflicht: Pfarrerinnen oder Pfarrer sind im Rahmen des ihnen übertragenen Dienstes nur an ihr Ordinationsgelübde gebunden (auch hier gibt es wieder Parallelen zu den Gerichtsbehörden, insbesondere zum Verwaltungsrichter, der unter Berufung auf das Gesetz, dem er vorbehaltlos verpflichtet ist, Entscheide des Kantons aufheben muss, ohne dass ihm deswegen seitens seines Arbeitgebers Illoyalität vorgeworfen werden kann). Das Ordinationsgelübde ist jedoch keine einseitige Verpflichtung; diejenigen, welche dieses Treueversprechen stellvertretend für die Kirche abnehmen dürfen, sind ihrerseits dafür verantwortlich, das Ordinationsgelübde durch optimale äussere Bedingungen zu schützen. So gesehen, war und ist das System einer Volkswahl mit Amtsdauer nicht ein überholtes Privileg, sondern nicht zuletzt auch ein Zeichen der Wertschätzung, welches die Kirchen dem Dienst am Wort Gottes entgegenbringen.

2. Nachteile des Amtsdauersystems

Trotzdem ist die Beamtung für Pfarrpersonen seit einiger Zeit heftig umstritten. Dies im Gegensatz zu den Gerichtsbehörden, bei denen das Amtsdauersystem im Interesse der Gewaltenteilung grundsätzlich nicht zur Diskussion steht (allerdings hat die Forderung, Richter und Richterinnen ihres Amtes entheben zu können, spätestens seit der „Spuckaffäre" am Bundesgericht auch an Bedeutung gewonnen).

Das Amtsdauersystem hat seine Nachteile, besonders dann, wenn eine lange Amtszeit vorgesehen ist. Die übliche – offensichtlich bewährte – Amtszeit auf staatlicher Ebene liegt heute bei vier Jahren, die Kirchen haben sich zu einem grossen Teil angepasst. Aber auch vier Jahre können sehr lang sein, wenn die Vertrauensbasis in einer Kirchgemeinde gestört ist, wenn ein Konflikt nicht gelöst oder mit einem der seltenen Disziplinarverfahren erledigt werden kann. Zu Recht weisen Kirchenvorsteherschaften auf das Ungleichgewicht hin, welches sich daraus ergibt, dass während der Amtszeit nur die Pfarrperson kündigen kann, und das häufig mit einer Kündigungsfrist, bei welcher der Personalengpass bereits programmiert ist. Kommt hinzu, dass selbst der Ablauf der Amtsdauer nur in Ausnahmefällen für personelle Veränderungen genutzt wird – stille Wiederwahlen sind selbst bei lautem Unmut die Regel. „Den oder die werden wir nie mehr los!" ist ein Seufzer, der angesichts der statistischen Realität durchaus seine Berechtigung hat.

3. *Argumente gegen das Amtsdauersystem*

Der in einzelnen Kirchen zunehmend erhobene Ruf nach einem vermehrten und flexibleren Personalmanagement geht darum einher mit der Forderung, Pfarrpersonen zukünftig nur in einem Anstellungsverhältnis zu beschäftigen. Dabei wird nicht zuletzt auch auf die Problematik der Teilzeitstellen sowie auf die Spezialpfarrämter verwiesen, deren Inhaber sich auch nicht einer Volkswahl zu unterziehen hätten. Das trifft zu und lässt sich damit begründen, dass diese Pfarrpersonen nicht in einer Gemeinde wirken, sondern mit einem speziellen Dienst betraut sind. Mit Blick auf die Verkündigungsfreiheit müsste jedoch geprüft werden, ob nicht auch das Anstellungsverhältnis eines Spezialpfarrers oder einer Spezialpfarrerin einen besonderen Schutz geniessen sollte.

Auf eine Amtsdauer gewählt zu sein, bedeutet nicht zwingend, automatisch eine Vollzeitstelle garantiert zu haben. Denkbar wäre es, diese Garantie zu einem tieferen Prozentsatz zu verankern und die restlichen Stellenprozente entsprechend dem Personalbedarf vertraglich auszuhandeln.

4. *Veränderungspotential innerhalb des Amtsdauersystems*

Auch sonst gibt es im Rahmen des Amtsdauersystems durchaus noch Verbesserungsmöglichkeiten. Das erwähnte Ungleichgewicht kann mittels Reduktion der Amtszeit sowie einer Ausdehnung der Kündigungsfrist etwas ausgeglichen werden (in viele Kantonalkirchen steht einer Amtszeit von vier Jahren eine Kündigungsfrist von mindestens einem halben Jahr gegenüber).

Zu prüfen wäre auch die Einführung einer Unzumutbarkeitsklausel, wie sie die Aargauer Kirche kennt: Art. 137 Abs. 8 der Kirchenordnung AG ermöglicht die Anordnung einer vorzeitigen Wiederwahl. Anderer Art ist hingegen Art. 29 des Bernischen Kirchengesetzes; dieses sieht eine vorzeitige Auflösung des Beamtenverhältnisses mittels Klage beim Verwaltungsgericht vor, faktisch wurde jedoch davon noch nie Gebrauch gemacht, da die Realisierung mit zu vielen verfahrensrechtlichen und administrativen Hürden verbunden ist.

Die unproblematischste, einfachste, aber mit Blick auf zukünftige Konflikte sehr wirkungsvolle Verbesserung könnte jedoch mit der gesetzlichen Einführung eines „Probejahres" erreicht werden. Die Zeiten, in denen eine repräsentativ zusammengestellte Pfarrwahlkommission aufgrund einiger Hearings und Probepredigten mit sicherer Hand die für die Gemeinde optimale Pfarrperson erküren kann, sind vorbei. Um herauszufinden, ob die Chemie zwischen einer Pfarrerin, einem Pfarrer und der Gemeinde stimmt, muss man sich im praktischen kirchlichen Alltag gegenseitig kennenlernen können. Eine Pfarrperson vor ihrer Wahl für ein Jahr auf vertraglicher Basis anzustellen, steht dem Prinzip der Volkswahl nicht entgegen. Nicht vereinbaren liesse sich eine solche Probezeit mit einer Wohnsitzpflicht in der Gemeinde, wie sie in den meisten Kirchenordnungen heute noch vorgeschrieben ist. Nachdem jedoch die zwingende Vorgabe, innerhalb der Kirchgemeinde und insbesondere im Pfarrhaus wohnen zu müssen, zunehmend in Frage gestellt wird, muss die gesetzliche Wohnsitzpflicht ohnehin überprüft und gegebenenfalls durch vertragliche Regelungen abgelöst werden. Angesichts der heutigen Mobilität wäre ein Probejahr für alle Beteiligten zumutbar, wenn nicht sogar erwünscht.

5. Wiederwahl nach Ablauf der Amtszeit

Wie bereits erwähnt, wird auch nach Ablauf der ordentlichen Amtsdauer nur selten ein eigentliches Abwahlverfahren eingeleitet – die Bestätigungswahlen sind i.d.R. eine reine Formsache. Im Rahmen von Reformprojekten sollte evaluiert werden, wie die Wiederwahl der Pfarrpersonen im Sinne einer Rechenschaftswahl tatsächlich zu einem Instrument der „Qualitätssicherung" werden könnte, mit der Konsequenz, dass es häufiger nicht mehr zu einer Wiederwahl käme. Die Nichtwiederwahl muss jedoch – wie die nachfolgend unter Ziff. 6 beschriebene vorzeitige Abwahl – ultima ratio bleiben, falls Verhandlungen über eine gegenseitige Auflösung des Dienstverhältnisses gescheitert sind.

Im Vordergrund steht die Frage, welches Wahlverfahren den beidseitigen Interessen am besten entspricht. Mit der regelmässigen stillen Widerwahl, wie sie in vielen Kantonalkirchen vorgesehen ist, werden zwar Aufwand und Kosten gespart, doch stehen daneben die im Ausnahmefall durchgeführten Abwahlverfahren umso mehr im Scheinwerferlicht. Die entsprechenden Begleiterscheinungen, namentlich die mediale Verbreitung, dienen weder den betroffenen Pfarrpersonen noch ihren Kirchgemeinden noch den Landeskirchen. Mit einem periodischen und in zeitlicher Hinsicht möglichst gleichgeschalteten Wiederwahlverfahren für alle Pfarrpersonen könnte dieses Problem entschärft werden, wobei sowohl die Urnen- als auch die Versammlungswahl Vor- und Nachteile auf sich vereinigen.

6. *Abschaffung der Amtsdauer*

Der Erfahrungsaustausch anlässlich der KKL machte klar, dass die sich aus dem Amtsdauersystem ergebende Sonderstellung der Pfarrpersonen vor allem den Kirchenvorsteherschaften ein Dorn im Auge ist. Die daraus wachsende negative Haltung gegenüber der Pfarrerschaft veranlasst verschiedene Kantonalkirchen, dringlich über eine Abschaffung der Amtsdauer nachzudenken. Bevorzugt wird ein Modell, in welchem die Pfarrperson von der Kirchgemeinde auf unbestimmte Zeit gewählt wird. Eine Entlassung aus dem Dienstverhältnis kann – mit einer vorgeschriebenen Frist und flankierendem Rechtsschutz – jederzeit erfolgen; sei es, dass die Kirchenvorsteherschaft ein Abwahlverfahren einleitet, oder dass sie eigenständig eine „Kündigung" ausspricht, welche durch das Kirchenvolk lediglich noch zu bestätigen ist. Beide Varianten stehen dem Prinzip der Volkswahl rechtlich zwar nicht entgegen; faktisch wird damit jedoch die Stellung der Kirchenvorsteherschaften in einem Ausmass verändert, das ekklesiologisch nicht unbedenklich ist. Korrigiert werden könnte dieses neue Ungleichgewicht gegebenenfalls mit einem gesetzlich vorgeschriebenen Konfliktlösungsverfahren (Mediation), welches einer Abwahl voranzugehen hätte.

7. *Zusammenfassung*

Die Diskussion um den Status der Pfarrpersonen zeigt exemplarisch, wie unerlässlich es ist, ökonomische Fragestellungen, denen sich die Kirche nicht verschliessen soll, ekklesiologisch zu überdenken[7]. Es gibt gute be-

7 Zu diesem Thema finden sich bedenkenswerte Thesen von *Hans G. Ulrich* in: Evangelium hören I – wider die Ökonomisierung der Kirche und Praxisferne der

triebswirtschaftliche Gründe für eine Abschaffung der Volkswahl zugunsten einer privat- oder öffentlichrechtlichen Anstellung der Pfarrpersonen. Aus Sicht des Kirchenrechts, welches – wenn es seinem Namen gerecht werden will – immer auch ekklesiologisches Recht zu sein hat, ist jedoch an der Volkswahl der Pfarrerinnen und Pfarrer nichts zu ändern. Auch bei einer Beibehaltung des Amtsdauersystems muss dieses nicht in einer „lebenslänglichen" Arbeitsplatzgarantie erstarren. Vielmehr kann es im Rahmen der gegebenen Möglichkeiten so ausgestaltet werden, dass es dem Bedürfnis der Kirchgemeinden nach einem flexibleren Personalwesen nicht entgegensteht und kräfteraubende Konflikte nach Möglichkeit vermieden oder auf faire Weise beendet werden können. Die Aufhebung des Amtsdauersystems unter gleichzeitiger Einführung eines Abwahlverfahrens ist denkbar, wobei der Endentscheid über die Entlassung einer Pfarrperson stets der Kirchgemeinde belassen werden muss. In jedem Fall sind Verfahrensgarantien und ein Rechtsschutz für die abgewählte Pfarrperson zu gewährleisten.

IV. Die Stellung des Pfarrers der Pfarrerin in der Kirchenvorsteherschaft

In diesem Zusammenhang stellt sich auch die Frage der rechtlichen Stellung der Pfarrperson innerhalb der Kirchenvorsteherschaft. Der schweizerische Überblick[8] zeigt, dass die Pfarrerinnen und Pfarrer (oder Vertreter des Kollegiums) fast überall von Amtes wegen der Kirchenpflege oder dem Kirchgemeinderat angehören. Die Frage, ob die Pfarrperson dabei auch ein Stimmrecht haben soll, ist im Gemeindealltag vor allem dort von grosser praktischer Bedeutung, wo viele Teilzeitpfarrerinnen und -pfarrer das Stimmenverhältnis entscheidend zugunsten der Pfarrerschaft verschieben. Dieses Stimmrecht ist auch Gegenstand verschiedener kirchenrechtlicher Abhandlungen – spätestens seit dem umstrittenen „Thurgauer Pfarrerentscheid" des Bundesgerichtes[9]. Unsere höchsten Richter müssen sich dabei den Vorwurf gefallen lassen, nicht ekklesiologisch gedacht zu

---

Kirchenorganisation, Initiativkreis „Kirche und Wettbewerbsgesellschaft", www.evangelium-hoeren.de.

8 Vgl. den Hinweis oben (Anm. 3).

9 *Jakob Frey*, Gemeindeleitung im Zusammenwirken von Kirchenvorsteherschaft und Pfarrerschaft, in: SJKR/ASDE 1 (1996), S. 26 ff.

haben – wie sollten sie auch! Gleichzeitig kommt ihnen das Verdienst zu, unser reformiertes Bewusstsein wieder dahingehend geschärft zu haben, dass eine Kirchenvorsteherschaft eben nicht nur eine Administrativ-, sondern eine geistliche Behörde ist, die ebenfalls von der Gemeinde gewählt werden muss[10]. Gemeinsam mit dem Pfarrer nimmt die Kirchenvorsteherschaft das „Amt der Kirche" wahr; dabei lassen sich die Aufgaben nicht in „innere" (= theologische) und „äussere" (= administrative) aufgliedern. Auch wenn eine Klärung und Straffung der Beziehung von Kirchenvorsteherschaft und Pfarramt aus den verschiedensten Gründen wünschenswert ist, kommt keine Strukturreform am reformierten Grundsatz der gemeinsamen Leitungsverantwortung vorbei.

Zu prüfen, ob in den Kirchenordnungen der Schweizer Kantonalkirchen diese partnerschaftliche Leitungsverantwortung, namentlich die geistliche Bedeutung der Kirchenvorsteherschaft, klar genug umschrieben ist, wäre eine kirchenrechtliche Herausforderung. Damit verbunden ist die Frage, ob die Wahl von Kirchenpflegern oder Kirchgemeinderätinnen nicht an ein Anforderungsprofil geknüpft werden müsste – an theologische, ekklesiologische oder kybernetische Kompetenzen. Ein berechtigtes Anliegen, welches allerdings angesichts der Schwierigkeit, Leute für die Mitarbeit in Kirchenbehörden zu gewinnen, nicht sehr realistisch ist. Es gilt vielmehr, die gewählten Mitglieder der Kirchenvorsteherschaften so in ihre Aufgaben einzuführen, dass sie in Kenntnis des gemeinsamen Verkündigungsauftrages ihre Erfahrungen und Kompetenzen (ihre „Gnadengaben") bewusst einsetzen können – in einer Zusammenarbeit, die sich nicht einfach durch Harmonie, sondern durch Konkordanz („mit dem Herzen zusammen") auszeichnet. Die Verantwortung für diese Einführung und Weiterbildung liegt bei den Kirchgemeinden, insbesondere bei den Pfarrpersonen, und bei den Kantonalkirchen als Aufsichtsorgan.

V. Die Verantwortung der Kantonalkirchen

Entsprechend dem Wesen der Kirche ist auch die Aufsichtsverantwortung der Kirchenleitungen sui generis und kann mit „coaching" und „control-

10 *Immanuel Leuschner*, Die Kirchenvorsteherschaft ist eine geistliche Behörde/Le conseil de paroisse est une autorité ecclesiastique, in: inter pares [Publikationsorgan des Schweizerischen reformierten Pfarrvereins] 2/95, S. 11 ff.

ling“ in der Wirtschaft oder der staatlichen Aufsicht nur begrenzt verglichen werden. Gegenüber den Pfarrpersonen besteht diese Verantwortung in der Auswahl und Ausbildung, in der Begleitung und Überwachung sowie im Anordnen von disziplinarischen und administrativen Massnahmen. Letzteres gehört zu den unangenehmen und undankbaren Aufgaben der Kirchen- oder Synodalräte, zumal sie nicht selten an der Gemeindeautonomie scheitern.

1. „episkope“

Die Verantwortung bei der Auswahl, Ausbildung und Beratung tragen die deutschschweizerischen Kirchen im Rahmen des Konkordates[11] gemeinsam, in jüngster Zeit durch vermehrte Delegation an aussenstehende Fachexperten (z.B. Kommission für die entwicklungsorientierte Eignungsabklärung KEA). Diese Verschiebung birgt die Gefahr in sich, dass Pfarrpersonen isoliert und nicht mehr vor dem Hintergrund der Verhältnisse und Bedürfnisse ihrer Kirchgemeinden begleitet werden. Auf der anderen Seite werden in den Weiterbildungen für Kirchenvorsteherschaften sehr oft nur die Bereiche „Führung“ und „Organisation“ in den Vordergrund gestellt. Mit dieser Entwicklung könnten sich die kantonalen Kirchenleitungen von einer umfassenden und vernetzten Gemeindeaufsicht im Sinne der urchristlichen „episkope“ zunehmend entfernen.

Wenn man an der Gemeindeautonomie festhalten will – und ich meine, man kann gar nicht anders – muss im Zusammenhang mit Reformprojekten vor allem auch diese kantonalkirchliche „episkope“ ekklesiologisch und rechtlich neu überdacht und definiert werden. Dazu gehört insbesondere ein Instrumentarium zur Bewältigung von Gemeindekonflikten.

2. Konfliktbewältigung

Wir stehen zu Konflikten. Sie werden offen, konstruktiv und fair ausgetragen – falls notwendig, mit externer Unterstützung. So steht es im neuen Leitbild der reformierten Kirche Basel-Land, das stellvertretend für al-

11 Konkordat betreffend die gemeinsame Ausbildung der evangelisch-reformierten Pfarrerinnen und Pfarrer und ihre Zulassung zum Kirchendienst vom 28. November 2002, u.a. abgedruckt in: Schweizerische Kirchenrechtsquellen III (Beiheft 5 zum SJKR/ASDE), hg. von Christoph Winzeler, Bern 2004, Nr. 53, S. 306-318.

le anderen kantonalkirchlichen Anstrengungen rund um die Konfliktbewältigung erwähnt werden soll. Die Feststellung, dass kirchliche Gemeinschaften für Konflikte nicht immun, sondern vielleicht gerade besonders anfällig sind, ist ein erster wichtiger Schritt, dem weitere Schritte folgen müssen. Dazu gehört die Erkenntnis, dass mit Abwarten und Hoffen selten etwas gewonnen ist. Es braucht vielmehr Frühwarnsysteme und die Bereitschaft, Hilfe von aussen anzunehmen. Dabei müssen sich die Kirchenleitungen und ihre Dienste bewusst sein, dass sie sehr oft nicht als neutral, sondern als Partei wahrgenommen werden.

Die kirchlichen Strukturen, namentlich auch der besondere Status der Pfarrpersonen und die Gemeindeautonomie sind nicht die Ursache, sondern setzen den Rahmen, in der Sprache der Psychologie „das System“, in dem Konflikte stattfinden und möglichst lösungsorientiert überwunden werden sollten, d.h. es muss nicht nur fair gestritten, sondern auch verhandelt werden – im Interesse des gemeinsamen Auftrages. Dabei sollte auch in den Kirchen vermehrt die professionelle Mediation als Konfliktlösungsverfahren gewählt werden, steht doch schon im Lukasevangelium: *Wenn du mit deinem Gegner vor Gericht gehst, bemüh dich noch auf dem Weg, dich mit ihm zu einigen (Lk 12,58).*

VI. Schlussbemerkungen

Einleitend wurde zu zeigen versucht, dass Gemeindekonflikte ein Problem sind, welches alle Mitgliedkirchen des Kirchenbundes miteinander verbindet. Daher sollten sie auch gemeinsam angegangen werden. Trotz föderalistischer Kirchenstrukturen spricht nichts dagegen, zukünftige personal- und aufsichtsrechtliche Reformen aufeinander abzustimmen und – zur Erhaltung der personellen und finanziellen Ressourcen – vereint Instrumente zur Vermeidung und Bewältigung von Konflikten zu fördern. Vielleicht können die Verantwortlichen ein paar Jahren zurückschauen und sagen, dass es nicht zuletzt die Konflikte in den Kirchgemeinden waren, welche die Mitgliedkirchen des SEK auf ihrem Weg zur Einheit in der Vielfalt ein gutes Stück weitergebracht haben.

SJKR/ASDE 9 (2004), S. 95-140

Elemente einer Konkordatspolitik*

von Urs Josef Cavelti †

Inhalt

* Gutachten im Auftrag der Römisch-Katholischen Zentralkonferenz der Schweiz, erstattet im März 2003. – Zahlreiche der nachstehend erwähnten Konkordate sind abgedruckt in: Schweizerische Kirchenrechtsquellen III: Konkordate und weitere Verträge, hg. von *Christoph Winzeler*, SJKR/ASDE-Beiheft 5 (2004).

Die katholische Kirche besteht in und aus Bistümern. Die Bistümer sind Teilkirchen, in denen die Kirche Christi wahrhaft wirkt (Lumen gentium N 23, Christus Dominus N 11). Ihre Errichtung erfolgt frei durch den Apostolischen Stuhl, wobei neben den primär pastoralen auch gesellschaftliche und nationale Gesichtspunkte berücksichtigt werden.

In der Schweiz ist die Bistumseinteilung unvollständig geblieben. Von den Rechtsgrundlagen her gibt es drei Arten von Kirchensprengeln: Den kirchenrechtlichen Regelfall bilden die Bistümer Sitten, Lausanne-Genf-Freiburg und Chur (bezüglich Graubünden, exkl. Puschlav und Schwyz). In Konkordaten der Kantone und (teils) des Bundes mit dem Apostolischen Stuhl wurden die Bistümer Basel, St. Gallen und Lugano vertraglich vereinbart. Lediglich provisorisch der Leitung des Bischofs von Chur unterstellt sind die Kantone Zürich, Ob- und Nidwalden, Uri und Glarus; Appenzell Inner- und Ausserrhoden sind schliesslich Administraturgebiete des Bischofs von St. Gallen.

Mit der Aufhebung des Bistumsartikels der Bundesverfassung am 10. Juni 2001 ist die katholische Kirche bei Errichtung oder Veränderungen von Bistümern in der Schweiz nicht mehr an die Genehmigung der Bundesbehörden gebunden. Die im 19. und 20. Jahrhundert abgeschlossenen Konkordate haben aber ihre rechtliche Gültigkeit unverändert beibehalten. Es können auch neue Konkordate nach den Normen des Völkerrechts abgeschlossen werden, sofern ein politischer Wille und ein gegenseitiges Interesse der Vertragspartner vorliegt. Die Änderung bestehender Bistumsgrenzen ist in weiten Teilen der Schweiz an eine Revision oder an Ergänzungen von Konkordaten gebunden.

Die Weiterentwicklung der Konkordatspraxis kann insofern stets konkret werden. Die nachfolgenden Darlegungen gelten den vielschichtigen rechtlichen, kirchenpolitischen und staatlichen Voraussetzungen, die bei einer Konkordatspolitik in der Schweiz zu beachten wären.

I. Begriff und Geschichte

1. Das Konkordat ist ein zwischen dem Apostolischen Stuhl und einem Staat abgeschlossener Vertrag, mit welchem Fragen, die sowohl für die Kirche wie den Staat von Interesse sind, einvernehmlich geregelt werden. Als älteste Vereinbarung gilt das Wormser Konkordat von 1122, welches den Investiturstreit beendete. Nach langen überwiegend rechtstheoreti-

schen Auseinandersetzungen um die rechtliche Qualifikation (Privilegientheorie bzw. Legaltheorie) ist heute unbestritten, dass Konkordate echte völkerrechtliche Verträge darstellen. Sie werden von anerkannten Völkerrechtssubjekten zur gemeinsamen Rechtssetzung eingegangen und auch formell in typisch völkerrechtlichen Formen abgeschlossen[1].

2. Die Epoche neuzeitlicher Konkordate wird eingeleitet durch das Konkordat mit Napoleon (1801), das erste Vertragswerk mit einem säkularisierten Staat[2]. Mit der Zerschlagung der Reichskirche und der Säkularisierung aller deutschen Fürstentümer (1803) entstand Handlungsbedarf zur Neustrukturierung mittels Übereinkünften[3]. 1817 wurde als erstes das Konkordat mit Bayern abgeschlossen; es folgten die Konkordate bzw. Zirkumskriptionsbullen für Preussen (1821), die Oberrheinische Kirchenprovinz (1821) und Hannover (1824)[4]. In die gleiche Periode fallen auch die Konkordate betreffend das reorganisierte Bistum Basel (1828) mit den Kantonen Bern, Luzern, Solothurn und Zug, sodann Aargau,

1 *Heribert Franz Köck*, Die völkerrechtliche Stellung des Heiligen Stuhls, Berlin 1975, S. 316, 339 ff., 403 ff. – Die deutsche Doktrin hat teilweise das Konkordat als völkerrechtlichen Vertrag, nicht aber als Vertrag ‚sui generis' mit voller Rechtsverbindlichkeit in Frage gestellt. Vgl. *Alexander Hollerbach*, Die Kirchen unter dem Grundgesetz, in: VVDStrL 26 (1968), S. 57 ff.; *ders.*, Die vertragsrechtlichen Grundlagen des Staatskirchenrechts, in: Handbuch des Staatskirchenrechts, hg. von Joseph Listl und Dietrich Pirson, Band I, 2. Aufl. Berlin 1994, S. 253 ff. (272 ff.).

2 Das Napoleon-Konkordat (1801) hat seine Gültigkeit teilweise bis heute behalten und wird noch angewendet für das Elsass und Lothringen (Diözesen Strassburg und Nancy).

3 Die Kirche hatte die Bistümer zu reorganisieren und die Staaten mussten die aus den Säkularisierungen einkassierten Gelder zweckgebunden zur Dotation der neuen Bistümer einbringen.

4 Die Zirkumskriptionsbullen deutscher Bistümer sind formell innerkirchliche Erlasse. Sie waren aber inhaltlich mit den deutschen Fürsten abgesprochen und erhielten mit der Publikation der Bulle auch staatliche Verbindlichkeit. Das eigentliche Konkordat bildeten die mündlichen Absprachen. – Die koordinierten staatlichen und kirchlichen Rechtsakte (kirchlich: durch Bulle und Breve; staatlich: durch deren Publikation als Gesetz) galten als im mündlichen Konkordat vereinbarte Ausführungsbestimmungen. Vgl. *H. F. Köck*, Völkerrechtliche Stellung (Anm. 1), S. 322. – Die Bulle ‚Imposita humilitatis' vom 16. Dezember 1824, mit welcher der Kanton Schwyz dem Bistum Chur einverleibt wurde, trägt alle Elemente einer ‚bulla concordata' bzw. einer Zirkumskriptionsbulle. Vgl. *Alois Riklin* (Hg.), Bischofswahlen in der Schweiz. Expertenbericht im Auftrag der römischkatholischen Zentralkonferenz, Zürich 1992, S. 120.

Thurgau und Basel, sowie das Konkordat über die Reorganisation des 1823 gegründeten Bistums St. Gallen (1845). Der restaurative Zeitgeist, in dem diese Konkordate abgeschlossen wurden, liess auch Elemente des Staatskirchentums einfliessen.

Zufolge der politischen Umwälzungen vorab im deutschsprachigen Raum sind nach dem ersten Weltkrieg die Konkordate mit Deutschland, Österreich und Italien erneuert worden. Sie waren gekennzeichnet durch die stark säkularisierten Staatswesen und die kirchliche Koordinationslehre von Kirche und Staat, wie sie sich im Kodex 1917 niederschlug; sie sollten auch Stabilität in die Beziehungen von Kirche und Staat bringen[5]. Die stabilen politischen Verhältnisse in der Schweiz sind der eigentliche Grund, dass die Konkordate betreffend die Bistümer Basel und St. Gallen zu den ältesten noch heute rechtsgültigen völkerrechtlichen Verträgen des Apostolischen Stuhls gehören.

II. Die heutige Konkordatspolitik des Apostolischen Stuhls

Das II. Vatikanische Konzil hat mit der neuen Positionierung der Kirche im Verhältnis zu den politischen Gemeinschaften (Staaten) auch der Konkordatspolitik neue Impulse verliehen. Zwischen 1965 und 2000 sind rund 70 Konkordate abgeschlossen worden. Über 20 Verträge brachten Anpassungen der bestehenden Konkordate mit Deutschland und Österreich. Ebenso zahlreich sind die Vereinbarungen zur Regelung nur einer bestimmten Einzelfrage[6]. Von besonderem Interesse sind die Konkordate von 1994 über die Errichtung neuer Bistümer in Deutschland (Erzbistum Hamburg, Bistümer Magdeburg, Erfurt und Görlitz). Getrennt von den Bistumserrichtungen sind zusätzlich Konkordate mit den neuen Bundesländern vereinbart worden. Ergänzungen und Fortentwicklung bestehender Vereinbarungen erfolgten mit den beiden Konkordaten in der

5 Lettland 1922, Bayern 1924, Polen 1925, Rumänien 1927, Litauen 1927, Italien 1929, Preussen 1929, Baden 1932, Österreich 1933, Portugal 1940 und Spanien 1953.

6 In Deutschland galten die Anpassungen vorwiegend dem Schulbereich aller Stufen; in Österreich standen Anpassungen an die Geldwertverhältnisse im Vordergrund. Unter den Einzelregelungen finden sich jene für die Armeeseelsorge in südamerikanischen Ländern, die auch für die Polizeikräfte gelten, und Sonderfälle wie etwa das Übereinkommen mit Israel oder mit Usbekistan.

Schweiz über die Errichtung des Bistums Lugano (24. Juli 1968) und mit dem Zusatzkonkordat über den Anschluss der Kantone Basel-Stadt, Basel-Land und Schaffhausen und den Beitritt des künftigen Kantons Jura (2. Mai 1978) an das Bistum Basel. Die neu vereinbarten Konkordate mit Ländern mit katholischer Bevölkerungsmehrheit (Spanien, Polen, Kroatien und Litauen; sodann Kolumbien) zeichnen sich durch die alle Bereiche umfassenden Inhalte aus; sie sind selbst nach Sachkriterien in Einzelvereinbarungen aufgeschlüsselt (Vereinbarungen über juristische Dinge, sodann über Schule und Kultur, über die Armeeseelsorge und die finanziellen Fragen). Schliesslich sind die Lateranverträge zwischen Italien und dem Apostolischen Stuhl in wesentlichen Teilen revidiert worden (18. Februar 1984).

Der geistige Hintergrund der Konkordatspolitik ist im II. Vatikanum grundgelegt. Im Verhältnis zum pluralistischen Staat wird an Stelle der beidseitigen Souveränität (Leo XIII. Enzyklika ‚Immortale Dei') die gegenseitige Unabhängigkeit und volle Autonomie zum Ausgangspunkt genommen (Gaudium et Spes N 76/3). Gemeint ist die Unabhängigkeit und Freiheit der Kirche, ihr institutionelles Gefüge selbst zu bestimmen und im Staat zu rechtlichen Anerkennung zu bringen. Sodann basiert die Konkordatspolitik auf dem Recht in wahrer Freiheit den Glauben zu verkündigen, die eigene Soziallehre kundzumachen, den kirchlichen Auftrag unter den Menschen ungehindert zu erfüllen und schliesslich auch politische Angelegenheiten einer sittlichen Beurteilung zu unterstellen (GS 76/6). Im Ingress zu den neuen Konkordaten mit mehrheitlich katholischen Ländern wird jeweils ausdrücklich auf die Prinzipien des Vatikanums II und die Normen des Kirchenrechts verwiesen[7]. In den Konkordaten mit den deutschen Bundesländern wird differenzierter von der Eigenständigkeit von Staat und Kirche und ‚dem gegenseitigen Respekt für das Selbstbestimmungsrecht' gesprochen (Mecklenburg-Vorpommern). Ein besonderer Akzent wird auf die Festigung des Verhältnisses von Staat und Kirche in einem freundschaftlichen Geist gelegt (Thüringen, Sachsen), auf das gemeinsame Anliegen, die Menschenwürde und Menschenrechte zu achten, und auf die Einsicht, dass christlicher Glaube, kirchli-

7 Im Konkordat mit Spanien wird thesenhaft formuliert, dass das Vatikanum II als grundlegende Prinzipien für die Beziehungen zu den Staaten sowohl die gegenseitige Unabhängigkeit beider Seiten, wie auch die gesunde Zusammenarbeit festlege, und dass die Freiheit der Kirche grundlegendes Prinzip der Beziehungen sei (AAS 68, 1979, S. 509).

ches Leben und caritatives Wirken einen Beitrag für das Gemeinwohl und den Gemeinsinn des Bürger in einem pluralistischen Staat leiste.

Aus dem Selbstbestimmungsrecht und der freien Religionsausübung im umfassenden Sinn ergeben sich auch die wesentlichen Konkordatsinhalte. Offenkundiges Bestreben ist es, das kanonische Recht in wesentlichen Teilen auch im Staat wirksam werden zu lassen. Dies betrifft in erster Linie die institutionellen Aufbau der Kirche und ihre zahlreichen Institutionen. Die Errichtung von Bistümern und deren territoriale Veränderung wird konsequent aus allen Konkordaten ausgeklammert bzw. der ausschliesslichen Befugnis des apostolischen Stuhls unterstellt[8]. Ausgenommen wurden lediglich Bistumserrichtungen in Deutschland, da das Reichskonkordat (1933) den Bundesländern eine Mitsprache einräumt (Reichskonkordat Art. 11). Den Bistümern rechtlich gleichgestellt sind die Pfarreien und andere Gebietssprengel. Zivilrechtliche Anerkennung erhalten ausserdem alle kirchlichen Institutionen, sobald sie kanonisch errichtet sind, d.h. gemäss kirchlichen Bestimmungen die Rechtssubjektivität erhalten haben, vorab die Institute des geweihten Lebens (Orden, Kongregationen, Personalprälaturen und andere religiöse Körperschaften und deren Niederlassungen). Diese Regelungen sind sehr weitreichend. Ob mit der staatlichen Anerkennung eine solche im öffentlichen oder privaten Recht gemeint ist, wird nirgends ausgeführt; tendenziell sind sie auf die öffentlich-rechtliche Anerkennung ausgerichtet. Gleicherweise offen ist, ob sich die Übernahme von Kirchenrecht auf die Bildung juristischer Personen und deren Vertretungsregelung beschränkt oder auch auf die kirchenrechtlichen Vorschriften der Leitung bzw. des Rechtsverkehrs[9].

Zur Organisationsfreiheit zählt auch die vom Staat unabhängige Besetzung aller kirchlichen Ämter. Insbesondere die Bischofswahlen vollziehen sich in ausschliesslich kirchlicher Kompetenz. Die frühere staatliche Mitwirkung in Spanien ist auf die Möglichkeit der Geltendmachung von Bedenken ‚allgemein politischer Natur' begrenzt, die der Apostolische

8 Dies trifft auch für Staaten zu, die bis anhin ein ausgedehntes konkordatäres Mitwirkungsrecht hatten, wie Spanien oder Italien.

9 Die geistliche Leitung der kirchlichen Institutionen liegt klar bei der Kirche. Aufmerksamkeit verdient jedoch ein Passus im spanischen Konkordat vom 3. Januar 1979: „Um den Umfang und die Grenzen ihrer Handlungsfähigkeit [gemeint sind Institute des geweihten Lebens] und daher ihre Verfügungsbefugnis über das Vermögen zu bestimmen, wird man sich an die Bestimmungen des Kirchenrechts halten, das in diesem Fall als Satzungsrecht gilt" (Art. 1 Abs. 4).

Stuhl ‚frei würdigt'[10]. Im neuen Erzbistum Hamburg wird die Regierung lediglich vor der Publikation über die Person des Gewählten orientiert, und ein gleiches gilt für Litauen, wo selbst die Mitteilung einzig ‚per cortesia', d.h. ohne Rechtspflicht erfolgt.

In den nachkonziliären Konkordaten nehmen sodann die Bestimmungen über die kirchliche Freiheit in der Erfüllung der pastoralen Arbeit einen breiten Raum ein. Darunter fallen einzelne Sondervorschriften für die Geistlichen, sodann Schutzbestimmungen für die Kultusausübung, für kirchliche Gebäude, der freie Zugang zur Öffentlichkeit in Wort und Medien, das Recht durch Jugendorganisationen pastoral zu wirken und schliesslich das Recht auf Pastoration in staatlichen Anstalten (Gefängnissen, Kranken- und Heilanstalten) und auf caritatives Wirken. Eine dritte Kategorie von Bestimmungen bezieht sich auf Fragen der Freiheit des Religionsunterrichts und auf die Zusammenarbeit auf den Gebieten der Kunst und der Kulturgüter. Schliesslich finden sich Bestimmungen mit der Garantie, Güter erwerben zu können, über die Befreiung von staatlichen Steuern oder auf direkte oder indirekte Hilfe des Staates in finanziellen Belangen.

III. Interessen und Grenzen staatlicher Konkordatspolitik

Konkordate bilden einen Teil der Kirchenpolitik. Kirche und Staat anerkennen die Religionsfreiheit als Grundlage ihrer Beziehungen, und damit auch die grundlegende Trennung von staatlichen und kirchlichen Bereichen. Daraus ergeben sich gewisse immanente Grenzen konkordatärer Vereinbarungen. Unverhandelbar sind für die katholische Kirche, was sie abgestützt auf Evangelium und Tradition als ‚göttliches Recht' definiert, wie etwa ihre grundlegend hierarchische Verfassung, die auf Papst- und Bischofsamt gründet, sowie die damit unmittelbar zusammenhängenden Leitungsbefugnisse im Bereich der Glaubens- und Sakramentenverwaltung und der Seelsorge. Aus der Sicht des Staates – sowohl des Bundes wie der Kantone – sind unaufgebbare Richtpunkte die Wahrung der reli-

10 Dies ist eine Abschwächung auch gegenüber der frühern sog. politischen Klausel, wie sie noch im Preussen-Konkordat von 1929 (Art. 6) galt; dort verpflichtete sich der Apostolische Stuhl bei politischen Bedenken der Regierung eine Bestätigung (der Kapitelswahl) nicht vorzunehmen.

giösen Neutralität des Staates, die Verwirklichung der Rechtsgleichheit und der religionsrechtlichen Parität.

1. Das öffentliche Interesse als Voraussetzung

Die Religionsfreiheit ist primär ein Individualrecht, ein Abwehrrecht des einzelnen gegen Eingriffe des Staates in die Bildung und Ausübung religiöser Überzeugung. Als Kultusfreiheit hat die Religionsfreiheit auch Bezüge zu den Religionsgemeinschaften selbst. Die Religionsfreiheit als Abwehrrecht wird zunehmend ergänzt durch die sog. positive Religionsfreiheit. Ihr liegt der Gedanke einer näheren positiven Ausgestaltung des Verhältnisses von Kirche und Staat zu Grunde. Sie wächst aus der Wahrnehmung der allgemeinen gesellschaftlichen Bedeutung der Kirchen und Religionsgemeinschaften, insbesondere in ihren erzieherischen, sozialen, kulturellen und sinnvermittelnden Leistungen. Der Sozial- und Kulturstaat sucht zu den Religionsgemeinschaften eine positive Rechtsbeziehung wie zu andern relevanten gesellschaftlichen Kräften[11]. Die Aufrechterhaltung von Rechtsbeziehungen knüpft sodann nicht unwesentlich an die traditionellen Bindungen, die zwischen den beiden Gemeinschaften seit Jahrhunderten bestehen. Damit ist auch das Element der Stabilität der Beziehungen, die Durchsicht in der Organisation und in wesentlichen kirchlichen Entscheidungsabläufen involviert. In einem Land mit verwurzelter demokratischer Tradition ist dies tief verankert[12]. Dies gilt im Prinzip für alle Religionsgemeinschaften.

Ob sich das öffentliche Interesse des Staates, rechtliche Beziehungen im Sinne der positiven Religionsfreiheit zu fördern, auch im politischen

11 *Herbert Kalb*, Errichtung der Erzdiözese im Lichte des Völkerrechts und des Liechtensteinischen Verfassungsrechts, in: Herbert Wille/Georges Baur (Hg.), Staat und Kirche. Grundsätze und aktuelle Probleme, Vaduz 1999, S. 196 f.; *Dieter Kraus*, Schweizerisches Staatskirchenrecht, Tübingen 1993, S. 85 f.

12 Antwort des Bundesrates auf die Interpellation Seiler und Jaeger (Amtl. Bulletin NR 5.10.1990 S. 1928-30), Ziff. 4: „Vertreter des EDA haben dem Nuntius wiederholt dargelegt, dass die in der Schweiz tief verwurzelten direktdemokratischen Prinzipien sich nicht nur auf die politischen Entscheidungsprozesse, sondern traditionell auch auf die kirchlichen Bereiche auswirken. Es ist daher begreiflich, dass die Vorgehensweise des Hl. Stuhls bei der Ernennung des Weihbischofs und späteren Bischofs Haas bei weiten Teilen der Bevölkerung Unverständnis ausgelöst hat".

Handeln umsetzt, kann nicht theoretisch, sondern nur aus der je aktuellen Situation und der bestehenden Tradition beantwortet werden.

Auf Grund des Selbstverständnisses der katholischen Kirche ist das Konkordat ein angemessenes Instrument, die öffentlichen Interessen umzusetzen. Die Bistümer als Teilkirchen sind in ihrem Bestand und Wirken auf die weltweite und damit auch internationale Organisation der Kirche zurückgebunden[13].

2. *Gebot der Gleichbehandlung*

a) Inhalt des Gleichheitsprinzips

Der Grundsatz, dass alle Menschen vor dem Gesetz gleich sind (Art. 8 BV), ist auch auf juristische Personen – und damit auf die Religionsgemeinschaften – anzuwenden. Gleichbehandlung durch alle staatlichen Organe ist bei gleichen Sachverhalten erfordert; Ungleiches ist auch ungleich zu behandeln. Von der Organisation her betrachtet besitzt die katholische Kirche exemplarisch eine weltumspannende einheitliche hierarchische Struktur mit selbständigen, aber unter sich und dem Papst verbundene Teilkirchen[14]. Aufgrund ihrer geschichtlich gewachsenen Völkerrechtsfähigkeit erweist sich das Konkordat als geeignetes Instrument, teilkirchliche Regelungen innerhalb eines Landes zu finden und festzulegen. Diese gegenüber anderen Religionsgemeinschaften anders geartete Organisation macht das Konkordat mit dem Gebot der Rechtsgleichheit kompatibel[15].

13 Der aufgehobene Bistumsartikel der BV war u.a. auch Ausdruck des öffentlichen Interesses des Staates an der Organisation der Teilkirchen. Die Abschaffung war nicht motiviert durch die Bedeutungslosigkeit der Frage. Der Genehmigungsvorbehalt wurde abgeschafft, weil er eine einseitige staatliche Massnahme darstellte und faktisch nur die katholische Kirche betroffen hat.

14 Vgl. Konzilstexte: Kirchenkonstitution (LG) N 23; Hirtenaufgabe der Bischöfe (CD) N 11.

15 *Christoph Winzeler*, Strukturen einer ‚andern Welt'. Bistumsverhältnisse im schweizerischen Bundesstaat 1848-1998, Freiburg i.Ü. 1998, S. 30 ff.; betreffend die anderen christlichen Kirchen in der Schweiz S. 235-264; *Cla Reto Famos*, Die öffentlichrechtliche Anerkennung von Religionsgemeinschaften im Lichte des Gleichheitsprinzips, Freiburg i.Ü. 1999, S. 98 ff. – Die Vereinbarkeit von Konkordaten mit der Rechtsgleichheit wird in Deutschland zunehmend kritischer beurteilt; vgl. *Knut Walf*, Wie sinnvoll sind heute noch Konkordate und Kirchen-

Der Gesetzgeber muss allerdings bereit sein, bei gleichen Voraussetzungen – insbesondere bezüglich der gesellschaftlichen Relevanz – auch anderen Religionsgemeinschaften möglichst gleichwertige Instrumente des Zusammenwirkens bereitzustellen. Für Religionsgemeinschaften, die – in ihrer rechtlichen Organisation – abschliessend auf kantonaler oder nationaler Ebene basieren, sind andere Rechtsformen zu finden, wie beispielsweise der öffentlichrechtliche Vertrag eines oder mehrerer Kantone oder eine Gesetzgebung, die in der Vorbereitung von einer Religionsgemeinschaft mitgeprägt wird und damit faktisch auf einem Konsens beruht[16].

b) Konkordat als Qualifizierung

Der Abschluss von Konkordaten bedeutet eine Qualifizierung der katholischen Kirche. Diese besteht in der Form öffentlichrechtlicher Anerkennung der vertraglich konstituierten Teilkirchen[17]. Ein Anspruch auf öffentlichrechtliche Anerkennung besteht anerkanntermassen nicht. Das Gleichheitsgebot lässt bei Sachverhalten, die sowohl Gleiches wie Ungleiches enthalten, einen Ermessensspielraum für den Gesetzgeber offen[18]. Die Rechtfertigung juristischer Unterscheidungen ist zumindest teilweise mit den jeweils vorherrschenden gesellschaftlichen Haltungen verbunden bzw. konkret mit der aktuellen Bedeutung der Religionsgemeinschaften im gesellschaftlich-politischen Kontext. Unverkennbar bedürfen jedoch die öffentlichrechtliche Anerkennung bzw. die Nicht-Anerkennung einer zunehmend differenzierten Rechtfertigung.

---

verträge?, in: Richard Puza/Abraham Peter Kustermann (Hg.), Neue Verträge zwischen Kirche und Staat, Freiburg i.Ü. 1996, S. 121 ff.

16 In Deutschland wurde den Kirchenverträgen mit den reformatorischen Kirchen Verfassungsrang eingeräumt und damit ein Ausgleich zu den Konkordaten geschaffen; vgl. *Joseph Listl* (Hg.), Handbuch des Kirchenrechts, Regensburg 1983, S. 1016. Zur Frage einer solchen Option für die Schweiz siehe *Ueli Friederich*, Kirchen und Glaubensgemeinschaften im pluralistischen Staat, Bern 1993, S. 475 ff.; a.M. *Josef Bruhin*, Ist das Verhältnis Kirche-Staat angemessen geregelt?, in: Kirche und Staat im Umbruch, hg. von Adrian Loretan, Zürich 1995, S. 185 f.

17 Vgl. *Ulrich Lampert*, Die kirchlichen Stiftungen, Anstalten und Körperschaften nach schweizerischem Recht, Zürich 1912, S. 33; kritisch dazu *C. Famos*, Öffentlichrechtliche Anerkennung (Anm. 15), S. 17, 24.

18 Botschaft BR, Reform der Verfassung, 1996, S. 142.

c) Gleichbehandlung und Parität

Unter Gleichberechtigung wurde traditionell von den Kantonen im wesentlichen die Parität zwischen der katholischen und den evangelischen Kirchen verstanden. Diese Betrachtungsweise ist zu schematisch. Die zunehmende Veränderung der Bevölkerung verlangt religionspolitisches und nicht mehr konfessionelles Denken. Auch hier liegt ein Ansatzpunkt, den geltenden Kriterienkatalog für eine Qualifizierung von Religionsgemeinschaften zu verfeinern[19].

d) Neue Relevanz der Bundesebene?

Konkordatspartner sind aufgrund von Art. 72 Abs. 1 BV in erster Linie die Kantone. Mit einem Gesamtkonkordat für das ganze Gebiet der Schweiz würde sozusagen eine zusätzliche Dimension des öffentlichen Interesses zur Institution Kirche eröffnet. Damit könnte auch die Frage der Rechtsgleichheit unter den Religionsgemeinschaften neue Aspekte erhalten. Religionsgemeinschaften mit gesamtschweizerischer Verbreitung oder föderative Zusammenschlüsse zur Stärkung der eigenen Identität vor allem auch nichtchristlicher Gemeinschaften können – je multikultureller die Gesellschaft wirklich wird – ein neu wahrzunehmendes öffentliches Interesse bewirken. Ziel der Bundespolitik müsste es dann sein, ein eidgenössisches Instrument zur Verfügung zu stellen, dass solche Zusammenschlüsse erleichtert und sichtbar macht. Welches die dafür angemessene Form ist, ist offen[20].

19 Die Formulierung eines allfälligen Rechtsanspruchs auf öffentlichrechtliche Anerkennung ist wohl nur realistisch, wenn die Folge der Anerkennung begrenzt und die Übertragung staatlicher Hoheitsrechte, vorweg der Steuerhoheit, differenziert erfolgen kann.

20 In diese Richtung zielen – unabhängig von der Idee eines Gesamtkonkordats – Bestrebungen zur Schaffung eines besonderen Religionsartikels der Bundesverfassung (vgl. Bericht der Expertengruppe „Religionsartikel" des Schweizerischen Evangelischen Kirchenbundes, Bern 2002). – Wegleitend könnten auch kantonale Regelungen sein, welche schon heute differenzierte Lösungen vorsehen. Vgl. das Kirchengesetz des Kantons Freiburg vom 26. September 1990, das neben öffentlichrechtlich anerkannten Kirchen auch Religionsgemeinschaften mit „Vorrechten" kennt (s. Art. 28-30). Die Einführung eines Religionsartikels wirft allerdings komplexe Probleme religionspolitischer und föderalistischer Natur auf.

3. Religiöse Neutralität

Grenzen der Konkordatspolitik können sich aus der Auffächerung des Rechts der Religionsfreiheit ergeben. So ist der Staat auf eine strikte religiöse Neutralität verpflichtet. Der Staat kann sich zunächst nicht in die Interna einer Religionsgemeinschaft einmischen, insbesondere nicht in deren identitätsstiftende Lehren oder in Liturgie und Kult. Sodann ist es dem Staat auch verwehrt, strukturverändernd in das Selbstverständnis der Religionsgemeinschaften einzugreifen. Die Grenzziehung ist in diesem Bereich allerdings nicht gleich eindeutig zu ziehen[21]. Da aber gegenseitiges Einvernehmen Voraussetzung für das Zustandekommen eines Konkordats ist, werden die Grenzen der Nichteinmischung aus den erreichten Lösungen sichtbar werden.

Die religiöse Neutralität hat als zweites auch eine horizontale Wirkung allen Religionsgemeinschaften gegenüber. Was der Staat in einem Konkordat mit der katholischen Kirche vereinbart, muss auch andern Religionsgemeinschaften in gleicher Rechtsstellung zuerkannt werden. Der Staat muss bereit sein, die Inhalte auch andern anerkannten Gemeinschaften gegenüber zur Anwendung zu bringen.

4. Inhaltliche Grenzen

a) Rechtsstellung der Kirche im Staat

Naheliegend ist es, dass Konkordate Materien regeln, für welche innerkirchlich der Apostolische Stuhl allein zuständig ist. Dies ist bei den Konkordaten von Basel, St. Gallen und Lugano fast ausschliesslich der Fall. Konkordate sind jedoch keineswegs nur auf diese Problemkreise begrenzt. Die Politik des Apostolischen Stuhls seit dem Vatikanum II zeigt eine klare Linie, die Grenzen von Teilkirchen und die Regelung von Wahlvorgängen nicht mehr zum Inhalt von neuen Verträgen zu machen. Die Bestrebungen zielen vielmehr auf eine staatliche Anerkennung möglichst aller kanonischen Rechtsträger. Solche aus der Organisationsfreiheit abgeleiteten Forderungen sind – die hierarchisch erforderliche

21 *U. Friederich*, Kirchen und Glaubensgemeinschaften (Anm. 16), S. 381 ff., spricht in diesem Zusammenhang vom Postulat der Rücksichtnahme des Staatskirchenrechts auf das Selbstverständnis der Gemeinschaften; *Albert Bleckmann*, Von der individuellen Religionsfreiheit des Art. 9 EMRK zum Selbstbestimmungsrecht der Kirchen, Köln 1995, S. 42 ff.

Grundstruktur ausgenommen – am öffentlichen Interesse des Staates und seiner religiös-gesellschaftlichen Struktur zu messen. Gegenstand von Konkordaten ist sodann die Zusammenarbeit auf sozialen, erzieherischen und kulturellen Gebieten. In allen Bereichen ist mit dem Konkordat die Möglichkeit eröffnet, die Inkulturation der Kirche im gesellschaftlich-staatlichen Umfeld zu berücksichtigen und auch besondere Traditionen abzustützen.

b) Keine Bindungen in staatlichen Belangen

Konkordate als besonders ausgeprägte Gestaltungsform des Kirche-Staat-Verhältnisses haben – als Folge der religiösen Neutralität des Staates – stets die Unabhängigkeit des staatlichen Rechts von religiösen Vorschriften zu wahren. Der Staat kann sich nicht an kirchliche Vorschriften binden. Dies schliesst anderseits nicht aus, dass der Staat allenfalls durch Konkordat religiösen Handlungen Rechtswirksamkeit auch im staatlichen Bereich gewähren könnte. Wenn der Staat beispielsweise dem kirchlichen Eheabschluss auch staatliche Gültigkeit zubilligt, so bedeutet dies u.a., dass das kirchliche Eherecht inhaltlich auch den Gehalt des staatlichen Eheverständnisses umfasst[22]. Sodann kann er die staatlich relevante Kirchenmitgliedschaft an die kirchlichen Gliedschaftsvoraussetzungen knüpfen[23]. In beiden Fällen ist der Staat als Folge der religiösen Neutralität verpflichtet, die übernommenen kirchlichen Normen als Angebot zu gestalten. Er hat eigene Eheschliessungsformen für alle offen zu halten, auch für Katholiken, und einen Kirchenaustritt bei gesetzlicher Mitgliedschaftsregelung anzuerkennen.

22 Beispiele: Konkordat mit Polen Art. 10 (AAS 99, 1997, S. 310); Litauen Art. 13 (AAS 92, 1990, S. 795).

23 Urteil des Bundesgerichts vom 18. Dezember 2002: „Eine solche Verknüpfung (d.h. zwischen Bekenntnis und Mitgliedschaft in der Kantonalkirche) ist verfassungsrechtlich zwar nicht geboten; der Kanton kann das Verhältnis zwischen kirchlichen Körperschaften des öffentlichen Rechts und Religionsgemeinschaften auch dualistisch regeln. Der Nexus, eine Regelung, die die Zugehörigkeit zur Religionsgemeinschaft und ihren Lokalverbänden als Einheit betrachtet, ist aber grundsätzlich zulässig. Dies muss jedenfalls solange gelten, als die Organe der Religionsgemeinschaft eine Verknüpfung nicht ablehnen, sondern sie – allenfalls stillschweigend – akzeptieren, wovon hier auszugehen ist".

c) Beschränkte Interessenvertretung

Das öffentliche Interesse am Abschluss eines Konkordats ist stets ein allgemeines und gesellschaftliches. Der Staat kann grundsätzlich nicht für einzelne Gruppen oder in Stellvertretung für einen Bevölkerungsteil handeln. Konkordate sind nicht der Hebel, um innerkonfessionelle Anliegen zur Durchsetzung zu bringen. Im Einzelfall kann zwar ein innerkirchliches Anliegen auch von allgemeinem öffentlichem Interesse sein. Dies ist jedoch speziell zu begründen. Ein Gesichtspunkt wird dabei sein, dass das staatliche Verhandeln über derartige Anliegen der Wahrung des konfessionellen Friedens dient. Der Bundesrat hat in der Auseinandersetzung um Bischof Haas deutlich zum Ausdruck gebracht, dass staatliches Eingreifen bei innerkirchlichen Konflikten nicht möglich sei. Gleichzeitig hat er aber auch Hinweise gemacht, dass ein solcher Konflikt den konfessionellen Frieden stören könne[24].

IV. Konkordate als völkerrechtliche Verträge

1. Die völkerrechtliche Zuständigkeit

Die auswärtigen Angelegenheiten sind Sache des Bundes (Art. 54 Abs. 1 BV). Mit den auswärtigen Angelegenheiten ist nicht nur die Aussenpolitik im eigentlichen Sinne, d.h. die Wahrung der Landesinteressen nach aussen zu verstehen (Art. 18 Abs. 2 BV), sondern jede Ausrichtung des Bundes auf andere völkerrechtliche Subjekte. Typische auswärtige Angelegenheiten sind der Abschluss völkerrechtlicher Verträge und die damit verbundenen notwendigen Akte des völkerrechtlichen Verkehrs[25].

Die Zuständigkeit des Bundes ist eine umfassende. Er kann grundsätzlich mit anderen Völkerrechtssubjekten über alle gemeinsam interessierenden Materien Verträge abschliessen. Die Vertragskompetenz besteht somit auch in Angelegenheiten, die gemäss bundesstaatlichem Aufbau den Kantonen zufallen. Die Kompetenzvermutung der Bundesverfassung zugunsten der Kantone spielt auf internationaler Ebene nicht. Der Bund wird allerdings verfassungsrechtlich verpflichtet, auf die Rechte und legitimen Interessen der Kantone Rücksicht zu nehmen (Art. 54 Abs. 3 BV).

24 Amtl. Bulletin NR, 5.10.1990, S. 1928-30.
25 Botschaft BR, Reform der BV, 1996, S. 229.

Es besteht folglich auch im Aussenbereich ein kooperativer Föderalismus.

Dieser grundsätzliche Vorrang des Bundes wurzelt in seiner Letztverantwortung, die Gesamtinteressen des Landes festzulegen und die entsprechenden Massnahmen zu treffen. Wenn die Interessenlage zwischen Bund und Kantonen unterschiedlich ist, weist die Verfassung das eigentliche Entscheidungsrecht und die oberste Pflicht dem Bund zu, das Landesinteresse nach aussen zu bestimmen.

Schliesst der Bund keinen Vertrag über Gegenstände, welche kantonalrechtlicher Kompetenz unterstehen, so bleibt der Kanton selbst vertragsfähig. Man spricht von einer subsidiären aussenpolitischen Zuständigkeit der Kantone, oder von einer beschränkten Völkerrechtsfähigkeit[26].

2. *Mitwirkung der Kantone*

Die fortschreitenden internationalen Verflechtungen von Materien, welche in die Zuständigkeit der Kantone fallen, waren Anlass für die verfassungsrechtliche Verankerung der Mitwirkung der Kantone in der Aussenpolitik[27]. Art. 55 Abs. 1 BV konkretisiert die Mitwirkung der Kantone primär auf die Vorbereitung aussenpolitischer Entscheide, welche die Zuständigkeit oder wesentliche Interessen der Kantone betreffen. Dies involviert als erstes die rechtzeitige Information über die Vorhaben und die Pflicht des Bundes zum Einholen der Stellungnahme der Kantone. Ob die Kantone auch direkt durch ihre Vertretung an der Ausarbeitung konkreter Verhandlungsmandate und an den Verhandlungen selbst beteiligt werden, hängt von den Bundesbehörden ab (Art. 55 Abs. 3 BV). Die Mitwirkung muss somit dem Verhandlungsgegenstand angepasst werden, sodass sich eine gewisse Stufenfolge ergibt. Sind kantonale Zuständigkeiten mitbetroffen, kommt den Stellungnahmen der Kantone „besonderes Gewicht“ zu. Die Aufnahme von Vertretern der Kantone in die Verhandlungsdelegation ist angezeigt bei ausschliesslicher kantonaler Hoheit. Die Delega-

26 *Jörg Paul Müller/Luzius Wildhaber*, Praxis des Völkerrechts, 3. Aufl. Bern 2001, S. 107.

27 Die Grundsätze des Bundesgesetzes über die Mitwirkung der Kantone an der Aussenpolitik des Bundes (BGMK) vom 22. Dezember 1999 (AS 138.1, Botschaft BR vom 15. Dezember 1997, BBl 1997 S. 1163 ff.) haben Eingang gefunden in die Verfassungsreform (vgl. Art. 55 BV). – *Thomas Pfisterer*, Von der Rolle des Kantone in der Aussenpolitik, in: ZBl 97 (1996), S. 544 ff.

tionsleitung untersteht aber stets dem Bund, selbst wenn sie einem Kantonsvertreter anvertraut wird[28].

3. *Die Konkordate insbesondere*

a) Die Kompetenzordnung

Die Ordnung und Zuständigkeit für das kantonale Kirchenwesen ist – im Rahmen der verfassungsrechtlich geschützten Religionsfreiheit – eines der letzten umfassenden Hoheitsgebiete der Kantone (Art. 72 Abs. 1 BV). Mit der Aufhebung des Bistumsartikels (Art. 50 Abs. 4 aBV) ist die Mitwirkung des Bundes in Fragen von Bistumsgrenzen weggefallen. Es wurde die ausschliessliche kantonale Kompetenz im Kirchenwesen wiederhergestellt. Ein direktes Eingreifen des Bundes aus einem formellen Verfassungsauftrag und einer Zuständigkeitsnorm gibt es nicht mehr. Der Bund ist damit wieder auf die allgemeine Interessenwahrung verwiesen, die ihm in den auswärtigen Angelegenheiten generell zukommt. Unter diesem Vorbehalt ist die Zuständigkeit im Verhältnis von Kirche und Staat auch bezüglich völkerrechtlicher Verhältnisse grundsätzlich in den Souveränitätsbereich der Kantone zurückgegeben worden.

Selbst unter der Herrschaft von Art. 50 Abs. 4 aBV – von 1874 bis 2000 – hat der Bund die föderalistische Ordnung insofern berücksichtigt, als er seine eigene Zuständigkeit stets restriktiv gehandhabt hat. Er wurde nur auf Ersuchen eines oder mehrerer Kantone tätig, und er trat eher als Treuhänder der Kantone auf, ohne eigene Interessen in den Vordergrund zu rücken. Dies mag mit ein Grund dafür gewesen sein, dass die Praxis unter der Herrschaft des früheren Bistumsartikels in formeller Hinsicht keine einheitliche war[29].

28 Botschaft BGMK BBl 1997, S. 1170; *Jörg Paul Müller/Luzius Wildhaber*, Völkerrecht (Anm. 26), S. 107; BGE 96 I 747.

29 Anlässlich der Verhandlungen über die Regelung der Bistumsverhältnisse im Tessin (12. März 1888) erklärte der Bundesrat, seine materielle Zuständigkeit beschränke sich lediglich auf die Bistumseinteilung (entsprechend Art. 50 Abs. 4 aBV) und nicht auf weitere Sachgebiete wie Wahlart des Bischofs usw., vgl. *L. R. von Salis*, Schweizerisches Bundesrecht, Bd. III, Bern 1903, Nr. 1085/167.

b) Kantonale Hoheit – Mitwirkung des Bundes

Die subsidiäre völkerrechtliche Zuständigkeit der Kantone ist in erster Linie materieller Natur. Dies bedeutet, dass die Vorbereitungsphase für einen Konkordatsabschluss, bzw. die Formulierung der Verhandlungsziele und die Ausarbeitung des Verhandlungsmandats Sache des Kantons ist. Die Konkretisierung eines völkerrechtlichen Vertrags bzw. die dazu notwendigen Schritte bleiben Sache des Bundes. Er bleibt zuständig für den amtlichen und diplomatischen Verkehr, der zum Vertragsabschluss führt. Es ist somit der Bund, der den Vertrag abschliesst. Er macht dies im Namen des Kantons[30]. Bei dieser Sachlage ist eine analoge Anwendung von Art. 55 Abs. 3 BV angezeigt: Zu bestimmen ist eine kantonale Vertretung bei den direkten Verhandlungen oder das Verhandlungsmandat ist an den Kanton weiterzugeben.

Diese Zuständigkeitsordnung und dieses Verfahren sind vorrangig, wenn ein einzelner Kanton neu ein Konkordat abschliessen will oder die Neuerung selbst nur einen kleinen Teil der Schweiz betrifft. Sind jedoch mehrere Kantone an einem neuen Konkordat beteiligt oder liegen sonst besondere, gesellschaftlich-politisch relevante Umstände vor, kann sich die Frage des allgemeinen Bundesinteresses neu stellen. Weittragende Neuerungen können in den Interessenkreis der Eidgenossenschaft fallen, wobei die politische Bedeutung selbst wohl nur an einer konkret aufgeworfenen Sachlage und nach Prüfung der Verhältnismässigkeit beurteilt werden kann. Da es sich auch religionspolitisch um einen noch immer sensiblen Bereich handelt, wird die Frage vorwiegend auch am Gesichtspunkt der Wahrung des religiösen Friedens zu messen sein. Der Bund kann schliesslich auch eingreifen, um allfällig nicht überwindbare Meinungsdifferenzen unter mehreren Kantonen auszugleichen und zu entscheiden. Wird ein allgemeines und rechtlich geschütztes Interesse des Bundes ausgemacht, tritt die kantonale Hoheit hinter jene des Bundes zurück.

Konkret bedeutet dies, dass die Eidgenossenschaft primär selbst als völkerrechtliche Vertragspartei auftritt und ein Konkordat im eigenen Namen wie auch in jenem der betroffenen Kantone abschliesst. Der Bund bleibt an die Mitwirkung der Kantone gemäss Art. 55 BV gebunden. Eine weitere Folge besteht darin, dass ein solches Konkordat der Bundesversammlung zu unterbreiten und dem fakultativen Referendum zu unterstel-

30 Vgl. Art. 184 BV.

len ist. Dies wäre nicht der Fall, wenn nur Kantone allein Vertragspartner sind.

c) Revision bestehender Konkordate

Die verfassungsmässige Ordnung mit der subsidiären kantonalen Völkerrechtsfähigkeit regelt den Abschluss eines neuen völkerrechtlichen Konkordats. Bei den bisherigen Konkordaten, die unter der Herrschaft des Bistumsartikels (Art. 50 Abs. 4 aBV) eingegangen wurden, war jedoch neben den betroffenen Kantonen auch die Eidgenossenschaft formelle Vertragspartei. Werden diese Verträge einer Revision und Änderung unterzogen, so ist die Frage nach der ausschliesslich kantonalen Souveränität oder jener des Bundes nach den vorerwähnten Kriterien zu entscheiden. Der Bund bleibt weiterhin Vertragspartei, wenn er ein geschütztes Bundesinteresse geltend machen kann.

d) Keine Anwendung von Art. 56 BV

Die subsidiäre Vertragsfähigkeit der Kantone „in ihrem Zuständigkeitsbereich“ ist in Art. 56 BV sehr allgemein formuliert und könnte auf einen sachlich ausgedehnten Umfang schliessen lassen. Tatsächlich handelt es sich aber nur um eine sprachlich abgeänderte Formulierung von Art. 9 und 10a BV betreffend die grenzüberschreitende Zusammenarbeit. Die Kantone bleiben in ihren Zuständigkeitsbereichen zuständig für Kontakte, Verhandlungen und Verträge mit „untergeordneten ausländischen Behörden“, namentlich mit territorial begrenzt zuständigen Stellen in den Gliedstaaten der Nachbarländer. Für konkordatäre Regelungen mit einem souveränen Völkerrechtssubjekt lässt sich Art. 56 BV nicht anrufen.

4. Bisherige und neue Konkordatspraxis

Die Praxis des Bundesrates bezüglich der Konkordate mit dem Apostolischen Stuhl war keine einheitliche. In den Konkordaten zwischen 1848 und 1874 erscheinen der Bund oder auch die Kantone als Vertragspartner[31]. Unter der Herrschaft des Bistumsartikels (1874-2001) wurde die

31 Im Konkordat über die Eingliederung des Alten Kantonsteils des Kantons Bern in das Bistum Basel vom 11. Juni 1864 war der Kanton Bern alleiniger Vertragspartner; der Bundesrat hatte den Berner Regierungspräsidenten zum Delegationsleiter bestimmt. – Der Vertrag betr. den Anschluss der Gemeinden Poschiavo und

verfassungsrechtlich geforderte Genehmigung stets durch den Abschluss von Konkordaten erfüllt. Die ersten Vereinbarungen über die kirchlichen Verhältnisse im Tessin (1. September 1884 und 12. März 1888) schloss der Bundesrat im eigenen Namen und im Namen des Kantons Tessin ab. Das gleiche war der Fall bei der Errichtung des selbständigen Bistums Lugano (24. Juli 1968). Die Zusatzvereinbarung über die Organisation des Bistums Basel (2. Mai 1978) regelte den Beitritt der Kantone Basel-Stadt, Schaffhausen und des ganzen Kantons Basel-Landschaft zum Bistum. Der Bundesrat handelte dabei im eigenen, sowie im Namen der bereits zum Bistum gehörenden Stände (BE, LU, SO, ZG, AG, TG, BL). Im Ingress des Konkordats wird ausdrücklich auf die zustimmenden Beschlüsse der Kantonsparlamente von Basel-Stadt und Schaffhausen verwiesen – als Vertragspartner aber treten diese Kantone nicht in Erscheinung.

Mit der aussenpolitischen Verantwortung des Bundes und der neu verankerten Mitwirkung der Kantone (Art. 54 und 55 BV) wird sich auch eine teilweise veränderte Konkordatspraxis entwickeln. Die grundsätzlich subsidiäre völkerrechtliche Vertragsfähigkeit der Kantone kann zurückgedrängt werden, wenn Konkordate abgeschlossen werden, deren Inhalte von gesamtschweizerischem Interesse sind und die zu wahren in der primären Zuständigkeit und dem Aufgabenbereich des Bundes bzw. des Bundesrates liegen. Inwieweit sich die subsidiäre Vertragsfähigkeit der Kantone durchzusetzen vermag, kann nur die künftige Praxis zeigen.

Nicht mehr aufrecht zu erhalten scheint aber die in der Basler Zusatzvereinbarung von 1978 getroffene Unterscheidung zwischen den bereits konkordatsgebundenen und den neu – mit gleichen Rechten und Pflichten beitretenden Kantonen. Vertragsparteien sind notwendigerweise alle betroffenen Kantone. Die Einholung bloss der Zustimmung der neu dem Bistum Basel beitretenden Stände vermag nicht zu genügen. Wer sich direkt verpflichtet, ist auch Vertragssubjekt. Die abschliessende kantonale Zuständigkeit im Verhältnis von Kirche und Staat wie auch die primäre völkerrechtlich verankerte Vollzugsverpflichtung verlangen nach dieser Parteistellung.

Brusio an das Bistum Chur, unterzeichnet am 23. Oktober 1869, ist ausschliesslich vom Bundesrat unterzeichnet; die Bündner Regierung erhielt eine Vertretung in der Verhandlungsdelegation. Vgl. *Urs Josef Cavelti*, Die Praxis zum Bistumsartikel der Bundesverfassung, in: ZBl 81 (1980), S. 57 ff.

5. Sonderfall: schweizerisches Gesamtkonkordat

Die bisherige Betrachtungsweise hatte ein Konkordat über ein neues Bistum oder die Veränderung eines bestehenden Bistums im Blickfeld. Rechtlich möglich ist aber auch, mit einem Gesamtkonkordat die Bistumseinteilung für die ganze Schweiz zu regeln. Die Gesamtlösung hätte an die Stelle der heutigen recht unterschiedlichen kirchlichen Situationen zu treten, welche die Züge des Willkürlichen und Zufälligen aufweisen. Tatsächlich bestehen neben den rein kirchlich begründeten Bistümern solche, die auf Konkordat beruhen, und zudem sind einzelne Gebietsteile noch immer nur provisorisch als Administraturgebiete verwaltet[32]. Offen bleibt die Frage der Realisierbarkeit und Opportunität einer solchen Lösung. Die bestehenden unterschiedlichen Verhältnisse können eine kumulierte Opposition hervorrufen und Einzelwünsche – wie historische Traditionen – müssten einer Gesamtlösung untergeordnet werden.

Ein Gesamtkonkordat hat ein gesamtschweizerisches Interesse an der Bistumsfrage zur Voraussetzung. Dies wahrzunehmen ist Sache des Bundes. Da jedoch die innerstaatliche Zuständigkeit bei den Kantonen liegt, wäre den vom Bund einzuholenden Stellungnahmen der Kantone entscheidende Bedeutung beizumessen (Art. 55 Abs. 3 BV). Es scheint jedenfalls ausgeschlossen, gegen den erklärten Willen der Mehrheit oder einer beachtlichen Minderheit von Kantonen ein vorrangiges öffentliches Interesse des Bundes politisch durchzusetzen. Auch dürfte es selbstverständlich sein, die Kantone an der Ausarbeitung eines Verhandlungsmandates und an den Verhandlungen selbst zu beteiligen.

Ein Gesamtkonkordat könnte die Bistumsverhältnisse abschliessend regeln oder in der Form eines Rahmenvertrages eingegangen werden[33].

32 Die Kantone Zürich, Ob- und Nidwalden, Uri und Glarus, sodann beide Appenzell sind Administraturgebiete. Ausschliesslich kirchlich begründet sind die Bistümer Sitten und Lausanne-Genf-Freiburg, sowie das Bistum Chur bezüglich des Kantons Graubünden (exkl. Puschlav und Schwyz). Einer Überprüfung der Gesamtsituation könnten die gleichen oder zumindest gleichartige Kriterien zugrunde gelegt werden (vgl. *Schweizerisches Pastoralsoziologisches Institut St. Gallen* [Hg.], Bericht der Studienkommission der Bischofskonferenz betreffend die Neueinteilung der Bistümer in der Schweiz, Juni 1980).

33 Zum Vergleich kann das deutsche Reichskonkordat vom 20. Juli 1933 genannt werden (AAS 25, 1933, S. 177 ff.). Dieses hat auf die vorbestehenden Konkordate mit Bayern (20. März 1924), Preussen (14. April 1927) und Baden (12. Oktober 1932) Rücksicht genommen und ihren Fortbestand garantiert.

Dies würde bedeuten, dass die Bistumseinteilung in der Schweiz einen vertraglich vorgegebenen Rahmen erhält und die Regeln für die einzelnen Bistümer durch nachfolgende Einzelvereinbarungen zu spezifizieren und zu konkretisieren wären. Ein Rahmenvertrag würde dem Föderalismus im Verhältnis von Kirche und Staat entgegenkommen und könnte die innerstaatliche Zuständigkeit der Kantone zum Tragen bringen. Die Kantone wären zu ermächtigen, selbständig in Einzelabsprachen eigenen Traditionen Rechnung zu tragen. Die Unterstellung lediglich des Rahmenkonkordates unter die Genehmigung der Bundesversammlung (vgl. Art. 166 Abs. 2 BV) würde zweifellos der Interessenlage der Eidgenossenschaft wie der Kantone entsprechen[34].

Dem Inhalt nach müsste – ausgehend von den bestehenden Konkordaten und ohne abschliessend sein zu wollen – jedenfalls die Zahl der Bistümer festgelegt sein. Möglicherweise wären auch die Bischofssitze zu bezeichnen. Vertragsinhalt wären sodann Aussagen über die Beibehaltung der Immediatbistümer oder die Errichtung einer Kirchenprovinz (Erzbistum/Metropolitanverband). Auch die Frage der Bischofswahlen wäre zweifellos Bestandteil des Rahmenvertrages. Der Bundesrat hat bei der Beantwortung von Interpellationen im Konflikt mit Bischof Haas ein öffentliches und allgemeines Interesse an den bestehenden Wahlrechten und ihrer Beibehaltung signalisiert[35]. Im übrigen sind die Mitwirkungsrechte der Ortskirchen bei Bischofswahlen mit den Konkordaten für die Bistümer Basel und St. Gallen völkerrechtlich verbrieft. Mit dem Beschluss der schweizerischen Synodalversammlung vom 2. März 1975, dem sämtliche Bischöfe ausdrücklich zustimmten, sind sie für die Schweiz auch innerkirchlich für alle Bistümer gefordert[36].

34 Konkordate (mit Bundesbeteiligung) fallen unter das fakultative Referendum, da sie unbefristet und unkündbar abgeschlossen sind (Art. 141 Abs. 1 lit. d, Ziff. 1 BV); sie fallen nicht unter den revidierten Art. 141 Abs. 1 lit. d, Ziff. 3 BV (vgl. BBl 2001 S. 4837 und 6092).

35 Antwort des Bundesrates zu den Interpellationen Seiler und Jaeger (Amtl. Bulletin NR, 5.10.1990, S. 1028-30), Ziff. 5: „Ganz allgemein ist der Bundesrat der Auffassung, dass die autonomen Wahlrechte der drei Bistümer Chur, Basel und St. Gallen als Instrumente, welche der demokratischen und dezentralisierten Tradition der Schweiz entsprechen, nach wie vor ihre Berechtigung haben und zu respektieren sind“.

36 Gleichlautender Text für alle Diözesansynoden, bspw. *Synode St. Gallen*, Beziehungen zwischen Kirche und politischen Gemeinschaften, Entscheidungen und Empfehlungen, Ziff. 6.5.3 Abs. 2: „Die Synode fordert für alle Diözesen eine rechtlich festgelegte Mitwirkung ortskirchlicher Gremien bei der Wahl der Bi-

V. Besondere Probleme der Konkretisierung einer Konkordatspolitik

1. Besonderheiten der Ausgangslage

Die bestehende, nie zu Ende geführte Bistumseinteilung in der Schweiz, sowie die unterschiedlichen Rechtsgrundlagen der Bistümer und die föderalistische Ordnung im Bereich des Verhältnisses von Kirche und Staat sind einerseits die Charakteristika der Schweiz. Anderseits stellen sie einer Konkordatspolitik, welche eine konsistente Weiterentwicklung aufzeigen soll, auch besondere Probleme.

Hinzu kommt, dass die Konkordatsfragen wesentlich Bistumsgrenzen und Wahlrechte zum Gegenstand haben. Dies sind zwei Bereiche, welche die vatikanische Politik seit dem Konzil nach Möglichkeit der Verhandlungsebene entzogen hat. Die einzige konkordatäre Reorganisation von Bistümern erfolgte mit den Ländern der Bundesrepublik nach der deutschen Wiedervereinigung. Zusätzlich wurden mit Sachsen, Thüringen und Mecklenburg-Vorpommern gesonderte Länderkonkordate vereinbart, welche die Stellung der Kirche in den öffentlichen Einrichtungen wie Schule und Bildung, Caritas und Kultur regeln.

Diese unterschiedlichen Grundpositionen bzw. Erwartungen des Apostolischen Stuhls und der Mehrheit der katholischen Bevölkerung über die Ziele einer Konkordatspolitik bedingen, dass zuerst generell die Stossrichtung im Hinblick auf die strukturellen Reorganisationen der Kirche abzustecken sind.

2. Die zwei Ebenen Bistum – Kantone

Die vatikanische Politik hält sich bei der Errichtung von Bistümern an die Landesgrenzen. Damit regeln im allgemeinen Länderkonkordate die kirchlichen Verhältnisse für eines oder mehrere Bistümer. Für die Schweiz gilt dies als Folge der Kirchenhoheit der Kantone nur sehr bedingt. Die Bistümer St. Gallen, Lugano und Sitten sind territorial deckungsgleich mit den entsprechenden Kantonen. Die drei grossen Bistümer umfassen das Gebiet mehrerer Kantone. Eine Nichtübereinstimmung von Kantons- und Bistumsgrenzen zeigt einzig das Bistum Sitten, wel-

schöfe. Diese Mitwirkung muss bestehenden Mitentscheidungsformen mindestens gleichwertig sein".

ches zusätzlich auch einen Teil des Kantons Waadt (Bezirk Aigle) umfasst[37]. Die Orientierung der Bistumsgrenzen an den Kantonsgrenzen dürfte auch in Zukunft beizubehalten sein, da die Kantonsgrenzen politische, teils wirtschaftliche und soziale Räume abstecken[38]. Als Folge dieser territorialen Gegebenheiten sind vor allem im Bistum Basel mehrere Kantone Vertragspartner des einen Konkordats. Sie bilden zusammen den staatlichen Partner und haben sich gemeinsam auf eine inhaltliche Linie zu einigen[39]. Diese Mehrzahl staatlicher Partner mag ein Grund gewesen sein, dass das Konkordat selbst sich ausschliesslich mit den notwendigen Voraussetzungen und Einrichtungen des Bistums befasst, nämlich mit der territorialen Umgrenzung, der Bestellung der wesentlichen Organe und vermögensrechtlichen Fragen. Andere häufige Vertragsinhalte wie jene des Religionsunterrichtes, der Schulen, kulturelle und caritative Materien wurden nicht angesprochen, weil sie der Hoheit des einzelnen Kantons unterstanden und gemäss Bundesverfassung noch heute kantonaler Zuständigkeit unterstehen. Diese Materien wären bei Vertragsänderungen von aktueller Bedeutung.

3. Konkordat und Staatskirchenrecht

Die Ausdehnung der Bistumsgrenzen über mehrere Kantone zeigt ihre Auswirkungen insbesondere im kantonalen Staatskirchenrecht. Die öffentlichrechtliche Anerkennung vollziehen die Kantone vorwiegend mit der Schaffung und Anerkennung von staatskirchenrechtlichen Körperschaften. Die Konfessionsangehörigen sind zunächst in Kirchgemeinden, die sich territorial zumeist mit den Pfarreigrenzen decken, körperschaftlich erfasst. Die Kirchgemeinden sind mit der Verleihung der Steuerhoheit über die Konfessionsangehörigen mit Wohnsitz im Gemeindegebiet

37 Einzelne Pfarreien im Unterwallis sind dem Abt von St. Maurice unterstellt. Als Vorsteher einer ‚abbatia nullius diocesis‘ untersteht er nicht dem Bischof von Sitten. Sein Sprengel ist aber kein Bistum, und der Abt ist nicht notwendigerweise mit der Bischofsweihe ausgezeichnet.

38 Im Bericht über die Neueinteilung der Bistümer der Schweiz (Anm. 32) gilt unangefochten die Maxime, die Kantone seien Bausteine der Bistümer.

39 Die völkerrechtliche Ordnung des Bistums Basel besteht aus dem Grundvertrag von 1828, dem gesonderten Beitritt weiterer Kantone (1828, 1829) und Kantonsteile (1864), sodann dem Zusatzkonkordat von 1978. Sie bilden eine Einheit. Gemeinsam ist allen Vereinbarungen, dass sie keine Kündigungsklausel enthalten und ein Austritt aus dem Verband praktisch nicht möglich ist.

privilegiert[40]. Sukzessive sind dann – zuerst in den traditionell evangelischen und paritätischen Kantonen, später auch in den katholischen Kantonen – Kantonalkirchen gebildet und vorab mit aufsichtsrechtlichen, koordinierenden und Finanzausgleichsaufgaben beauftragt worden. Eine umfassende Autonomie dieser nicht mit staatlicher, sondern kirchlicher Zwecksetzung ausgestatteten Körperschaften ist auf der Ebene der Kantonalkirchen heute weitestgehend verwirklicht, auf jener der Kirchgemeinden sind die staatskirchenrechtlichen Körperschaften noch erheblich dem Gemeinderecht verpflichtet. Es ist eine einseitige Betrachtungsweise, in den staatskirchenrechtlichen Körperschaften nur „Staat" zu sehen. Entscheidend ist ihr kirchlicher Zweck. Als Körperschaften bilden sie nicht einen Bestandteil der hierarchischen Organisation und der Ämterstruktur der katholischen Kirche, sind aber aus den Bedürfnissen der Lokalkirche herausgewachsen. Auf kantonaler Ebene bilden sie eine Zwischenebene zwischen Gemeinde und Bistum.

Die bei der Einführung der kantonalkirchlichen Organisationen aufgebrochenen Spannungen zwischen Kirche und Staat sind heute überwunden. Die zahlreichen Revisionen des kantonalen Staatskirchenrechts standen unverkennbar im Zeichen vermehrter Selbständigkeit, und damit entfiel die staatliche Einflussnahme weitgehend. Die Bischöfe haben den zahlreichen Verfassungs- und Gesetzesrevisionen der vergangenen 50 Jahre zugestimmt und sie begrüsst. Die Institutionen des Staatskirchenrechts sind zu einer partikulären Rechtsgewohnheit auch im kanonischen Sinn geworden[41].

Es ist die Aufgabe der staatskirchenrechtlichen Organe und der Gremien der Bistumsleitung, ihr gegenseitiges Verhältnis zu bestimmen und

40 Je nach historischer Tradition liegen die Wurzeln und Aufgaben der Kirchgemeinden im kirchlichen Patronatsrecht, wobei sie – wie die im 19./20. Jahrhundert neu geschaffenen Kirchgemeinden – dem staatlichen Gemeinderecht unterstellt wurden.

41 Unter einer kirchlichen Gewohnheit – auch Rechtsgewohnheit genannt – wird eine durch eine Gemeinschaft von Gläubigen eingeführte Übung verstanden. Sie darf – so der Codex can. 24 § 2 – nicht im Widerspruch stehen zum natürlichen oder kirchlich positiven göttlichen Recht, sie muss für die Gemeinschaft vernünftig sein und darf nicht ausdrücklich verworfen sein. Eine solche Rechtsgewohnheit wird zum verbindlichen (partikulären) Gewohnheitsrecht, wenn sie der zuständige Gesetzgeber (Bischof) ausdrücklich oder stillschweigend genehmigt hat. Ob die genannten kirchlichen Gewohnheiten auch zum Gewohnheitsrecht geworden sind, wird hier nicht weiter geprüft.

für ein einvernehmliches Zusammenwirken zu sorgen. Die auf die kantonale Ebene ausgerichtete Tätigkeit der Kantonalkirchen ist zu ergänzen durch die Bezüge zum Bistum. Je zahlreicher die Bistumskantone sind, die dem gleichen Bistum zugehören, desto dringlicher ist das Verhältnis zur kirchlich übergeordneten Ebene des Bistums deutlich zu machen und zu koordinieren. Das Verhältnis der Kantonalkirchen zum Bistum setzt Flexibilität und Anpassung voraus. Notwendiger Ausgangspunkt ist ein regelmässiger Informationsaustausch. Er hat insbesondere die aktuellen und prospektiven Bedürfnisse und Anforderungen in der Leitung und Verwaltung eines Bistums zu verbalisieren und auch die Umsetzung gemeinsamer Beschlüsse vorzubereiten. Dies macht folgerichtig ein gemeinsames und verbindliches Vorgehen der Bistumskantone im Bereich finanzieller Leistungen in mittelfristigen Leistungsplänen unumgänglich. Notwendig sind schliesslich die Berücksichtigung und der Einbezug kantonaler Fachstellen bei der Umsetzung pastoraler Schwerpunkte eines Bistums. Das Gleichgewicht zwischen der Einheit des Bistums und der stark verankerten kantonalen Identität, sowie zwischen der Selbständigkeit und Einordnung der Kantonalkirchen wird zur dauernden Aufgabe und ist je nach Aufgabenbereich bisweilen nicht einfach zu finden.

Unabdingbar erscheint jedenfalls, der Zusammenarbeit der Bistumskantone eine höhere Verbindlichkeit zu verleihen, beispielsweise nach Gesichtspunkten, die einen Zweckverband bestimmen. Anderseits ist mit den Ordinariaten auch die Subsidiarität bei der Umsetzung pastoraler Vorhaben zu besprechen und zu vereinbaren. Generell ist auf ein gestärktes Vertrauensverhältnis zwischen Bistum und Kantonalkirchen zu setzen.

4. Typen konkordatärer Regelungen

Die nie zu Ende geführte Bistumsgliederung schafft verschiedene Ausgangspositionen für vertragliche Regelungen. Diese werden akzentuiert durch das Nebeneinander konkordatärer und nichtkonkordatärer Bistümer. Die Fortführung einer Konkordatspolitik hat sich an diesen unterschiedlichen Verhältnissen zu orientieren.

a) Definitive Lösungen für die Administraturen

Die bald 200 Jahre dauernden Administraturen in der Schweiz harren noch immer definitiver Lösungen. Mit dem Anschluss der Kantone

Schaffhausen, Basel-Stadt und Teile von Basel-Landschaft an das Bistum Basel ist ein Beispiel definitiver Ordnung gesetzt worden. Durch die Form des Zusatzkonkordats vom 2. Mai 1978 blieb der Grundvertrag für das Bistum Basel aus dem Jahre 1828 unverändert. Inhaltlich umfasst das Zusatzkonkordat eine Gebietserweiterung des Bistums, sowie eine Ergänzung des Domkapitels durch einen Domherrn aus jedem neuen Kanton, beides vollzogen unter Genehmigung der bisherigen Bistumsstände.

Das Zusatzkonkordat stellt einen eigentlichen Präzedenzfall dar für eine mögliche Erweiterung des Bistums St. Gallen durch die beiden Halbkantone Appenzell, die dem Bischof provisorisch unterstellt sind. In einem Zusatzkonkordat wäre das neue Bistumsgebiet zu umschreiben. Das Domkapitel könnte ebenfalls durch eine Erweiterung oder durch Zuordnung eines nichtresidierenden Kanonikers aus den neuen Gebieten ergänzt werden. Schliesslich wäre der Beizug appenzellischer Vertreter bei der Teilnahme des st. gallischen Katholischen Kollegiums an der Bischofswahl zu ermöglichen.

Die Überführung der Administraturen des Bischofs von Chur in definitive Strukturen ist ein komplexeres Unterfangen. Es sind zwei Problemkreise zu unterscheiden:

- Die Erweiterung des Bistums Chur durch das Gebiet des Kantons Zürich würde das bestehende Ungleichgewicht zwischen Bistum und Administratur in zahlenmässiger, soziologischer und psychologischer Hinsicht in eine rechtlich definitive Lösung und Fixierung führen. Als Alternative wäre die Gründung eines selbständigen neuen Bistums Zürich aus kirchlich-pastoraler Sicht ebenso naheliegend. Ob die eine oder andere neue Struktur rein innerkirchlich abgewickelt werden könnte oder kirchenpolitisch zu einer vertraglichen Regelung führen müsste, ist offen. Wesentlich ist dabei die Haltung des Kantons Zürich, der im Entwurf seiner neuen staatskirchenrechtlichen Gesetzgebung stark auf den positiven Aspekt der Religionsfreiheit setzt. Rechtsbeziehungen zur katholischen Kirche müssten konsequenterweise auch das Bistum umfassen.
- Jede Lösung für den Kanton Zürich würde als zweites auch die Diskussion um die Innerschweizer Provisorien (Ob- und Nidwalden, Uri und Glarus) neu beleben. Alle denkbaren Optionen (definitiver Anschluss an das Bistum Chur, neues innerschweizerisches Bistum unter Einschluss von Luzern) wären sehr wahrscheinlich nur mit konkordatären Lösungen zu realisieren. Der Kanton Obwalden hat übri-

gens als einziger Kanton der Konkordatsfrage Verfassungsrang eingeräumt[42].

b) Neue Bistümer – Änderung bestehender Konkordate

Eine Neueinteilung ist ohne die Bildung neuer Bistümer kaum realistisch vorstellbar. In der deutschsprachigen Schweiz bedeutet dies eine Verkleinerung des Bistums Basel[43]. Eine Neuordnung ist rechtlich nur vollziehbar im Einvernehmen mit den derzeitigen Basler Konkordatskantonen und dem Bund. Zwei verschiedene Rechtsakte und Vertragsinstrumente sind damit notwendig, einerseits eine Abänderung der bestehenden Basler Bistums-Verträge, anderseits eine vertragliche Rechtsgrundlage für ein neues Bistum[44].

Der Inhalt eines neuen Bistumsvertrages wird erst im Verhandlungsergebnis sichtbar. Er kann enger oder auf vielfältigere Materien ausgedehnt sein als das bestehende Basler Konkordat. Verhandlungsgegenstände müssten mindestens folgende Materien sein:

– Kern eines Bistums ist die Errichtung eines neuen bischöflichen Amtes. Ihm ist ein rechtlicher Sitz und ein Name zu geben und es ist ihm ein territorialer Sprengel zuzuordnen. Die Bildung eines Domkapitels am Sitz des Bischofs ist vom Codex 1983 nicht mehr zwingend vorgesehen (can. 504), ein solches kann aber nach wie vor neu errichtet werden.
– Für die Ernennung des Bischofs stellt der Codex zwei Formen der Bischofswahl gleichwertig nebeneinander: Die freie Wahl des Bischofs durch den Papst einerseits und anderseits die päpstliche Bestätigung des rechtmässig von einem Dritten ins Amt gewählten Bischofs (can. 377 § 1). Rechtmässige Bischofswahlen vollziehen die Domkapitel in einzelnen Bistümern vor allem im deutschsprachigen Raum. Die Wahl durch die Domkapitel hat wiederum zwei Spielarten – die freie Wahl des Bischofs durch das Domkapitel (wie in den Konkordaten von Basel und St. Gallen vereinbart) sowie die Kapitelswahl aus einem päpstlichen Dreiervorschlag (Bistum Chur gemäss Privileg

42 OW Art. 7 Kantonsverfassung. Vgl. auch BGE 73 I 106.
43 Vgl. den Bericht betr. die Neueinteilung der Bistümer in der Schweiz (Anm. 32).
44 Diese Feststellung geht von der Annahme aus, dass die derzeitigen Konkordatskantone einer Verkleinerung des Bistums nur zustimmen, wenn das neue Bistum eine vertragliche Grundlage mit dem Apostolischen Stuhl erhält.

‚Etsi salva' vom 28. Juni 1948). Es besteht kein Rechtssatz und keine konkrete Übung, dass bei einer Dismembration eines Bistums der abgetrennte Teil einen Rechtsanspruch auf die bisher gültige Form der Bischofswahl erheben könnte. Bei einer Neugründung ist die Frage neu zu entscheiden. Die Forderung der gesamtschweizerischen Synodalversammlung vom 2. März 1975 nach einer „rechtlich festgelegten Mitwirkung ortskirchlicher Gremien bei der Wahl der Bischöfe", wobei die Mitwirkung „bestehenden Mitwirkungsformen mindestens gleichwertig sein" muss, ist von sämtlichen Bischöfen genehmigt worden. Sie weist als Kern die Benennung der Person des Bischofs durch die Ortskirche auf. Sie steht in einer Spannung zur gegenwärtigen römischen Tendenz, Bischofsernennungen als alleinige Sache des Apostolischen Stuhls zu betrachten.

Zusätzlich zur Regelung des Wahlrechts ist das „ortskirchliche Wahlgremium" zu bestimmen. Die Wahl durch das Domkapitel ist wohl zu eng geworden, nachdem ihm der Codex die frühere Funktion als ‚senatus Episcopi' – als Rat des Bischofs – nicht mehr zugeordnet hat (can. 503)[45]. Neu steht diese Funktion dem Priesterrat zu, bzw. dem aus ihm gebildeten Konsultorengremium (can. 495 § 1, 500 § 2, 501 § 2). Nach allgemeinem Kirchenrecht ist der Priesterrat schon heute in die Vorbereitung der Bischofsernennung konsultativ einbezogen, wie übrigens auch die Bischofskonferenz, deren Votum eine besondere Bedeutung beizumessen ist (can. 377 § 3). In Weiterentwicklung der Rechte des Domkapitels könnte sich das ortskirchliche, für die Bischofswahl zuständige Gremium aus Domherren und Mitgliedern des Priesterrates zusammensetzen, wobei zusätzlich die qualifizierte Mitwirkung der Bischofskonferenz sicherzustellen wäre[46].

– Mitwirkungsrechte staatlicher Behörden bei der Wahl des Bischofs oder auch von Mitgliedern des Domkapitels werden neu nicht mehr eingeführt. Der Codex formuliert unmissverständlich (can. 377 § 5). Bereits das Konzil hatte die staatlichen Behörden aufgefordert, frei-

45 Die Bischofkonferenzen können dem Domkapitel vorläufig die Funktion des Konsultorengremiums weiterhin zuerkennen (can. 502 § 3). Dies hat auch die schweizerische Bischofskonferenz so bestimmt.

46 Ein konkretes Modell einer Wahl durch die Ortskirche, welche alle rechtlichen Voraussetzungen und innerkirchliche Entwicklungen berücksichtigt, wurde entwickelt in: *Bischofswahlen in der Schweiz. Expertenbericht im Auftrag der RKZ*, hg. von Alois Riklin, Zürich 1992, S. 149 ff.

willig auf jegliche Rechte oder Privilegien zu verzichten (Christus Dominus N 20). Dies ist (auch) eine Konsequenz aus der Religionsfreiheit. Die Bestellung der kirchlichen Organe ist dem innerkirchlichen Bereich und dort der Organisationsfreiheit der Kirche zuzurechnen. Ein Kanton oder der Bund wird sich deshalb auch nicht mit Nachdruck dafür einsetzen können, dass Bischofswahlen durch ein ortskirchliches Gremium zu vollziehen sind. Staatliche Instanzen können jedoch auf bestehende Traditionen und die gesellschaftliche Bedeutung demokratischer und ortskirchlicher Verankerungen hinweisen[47].

- Die Bistumserrichtung durch Konkordat verschafft dem Bistum die öffentlichrechtliche Anerkennung als Rechtssubjekt. Diese Konsequenz ist zwar nirgends ausdrücklich genannt, jedoch Folge aus dem Konkordat. Zusätzlich können auch andere nach kirchlichem Recht bestehende Rechtssubjekte die staatliche Anerkennung erhalten, müssen aber – da es sich um eine Privilegierung handelt – auch ausdrücklich genannt werden. Zu denken ist in erster Linie an einzelne wichtige diözesane Einrichtungen oder an die Pfarreien als wesentliche Strukturelemente des Bistums[48]. Es ginge wohl zu weit, schlicht die Anerkennung sämtlicher im Kirchenrecht vorgesehenen Rechtssubjekte zu stipulieren. Dies wäre auch im Hinblick auf die konfessionellen Verhältnisse in der Bevölkerung und die religionsrechtlichen Gegebenheiten in der Schweiz nicht opportun. Eine Konstituierung weiterer kirchlicher Rechtsträger nach Privatrecht vermag das Bedürfnis nach rechtlich selbständigen Institutionen abzudecken.
- Die bestehenden Konkordate haben sich ausschliesslich mit der Bistumsebene befasst. Das kantonale Staatskirchenrecht blieb ausgeklammert, zu unterschiedlich waren damals die konfessionellen Tra-

47 Vgl. Antwort des Bundesrates auf Interpellationen im Nationalrat, Amtl. Bulletin NR 5.10.1990, S. 1928-30. Sodann Stellungnahme des Bundesrates, Amtl. Bulletin NR, 29.9.2000, S. 1030.

48 In einzelnen Kantonen sind die Pfarreien ausdrücklich im öffentlichen Recht anerkannt, z.B. Obwalden Art. 103 KV, Freiburg Kirchengesetz Art. 4; Wallis Gesetz über das Verhältnis von Kirche und Staat Art. 4. – Pfarreien können auch gewohnheitsrechtlich als Rechtssubjekte anerkannt sein. – Die Folgen der öffentlichrechtlichen Anerkennung liegt im wesentlichen darin, dass mit der kirchlichen Errichtung die Rechtsfähigkeit im Staat automatisch gegeben ist und die Organe des Rechtsträgers vom Kirchenrecht bestimmt werden.

ditionen und Gesetzgebungen. Die Beziehungen zwischen den kantonalkirchlichen Körperschaften und den Bistümern sind jedoch zunehmend wichtig geworden. Die Kirchgemeinden und vereinzelt auch die kantonalen Körperschaften sind mit dem Privileg der Steuerhoheit ausgestattet. Sie dotieren die Kantonalkirchen, welche ihrerseits örtliche, regionale und diözesane Institutionen finanzieren oder mitfinanzieren. Die Steuererhebung und -verwaltung unterstehen den Normen der Steuergesetzgebungen und sind als Hoheitsrechte kantonal begrenzt[49]. Diese Art der Finanzierung kirchlicher Aufgaben durch die staatskirchenrechtlichen Organisationen haben eine lange Tradition, sind inkulturiert und zumindest eine kirchliche Gewohnheit geworden. Davon wäre in neuen Konkordaten Kenntnis zu nehmen, sei es im Sinne einer Anerkennung oder wenigstens eines Tolerierens. Dies wäre auch der Ansatz, die Kantonalkirchen rechtlich zu verpflichten, mit dem Bistum rechtsverbindliche Grundsätze für eine Mitfinanzierung zu vereinbaren.

– Die modernen Konkordate enthalten neben Garantien für die freie Betätigung der Kirche in Lehre und Liturgie, in Verkündigung und Caritas auch Regelungen zu schulischen, kulturellen und caritativen Belangen. Wegen der föderalistischen Unterschiede in der Schweiz müssten sich ähnliche Bestimmungen wohl auf allgemeine Leitsätze beschränken. So könnte beispielsweise ein Recht auf Erteilung von Religionsunterricht an öffentlichen Schulen stipuliert werden, ohne die Durchführung zu spezifizieren. Auch bei einer Zusage von finanziellen Leistungen müsste schlicht auf die entsprechende kantonale Gesetzgebung verwiesen werden.

Wird ein neues Bistum gegründet, dem territorial ein Kanton des bisherigen Bistums Basel angehört, bedeutet dies eine Änderung des Konkordats. Das Konkordat selbst kennt keine Austritts- und keine Kündigungsklausel – es ist auf ‚ewige Zeit' eingegangen. Eine Änderung erfolgt deshalb nur unter Zustimmung beider Parteien, da die Berufung auf die ‚clausula rebus sic stantibus' für eine einseitige Kündigung strengen Voraussetzungen unterliegt. Staatlicherseits kann also nicht ein einzelner Kanton ohne Einverständnis der andern aus dem Bistumsverband austre-

49 Eine Diözesansteuer, mit dem Bistum als steuererhebendem Rechtssubjekt, wie sie in Deutschland eingeführt ist, ist in der Schweiz nicht vorstellbar.

ten[50]. Bei den Verhandlungen über ein neues Bistum haben die verbleibenden Basler Stände keine rechtliche Möglichkeit, direkt daran mitzuwirken. Sie sind jedoch faktisch indirekt involviert. Ihre Zustimmung zur Entlassung des oder der Stände aus dem bisherigen Bistumsverband ist notwendig. Die naheliegende Form dazu ist die entsprechende Änderung des bestehenden Konkordats[51]. Die Aufnahme von Verhandlungen über neue Bistumsgrenzen ebenso wie auch der Verlauf der Verhandlungen selbst sind in starkem Masse an (kirchen-)politische und -psychologische Voraussetzungen sowie an eine Vertrauensbasis gebunden. Unabdingbar erscheint, dass Verhandlungen ohne Vorleistungen und Vorbedingungen seitens beider Parteien aufgenommen werden. Dies verlangt anderseits auch die Bereitschaft, über sämtliche bestehenden Vertragsklauseln verhandeln zu wollen.

c) Bistumsänderungen in nicht konkordatären Gebieten

Bestehen keine vertraglichen Bindungen mit Kantonen oder dem Bund, so ist der Apostolische Stuhl grundsätzlich frei, ein bestehendes Bistum territorial zu verändern und auch ein neues Bistum zu gründen. Konkret trifft dies für das Bistum Sitten zu, wo kaum Änderungswünsche beste-

50 Alle Basler Diözesanstände sind zudem Mitglieder des Langenthal-Luzerner-Vertrags vom 28. März 1828. Dieser Vertrag ist – nach Bernhard Ehrenzeller – eine völkerrechtliche, nicht nur eine innerstaatliche Vereinbarung unter Kantonen. Er regelt im wesentlichen Anwendungs- und Vollzugsfolgen des Konkordats. Seine teilweise konkordatswidrigen Bestimmungen können keine Rechtswirkung beanspruchen. Dem Langenthal-Luzerner-Vertrag kann keine Organisation der Diözesankonferenz entnommen werden. Will somit ein Kanton im Einverständnis mit dem Apostolischen Stuhl aus dem Verband austreten, so haben die verbleibenden Kantone ihre Zustimmung zu geben. Es herrscht keine volle Klarheit, ob dies mit einer Mehrheit der Stände oder einstimmig zu erfolgen hat. Vgl. *Bernhard Ehrenzeller*, Die Diözesankonferenz des Bistums Basel, Freiburg i.Ü. 1985, S. 91, 99 f., 104 ff., 182 ff.

51 Eine Änderung des bestehenden Vertrags über das Bistum Basel kann in die Form einer Zusatzvereinbarung gekleidet sein. Bei wichtigen Änderungen könnte auch eine völlige Neuformulierung des bisherigen Textes erfolgen. Grundsätzlich sind beide Möglichkeiten offen. Ein Unterschied ist jedoch zu beachten: Bei einem neu ausformulierten Vertragswerk können die Materialien zum Konkordat von 1828 nicht mehr zur Auslegung herangezogen werden.

hen. Keine völkerrechtlichen Bindungen bestehen auch im Bistum Freiburg, das die Kantone Freiburg, Waadt, Genf und Neuenburg umfasst[52].

Ob eine Neuorganisation als notwendig erachtet wird – vielleicht am ehesten eine Verselbständigung von Genf – und in die Form eines Konkordates gekleidet würde, hängt vom politischen Willen der Kantone wie des Apostolischen Stuhls ab. Internationale Vereinbarungen über kirchliche Belange haben in den Kantonen der Westschweiz keinerlei Tradition. Die kantonalen staatskirchenrechtlichen Gesetzgebungen der vier Kantone reichen von verhältnismässig engen Bindungen bis zur wohlwollenden Trennung von Kirche und Staat in Neuenburg und Genf. Zur Zeit ist eher ein Wille erkennbar, einzelne staatskirchenrechtliche Fragen zwischen einem Kanton und dem Bischof zu regeln. Damit fällt auch die Bistumsebene als Diskussionspunkt ausser Betracht. Bistumsfragen auf dem Konkordatsweg zu regeln, ist kaum im Denken politischer und kirchlicher Kreise verankert, wie auch die Änderung von Bistumsgrenzen nicht als echte Zielvorstellung in Erscheinung tritt. Es ist deshalb auch nicht zu ermessen, wie sich die Kantone des Bistums Freiburg und die kirchlichen Instanzen zum möglichen Projekt eines Gesamtkonkordats für die ganze Schweiz verhalten würden.

VI. Konkordate als kirchenpolitische Maxime

1. Initiative und Vorbereitung der Bischofskonferenz

Anlass für Bistumsveränderungen bilden innerkirchliche, pastorale Notwendigkeiten. Das Konzil hat den Bischofskonferenzen den klaren Auftrag erteilt, die Bistumseinteilung zu überprüfen (Christus Dominus (CD)

52 Hinzuweisen ist indessen auf die Verträge der Bistumskantone mit dem Bischof von Freiburg: Das freiburgische Kirchengesetz vom 26. September 1990 hat das katholische Kirchenstatut – ein autonomer Ausführungserlass – an die Genehmigung der katholischen Kirche bzw. des Bischofs und des Staatsrates gebunden; Art. 7 Abs. 2. Damit ist faktisch ein öffentlichrechtliches Vertragsverhältnis zwischen Kanton und Bistum entstanden. – Neuenburg: Der Kanton schloss eine Vereinbarung mit dem Bistum Freiburg, wobei der Bischof als Vertreter der „paroisses catholiques" handelte. Inhaltlich sind die Leistungen der politischen Gemeinden an die katholischen Pfarreien vereinbart (Concordat 2. Mai 2001; sodann Arrêté 30. Oktober 1942 und 19. November 1943). – In der Waadt und Genf bestehen keine vertraglichen Bindungen zwischen Kanton und Bistum.

N 22-24). Dies wurde in der Schweiz 1980 eingeleitet, aber nicht weitergeführt[53]. Unabhängig von der konkreten Aktualität bildet die bestehende unvollständige Bistumseinteilung einen fortbestehenden objektiven Anlass, sich Bistumsfragen zu stellen. Der konkrete Anstoss hat von den Bischöfen auszugehen, die in erster Linie betroffen sind. Ohne ihre Initiative wird auch nach der Praxis des Apostolischen Stuhls kaum eine Veränderung der Bistümer eingeleitet. Dies gilt sowohl für Gesamt- wie für Teillösungen[54]. Unter dem Gesichtspunkt einer Konkordatspolitik ist der Haltung des einzelnen Bischofs wie der Bischofskonferenz als Organ der katholischen Kirche in der Schweiz entscheidende Bedeutung beizumessen. Eine neue Bistumseinteilung muss deshalb mit einer innerkirchlichen Vorbereitung bzw. mit Vorverhandlungen beginnen. Dies scheint auch unumgänglich, nachdem die Reaktion des Apostolischen Stuhls auf den von den Bischöfen initiierten, aber nicht als eigenes Projekt bezeichneten Reorganisationsbericht dazu führte, dass dieser erst nach mehrmonatigen Verhandlungen mit Rom zur Publikation freigegeben werden konnte[55]. Vorverhandlungen dienen nicht einer abschliessenden Meinungsbildung, sondern dem Abstecken von Verhandlungsspielräumen. Allenfalls sind dazu bereits auch Meinungen der staatlichen Behörden zu erkunden.

Diese innerkirchlichen Sondierungen müssten mindestens folgende Problemkreise erörtern und Lösungsvorschlägen entgegenführen:

– Ein Reorganisationskonzept wird zuerst in der neuen Umgrenzung bestehender oder neuer Bistümer bestehen. Dabei ist auf die Kriterien zurückzugreifen, welche das Konzil formulierte (Christus Dominus

53 Vgl. den Bericht betr. die Neueinteilung der Bistümer in der Schweiz (Anm. 32).

54 Frankreich kann als Beispiel gelten: Die Vorschläge neuer Strukturen für die Region Paris wurde von den betroffenen Bischöfen eingeleitet. Der Apostolische Stuhl hatte sich in der zweiten Phase der Reorganisation durch einen Beauftragten vertreten lassen. Bei der Reorganisation der Region Lyon liess der Apostolische Stuhl von Beginn weg seine eigenen Vorstellungen einfliessen. Vgl. *Yves le Roy*, La circonscription des diocèses en France, in: Neue Bistumsgrenzen – neue Bistümer, hg. von Louis Carlen, Freiburg i.Ü. 1992, S. 37 ff., insbesondere S. 63-72. – Zu weiteren Formen des Zusammenwirkens Apostolischer Stuhl/Bischöfe: *Richard Puza*, Konkordatäre Vereinbarungen und staatliches Recht, in: Neue Verträge zwischen Kirche und Staat (Anm. 15), S. 27.

55 Vor allem wegen der im Bericht (Anm. 32) vertretenen Standpunkte bezüglich der Bischofswahlen konnten ihn die Bischöfe nur mit eigenem Begleitkommentar frei geben, der die Meinung des Apostolischen Stuhls zu den Bischofsernennungen aufzeigte. Vgl. Communiqué der Bischofskonferenz vom 2. Dezember 1981.

N 22-24) und die an die konkreten Verhältnisse anzupassen sind. Eine gesamtschweizerische oder sprachregionale Überprüfung und selbst eine Einzellösung müssen von der Bischofskonferenz als ganzer getragen sein. Den Intentionen des Konzils entspräche eine Gesamtlösung, die am ehesten gleichartige Verhältnisse für alle Bistümer bringen könnte.

Ziel der Vorverhandlungen ist, konkrete Lösungsansätze oder Varianten zu erarbeiten. Dies setzt voraus, dass von den Bischöfen diözesane Gremien wie auch die staatskirchenrechtlichen Körperschaften in den Prozess einbezogen werden. Ganz allgemein sollte es sich nicht nur um eine allgemeine Konsultation handeln, sondern um einen echten Einbezug in den Überlegungsprozess. Die Formen dazu sind zu entwickeln.

– Eine ebenso wesentliche wie schwierige Aufgabe dieser Vorbesprechungen wird darin bestehen, Lösungen für die Bischofswahlen zu finden. Dies kann offenkundig nur in vertieften Gesprächen mit dem Apostolischen Stuhl geschehen. Die Synode 72 hat die Forderung nach ortskirchlichen Wahlen erhoben, deren Mitentscheidungsformen den bestehenden gleichwertig sind. Diese bischöflich genehmigten und damit verbindlichen Beschlüsse, die auch einen gewissen Spielraum offen halten, bilden den Ausgangspunkt für den innerkirchlichen Meinungsbildungsprozess. Der konkordatäre Bezug der Frage ist ebenfalls offenkundig. Die päpstliche Bestätigung ortskirchlich gewählter Bischöfe entspricht dem theologischen Verständnis des Bischofsamtes und ist Folge der Zugehörigkeit eines jeden Bischofs zum (weltweiten) Bischofskollegium. Die Mitwirkung der Bischofskonferenz bei der Wahlvorbereitung und der angemessene Einbezug der Seelsorger und Vertreter des ganzen Gottesvolkes gehört zu den Auswirkungen der vom Konzil betonten aktiven Teilnahme aller am Leben und an der Gestaltung der Kirche (Lumen Gentium N 33; Apostolicam Actuositatem N 2). Zudem knüpft diese Mitwirkung an altkirchliche und mittelalterliche Traditionen an[56].

Das Wahlgremium selbst könnte kaum mehr auf das Domkapitel begrenzt sein. Es bleibt kirchenpolitischer Einschätzung vorbehalten, ob eine ortskirchliche Bischofswahl eher über Einzellösungen oder bei einer Gesamtbereinigung erwartbar wäre. Auf jeden Fall bleibt zu

56 Hippolyt von Rom formulierte im 3. Jahrhundert prägnant: „Als Bischof werde der geweiht, wer vom ganzen Volk gewählt worden ist.“

berücksichtigen, dass der staatliche Partner bezüglich der Bischofswahlen ein Fortbestehen bzw. eine Weiterentwicklung bestehender Wahlrechte erwarten darf und auch anmahnen soll. Ein strikt den Verhandlungen mit dem staatlichen Partner unterstellter Sachverhalt ist die Bischofswahl zwar nicht. Sie kann jedoch für die notwendigen Genehmigungen der Reorganisationen einen entscheidenden Faktor darstellen.

– Eine als Strukturveränderung verstandene Konkordatspolitik erfordert bei konkordatären Bistümern neue Verträge. Von der Haltung der Bischofskonferenz mitbestimmt wird aber auch, ob Veränderungen derzeit nicht konkordatsgebundener Bistumsgrenzen neu allenfalls vertraglich geregelt werden sollen. Je einhelliger und geschlossener die Bischöfe einen Standpunkt vertreten, desto stärker wird er auch in die Meinungsbildung des Apostolischen Stuhls einfliessen. Identische Willensbekundungen kirchlicher Gremien und staatskirchenrechtlicher Organisationen bedeuten eine Stärkung auch der bischöflichen Standpunkte. Schliesslich hat jede Veränderung, auch wenn sie nur ein einzelnes Bistums betreffen sollte, eine präjudizielle Wirkung. Dies unterstreicht die Bedeutung der Stellungnahmen der Bischöfe, auch wenn letztlich die Haltung des Apostolischen Stuhls massgebend bleibt.

2. *Konkordatspolitik der Kantone*

Die innerkirchlichen Vorverhandlungen gelten dem Standpunkt des kirchlichen Partners. Seitens des Bundes und vorab der Kantone muss sich gleicherweise ein klarer Wille für Konkordatslösungen manifestieren. Bei den bisherigen Konkordatskantonen ist von einem Fortsetzungswillen auszugehen. Ob die übrigen Kantone von der ihnen zustehenden Verfassungskompetenz Gebrauch machen wollen, ist kaum abzuschätzen. Die Meinungen könnten durchaus auch sprachregional differenziert ausfallen.

Vielleicht wichtigster Entscheidungsfaktor in den Kantonen wird die Bedeutung sein, die den Religionsgemeinschaften generell für Gesellschaft und Staat zugemessen wird. Gerade eine feststellbare Tendenz, die Religionsfreiheit auch in ihrem Ansatz zu positiver Gestaltung des Verhältnisses von Kirche und Staat zu begreifen, kann den Konkordatswillen befördern. Sodann tendieren Auslegung und konkrete Verwirklichung der

Religionsfreiheit zur integralen Anerkennung kirchlicher Strukturen. Für die katholische Kirche bedeutet dies staatliche Anerkennung der Bistümer und allenfalls auch der Pfarreien in ihrer kirchlich kanonischen Rechtsstruktur. Dies ist auch bei Weiterbestehen der staatskirchenrechtlichen Körperschaften in ihrer gegenwärtigen Form weiterhin möglich[57]. Konkordatsverhandlungen können Anlass sein, staatskirchenrechtliche Strukturen, die zur kirchlichen Gewohnheit geworden sein, als solche zu benennen[58].

3. Ökumenische Dimension

Neue Konkordatsverhandlungen können nicht mehr wie im 19. Jahrhundert mit Blick auf die einzelne Konfession geführt werden. Sie müssen der Religionsfreiheit und deren Anforderungen entsprechen. Daraus ergibt sich zunächst, dass die Kantone in einem Konkordat keine Rechte und Pflichten vorsehen können, welche sachbezogen nicht auch anderen anerkannten Religionsgemeinschaften gewährt werden können[59].

Sodann ergeben sich Rückwirkungen auf das bisher im wesentlichen paritätisch ausgerichtete Staatskirchenrecht. Seine ökumenische Dimension verlangt nach offener Information über in Aussicht genommene Bistumsregelungen. Wichtig erscheint insbesondere die Klärung der Bedeutung eines Konkordats: Es geht um die Anerkennung der Organisation der katholischen Kirche in ihrem Zusammenhang von Teilkirche (Bistum) und Gesamtkirche. Das Konkordat ist als besondere Rechtsform

57 Als Beispiele: St. Gallen Art. 109 KV; Freiburg Art. 2 KV, Kirchengesetz Art. 2 und 3.

58 Ziel ist nicht die generelle Anerkennung des Staatskirchenrechts eines Kantons. Vielmehr geht es darum, die Hauptzwecke des Staatskirchenrechts als toleriert und akzeptiert zu benennen. Gemeint ist die Schaffung von Voraussetzungen finanzieller und administrativer Art für die Tätigkeit der Kirche mittels einer selbständigen Steuererhebung und -verwaltung durch die Katholiken, sodann ihre Beteiligung an den Pfarrwahlen. Dies kann die Verpflichtung enthalten, nebst der vorgegebenen traditionellen Finanzierung der Pfarreien auch verpflichtend Beitragsleistungen an das Bistum zu erbringen. Bezüglich der Pfarrwahlen ist an die ‚nominationes populares' von can. 1552 des Codex 1917 anzuknüpfen, der nicht zu Unrecht als ‚Schweizer Kanon' bezeichnet wurde.

59 Daraus ergibt sich, dass die staatskirchenrechtlichen Körperschaften in Konkordaten nur zu benennen sind. Deren Fortführung liegt im Ermessen des kantonalen Gesetzgebers.

einsichtig und begreiflich zu machen, welche sich aus der katholischen Kirchenstruktur ergibt und die keine inhaltliche Sonderbehandlung darstellt[60].

VII. Position und Möglichkeiten der Kantonalkirchen

1. Position zwischen Kirche und Staat

Die kantonalkirchlichen Körperschaften sind öffentlichrechtliche Institutionen des kantonalen Rechts. Sie verfolgen nicht staatliche, sondern kirchliche Zwecke bzw. sind auf Teilbereiche der Tätigkeiten der Kirche ausgerichtet. Sie stehen damit klar zwischen Kirche und Staat. Diese Positionierung hat ihre Auswirkungen. Kantonalkirchen sind nicht Vertragspartner eines Konkordats, jede direkte Einwirkung auf Konkordatsverhandlungen bleibt ihnen versagt. Dies schliesst nicht aus, dass sie sich an den Vorverhandlungen und Vorbereitungen beteiligen und an ihnen mitwirken können. Ihre Zwischenposition lässt sie Anliegen vertreten, die nicht nur gesellschaftlich-politische Bezüge, sondern auch Anliegen der kirchlichen Basis betreffen. Diese Positionierung kann allenfalls den Anschein eines doppelschichtigen Verhaltens erwecken. Daher wird nur eine klare und durchsichtige, vom jeweiligen Thema her bestimmte Haltung den staatskirchlichen Organisationen eine substanzielle Beteiligung sichern.

2. Ausrichtung auf den kirchlichen Zweck

Die innerkirchliche Vorbereitung von Strukturänderungen hat sich zunächst an seelsorgerlichen Notwendigkeiten und wirksamen Leitungsstrukturen auszurichten. Dies ist Sache der Bischöfe bzw. der Bischofskonferenz. Mit diesen Strukturfragen sind unausweichlich auch finanziell-administrative Probleme verbunden. In diesem Bereich bietet sich der Einbezug der staatskirchenrechtlichen Körperschaften in die Ent-

60 Die völkerrechtliche Vertretung des Apostolischen Stuhls bei den Bundesbehörden wird u.a. vom Schweizerischen Evangelischen Kirchenbund als Bevorteilung der katholischen Kirche gewertet. Die Nuntiatur schafft zwar den diplomatischen Zugang zu den eidgenössischen Behörden. Sie ist aber nicht ein Organ der katholischen Kirche in der Schweiz.

scheidungsfindung an. Sie können qualifizierte eigene Erfahrungen einbringen und sind in diesem Teilbereich auch von den Folgen der Veränderungen betroffen. Die Form der Mitwirkung müsste zuerst erarbeitet werden. Auch bei Anerkennung der vollen pastoralen Verantwortung der Bischöfe vermag eine schlichte Einladung und Teilnahme an einem allgemeinen Vernehmlassungsverfahren als Beitrag kaum zu genügen. Die Planung grundlegender pastoraler Handlungsräume kann kantonale Entitäten und Gegebenheiten nicht ausser Acht lassen. Eine realitätsbezogene Fortentwicklung bestehender Strukturen muss stets die wirtschaftlich-finanziellen Komponenten einbeziehen. Die Mitwirkung sollte daher die einzelnen Planungsstufen und nicht erst das Einholen einer Stellungnahme vor der Verabschiedung eines konkreten Projektes umfassen.

Die Mitwirkung der staatskichenrechtlichen Organisationen besteht aber auch im Einbringen von Anregungen und Wünschen allgemeiner Art. Es kann sich – um ein Beispiel zu nennen – um gesellschaftspolitische Überlegungen für neue Grenzziehungen oder um Überlegungen bezüglich gesamtschweizerischer Lösungen handeln. In die gleiche Richtung zielt die argumentative Unterstützung für die Umsetzung der mit der Synode 72 eingeleiteten generellen Politik bezüglich des Wahlmodus für Bischöfe. Die Bischöfe sind nicht zuletzt zu bestärken in der Bejahung der im demokratischen Bewusstsein verankerten und als kirchliche Gewohnheit eingeführten selbständigen Finanzverwaltung der Katholiken.

3. *Innerkantonale Vorbereitung*

Bistumsfragen sind ein Teilbereich im Verhältnis von Kirche und Staat. Kantonalkirchen sind deshalb auch qualifizierte Gesprächspartner für die Meinungsbildung in den Kantonen. Primär ist darunter die Förderung aller Bestrebungen zu verstehen im Hinblick auf eine positive Ausgestaltung der Religionsfreiheit. Aus katholischer Sicht ist die kantonale Anerkennung der Kirche durch die Begründung von Rechtsbeziehungen zur bischöflichen Leitung ein Postulat, das an die politischen Entscheidungsträger heranzutragen ist.

Dass dies mittels Konkordat geschehen kann und soll, steht in einem inneren Konnex mit der öffentlichrechtlichen Anerkennung der staatskirchlichen Körperschaften als nicht kirchlich-kanonischer Struktur. Mit der Anerkennung der katholischen Kirche durch Konkordat wird ihr das eingeräumt, was andere christlichen Konfessionen längst kennen – die

Anerkennung ihrer kirchlichen Strukturen, die dem vollen eigenen Selbstverständnis entsprechen.

Die Stellungnahme und Haltung der Kantonalkirchen wird schliesslich für die Kantone von erheblichem Gewicht sein für die politische Grundsatzentscheidung, den Konkordatsweg zu beschreiten oder weiter zu gehen.

Résumé en langue française

La présente étude aborde les aspects d'ordre juridique ainsi que de politique ecclésiastique qu'il faudrait prendre en considération lors de la conclusion de nouveaux concordats ou la modification de concordats existants.

I. Notion et histoire

Un concordat est un traité conclu entre le Saint-Siège et un Etat, et qui règle sur la base d'une entente mutuelle des questions intéressant les deux parties. Jusqu'au XXe siècle, ces accords définissaient avant tout les sphères respectives de pouvoir de l'Eglise et l'Etat et se fondaient sur la doctrine de la coordination de l'action de ces deux entités (par exemple, les accords concernant les diocèses de Bâle en 1828 et de St-Gall en 1845).

II. Politique actuelle du Siège apostolique en matière de concordats

Près de 70 concordats ont été conclus par le Saint-Siège depuis 1965 (pour la Suisse, notamment la convention concernant le diocèse de Lugano, en 1968, et l'accord complémentaire concernant le diocèse de Bâle en 1978). La liberté de religion, respectivement l'indépendance mutuelle de l'Eglise et de l'Etat, ainsi que l'entière liberté de l'Eglise de s'organiser comme elle l'entend, de propager la foi et de porter un jugement moral sur les affaires politiques (GS 76/6) forment le fondement des nouveaux concordats. Aucun nouveau concordat ne traite du découpage géographique des diocèses ou ne reconnaît à des tiers des droits en matière de nomination d'évêques ou d'autres organes de l'Eglise (exception: réorganisation en Allemagne de l'Est, région soumise au concordat du Reich de 1933). Les concordats récents visent la reconnaissance la plus large possible par l'Etat des entités de droit canonique, et les dispositions destinées à faciliter l'accomplissement des tâches pastorales occupent une large place.

III. Intérêt et limites de la politique concordataire

1. L'intérêt public en tant que condition de base

La liberté religieuse implique une séparation fondamentale des domaines respectifs de l'Etat et de l'Eglise. Sa reconnaissance dans sa dimension positive met toutefois en évidence le poids dont jouissent les Eglises et autres communautés religieuses dans la société. C'est la raison pour laquelle l'Etat, dans l'exercice de ses tâches sociales et culturelles, noue des liens juridiques avec les communautés religieuses et autres forces ayant un impact social. Or, le concordat est un instrument approprié pour concrétiser au niveau politique cet intérêt de la collectivité publique à l'établissement de liens entre l'Eglise et l'Etat.

2. L'exigence de l'égalité de traitement

Le principe selon lequel l'Etat doit réserver un traitement égal à ce qui est identique et un traitement différent à ce qui est dissemblable vaut aussi pour les communautés religieuses. Du point de vue organisationnel, l'Eglise catholique dispose à l'échelon mondial d'un modèle de structure hiérarchique uniforme et unique en son genre, et possède, par l'effet de l'histoire, la „capacité de droit des gens", à savoir de s'engager valablement par voie de traité international. Mais l'Etat doit être aussi ouvert à d'autres communautés religieuses (en Allemagne, par exemple, il existe à côté des concordats des conventions avec les Eglises réformées), et pas seulement chrétiennes.

3. Neutralité religieuse

La liberté de religion interdit à l'Etat de se mêler des affaires internes des communautés religieuses (enseignement, culte, œuvres sociales). De même, il ne peut pas intervenir dans la conception qu'elles se font d'elles-mêmes pour modifier leurs structures. Comme un concordat exige un accord de volontés, une action unilatérale de l'Etat est exclue.

4. Limites quant à la matière traitée par les concordats

Les concordats règlent essentiellement des questions pour lesquelles le Saint-Siège est exclusivement compétent (création et organisation de base d'un évêché). Les concordats concernant les diocèses de Bâle, de Saint-Gall et de Lugano le montrent clairement. Toutefois, le Saint-Siège met de plus en plus l'accent sur la reconnaissance la plus étendue possible des entités de droit canonique. Les concordats offrent aussi la possibilité de promouvoir une collaboration entre Eglise et Etat dans les domaines sociaux, éducatifs et culturels. Ils peuvent servir aussi à garantir que, dans ces domaines, les traditions particulières de l'Eglise soient prises en considération. L'intérêt public de l'Etat est de nature générale. Il s'agit de l'intérêt de la société dans son ensemble. Dès lors, l'Etat ne peut pas, en principe, agir exclusivement en faveur de tel ou tel groupe, ou pour le compte d'une partie de la population. Le concordat n'est pas un outil à disposition pour régler des affaires internes de l'Eglise. Ce n'est qu'à titre exceptionnel et sous l'angle de la paix confessionnelle qu'une intervention de l'Etat pour un problème interne peut se conjuguer avec la défense de l'intérêt général.

IV. Les concordats en tant que traités internationaux

1. Capacité subsidiaire pour agir des cantons en matière de droit international

La définition des rapports entre l'Eglise et l'Etat relève clairement de la compétence des cantons (art. 72 al. 1 Cst.). Avec l'abrogation de l'article sur les évêchés, la souveraineté cantonale en matière de découpage géographique des évêchés a été restaurée. Dès lors, la politique concordataire est fondamentalement l'affaire des cantons. La Confédération jouit toutefois d'une compétence générale pour tout ce qui touche les relations avec l'étranger (art. 54 al. 1 Cst.), y compris dans les domaines relevant de la souveraineté des cantons. Aussi, pour se lancer dans des démarches concordataires, la Confédération devrait se prévaloir d'un intérêt national prépondérant, par exemple, en arguant qu'un grand nombre de cantons sont concernés ou que la question sensible de la paix confessionnelle est en cause. La compétence des cantons est de nature matérielle. C'est à eux qu'incombe la tâche de formuler les objectifs et les bases d'une négociation à mener, tandis que la Confédération a la responsabilité des démarches diplomatiques conduisant à la conclusion d'un traité.

2. Cas particulier: le concordat général pour la Suisse

Au vu de la diversité des normes juridiques régissant les diocèses, il y a lieu de demander s'il ne serait pas judicieux de rechercher une solution concordataire à l'échelon de l'ensemble de la Suisse. Cela permettrait de soumettre le pays à un système uniforme, lequel, toutefois, même au nom de l'intérêt national, ne pourrait pas être imposé contre la volonté des cantons. En tant que convention-cadre, un concordat général suisse devrait au moins arrêter le nombre des diocèses et désigner éventuellement les sièges épiscopaux. Il serait souhaitable également qu'il aborde la question de la fondation d'un archi-épiscopat/métropolitanat et, surtout, celle de la nomination des évêques. L'évaluation des chances d'aboutir d'un tel concordat sous les angles de la politique ecclésiastique et de la politique étatique est un point à laisser ouvert.

V. Obstacles à la mise en œuvre d'une politique concordataire

1. Données de départ

Deux éléments particuliers constitueraient les données de départ d'une éventuelle politique concordataire. Il s'agit d'une part de la diversité des statuts juridiques des diocèses (diocèses concordataires de Bâle, de Saint-Gall et du Tessin; diocèses créés par décision unilatérale du Saint-Siège, soit Sion, Fribourg et Coire (pour les Grisons); territoires placés sous administration diocésaine provisoire: Zurich, Obwald, Nidwald, Uri, Glaris, Appenzell Rhodes-Extérieures et Appenzell Rhodes-Intérieures) et, d'autre part, du principe du fédéralisme dans le domaine des rapports entre l'Eglise et l'Etat. Or, si les frontières diocésaines et les droits d'élection sont des domaines que le Saint-Siège a cherchés, dans la mesure du possible, à soustraire du champ des négociations, il n'en demeure pas moins que ces deux questions constituent le point central des concordats aujourd'hui en vigueur. Ces éléments de départ incitent à penser que les attentes seraient divergentes en ce qui concerne les objectifs à assigner à une politique concordataire.

2. Deux niveaux: le diocèse et le canton

Sur les six diocèses suisses, trois sont pratiquement des diocèses cantonaux, tandis que les trois autres englobent le territoire de plusieurs cantons. Le rattachement de territoires cantonaux complets à un diocèse donné serait à maintenir, ce qui suppose que les cantons d'un même diocèse s'entendent sur les objectifs à poursuivre.

3. Concordat et droit public ecclésiastique

La présence de plusieurs cantons au sein d'un même diocèse n'est pas sans conséquences. Les cantons ont développé chacun de leur côté leur propre droit public ecclésiastique. Une harmonisation entre ces systèmes juridiques a été réalisée au travers de la création de communes ecclésiastiques et d'Eglises cantonales. Par ailleurs, l'autonomie accrue accordée à ces organismes a donné plus de poids à leur but ecclésial. Il appartient désormais aussi aux Eglises cantonales de définir, conjointement avec les directions diocésaines, leurs relations mutuelles ainsi que les modalités de leur action commune. Il s'agit tout d'abord de promouvoir l'échange d'informations. Les discussions de nature financière visant l'adoption de contrats de prestations à moyen terme, et qui devraient être conclus avec des représentants d'organisations ecclésiastiques cantonales dotés de compétences décisionnelles, sont importantes. Ensuite, il y a lieu de trouver un équilibre entre, d'une part, l'unité du diocèse et, d'autre part, l'identité et l'autonomie cantonales.

4. Types de réglementations concordataires

Des fondements juridiques non homogènes ainsi qu'une délimitation géographique des diocèses encore inachevée constitueraient – on l'a dit – les données de départ d'une politique concordataire.

a) Solutions définitives pour les administrations apostoliques

L'accord complémentaire de 1978 concernant les deux Bâle et Schaffhouse pourrait servir de précédent pour envisager le rattachement définitif des deux Appenzell au diocèse de Saint-Gall, placés provisoirement sous l'administration de ce dernier. Quant aux cantons administrés provisoirement par le diocèse de Coire, leur situation est plus complexe: Zurich pourrait être rattaché définitivement à Coire ou former un diocèse propre, ce qui serait possible aussi bien par le biais d'un concordat que dans le cadre d'une pure mesure de réorganisation interne. La même remarque vaut en principe pour les cantons de Suisse centrale et de Glaris. Si ces derniers venaient à former un nouveau diocèse avec Lucerne, cela impliquerait une modification du concordat concernant l'évêché de Bâle.

b) Création d'un nouveau diocèse par réduction du territoire de celui de Bâle

Une telle mesure nécessiterait une modification du concordat bâlois. Quant à la création du nouveau diocèse, elle se ferait aussi par la voie du concordat. Or, dans la mesure où le contenu de ces conventions serait préétabli (il s'agit de la modification d'un concordat existant), les questions du territoire du nouveau diocèse, de l'élection de l'évêque par l'Eglise locale et de la définition du cercle électoral ecclésiastique seraient incontournables. Au nombre des autres points à négocier figureraient aussi la reconnaissance du diocèse et d'autres entités de droit ecclésiastique par le droit public des cantons, l'acceptation d'une gestion financière démocratique par les paroisses et les Eglises cantonales, la garantie pour l'Eglise d'exercer librement ses activités et la prise en considération de son rôle en matière scolaire, culturelle et sociale. Formellement parlant, deux actes juridiques seraient indispensables: l'approbation par les Etats du diocèse de Bâle de la réduction du territoire de ce dernier et l'acte de fondation d'un nouveau diocèse.

c) Nouveau découpage diocésain dans des diocèses non concordataires

Une telle possibilité est envisageable dans le diocèse de Lausanne, Genève et Fribourg. On peut douter toutefois qu'une solution par voie de concordat soit réalisable dans ce diocèse, dans la mesure où, en Suisse romande, de tels accords ne font pas partie de la tradition.

VI. Les concordats en tant que principe de politique ecclésiastique

1. Initiative et travail préparatoire

L'initiative de modifier le découpage diocésain doit émaner de la Conférence des évêques suisses, et c'est à elle de soumettre des propositions en la matière au Saint-Siège. Dans le cadre de négociations préliminaires, il y aurait lieu de mettre au point des propositions de solutions ou des variantes au sein de l'Eglise en Suisse. Celles-ci devraient porter aussi bien sur les nouvelles frontières diocésaines que sur l'élection des évêques. La position des évêques sur ces questions est un élément essentiel de la formation de l'opinion du Saint-Siège, même si la décision appartient en dernier ressort à Rome.

2. Politique concordataire des cantons

Si l'on peut présumer que les cantons concordataires actuels tiendraient à maintenir les conventions avec le Saint-Siège, en revanche, la position des autres cantons est plus difficile à évaluer. A cet égard, l'importance revêtue par les communautés religieuses aux yeux de la société civile et de l'Etat en général devrait être décisive. Fait aussi partie de la liberté religieuse la pleine reconnaissance des structures de l'Eglise universelle.

3. Dimension œcuménique

Toute politique concordataire est à considérer aussi par rapport à l'œcuménisme. Il faut non seulement diffuser des informations complètes sur la démarche elle-même, mais encore bien faire comprendre qu'un concordat a pour objet la reconnaissance par l'Etat de l'organisation de l'Eglise catholique en tant que réseau d'Eglises partielles (diocèses) et qu'Eglise universelle. Le concordat est à présenter comme une forme juridique particulière découlant de la structure spécifique de l'Eglise catholique, mais ne lui assurant pas, quant au fond, un traitement de faveur.

VII. Situation et possibilités des Eglises cantonales

Les Eglises cantonales sont des créations de l'Etat poursuivant un objectif ecclésial (partiel); elles se situent entre l'Eglise et l'Etat. Dès lors, elles ne constituent pas des partenaires contractuels, et toute ingérence directe dans les concordats leur est interdite. Elles peuvent toutefois être associées aux travaux préparatoires et aux négociations pour faire valoir dans ce cadre non seulement des préoccupations sociales et politiques mais aussi les aspirations de la base de l'Eglise.

La création de nouvelles structures ecclésiastiques aurait nécessairement des incidences financières et administratives. Dans ce domaine, les Eglises cantonales pourraient mettre à profit leur expérience. La forme de leur collaboration avec la Conférence des évêques reste encore à trouver. Il serait souhaitable de les intégrer à tous les échelons de la planification et non pas de se limiter à leur proposer de donner leur avis dans le cadre d'une consultation générale.

Les Eglises cantonales sont des partenaires de discussion qualifiés pour la formation de l'opinion dans les cantons. Au premier plan figure la promotion d'une réglementation de la liberté religieuse dans sa dimension positive au travers d'un cadre juridique incluant aussi les solutions concordataires.

SJKR/ASDE 9 (2004), S. 141-165

Rechtsprechung

Religionsrechtlich bedeutsame Entscheide des Bundesgerichts in den Jahren 2003 – 2004*

von Dieter Kraus (Luxemburg)

I. Zusammenfassende Darstellung

Nachfolgend werden im Anschluss an frühere Berichte in diesem Jahrbuch einige religionsrechtlich bedeutsame Entscheide des Bundesgerichts der vergangenen zwölf Monate (Herbst 2003 – Herbst 2004) im Überblick vorgestellt und auszugsweise abgedruckt[1].

1. BG vom 1. Dezember 2003 betr. den Ausschluss der Schüler der Freien Öffentlichen Schule Freiburg von den seitens der Stadt Freiburg für die Schüler der städtischen Schulen organisierten ausserschulischen Aktivitäten

Die Freie Öffentliche Schule Freiburg (FOSF) war ursprünglich eine Privatschule für die Minderheit der Reformierten und ist heute eine öffentlich anerkannte, von einer öffentlichrechtlichen Körperschaft (Gemeindeverband) getragene Schule. Sie wird im wesentlichen vom Kanton und 15 beteiligten Gemeinden (einschliesslich der Stadt Freiburg) finanziert

* In Fortführung von SJKR/ASDE 8 (2003), S. 145 ff.

1 Die vier im diesjährigen Bericht behandelten Bundesgerichtsentscheide betreffen die Freie Öffentliche Schule Freiburg, die disziplinarische Entlassung eines Pfarrers im Aargau, die baurechtliche Zulässigkeit des Errichtens eines riesigen beleuchteten Kreuzes, sowie das religiöse Erziehungsrecht.

und führt je eine deutschsprachige Klasse für die sechs Altersstufen der Primarschule sowie einen Kindergarten. Daneben gibt es in der FOSF – auf privater Ebene – eine französischsprachige Abteilung mit einem Kindergarten und Primarklassen, die nicht mehr mit öffentlichen Mitteln finanziert wird. Die Schule stand zunächst nur reformierten Kindern offen; im Laufe der Zeit wurden aber auch nichtreformierte Kinder, namentlich deutschsprachige katholischen Glaubens, aus den zum Schulkreis der FOSF gehörenden Gemeinden aufgenommen.

Gemäss einem Beschluss des Freiburger Staatsrates vom 3. September 1991 sollte die FOSF künftig nur noch reformierten Kindern aus dem Schulkreis der FOSF offen stehen, während für Kinder andersgläubiger Eltern aus dem Schulkreis diese Möglichkeit weitgehend aufgehoben wurde. Auf staatsrechtliche Beschwerde betroffener Eltern hin hob das Bundesgericht den genannten Staatsratsbeschluss mit Urteil vom 21. Juni 1999 auf. Es erachtete es mit der Religionsfreiheit bzw. mit dem Gebot der staatlichen Neutralität als unvereinbar, den Zugang zu einer öffentlichen Schule, selbst wenn nicht die konfessionelle Prägung des Unterrichts, sondern die Unterrichtssprache im Vordergrund stehe, von der Konfession der Kinder abhängig zu machen (BGE 125 I 347 ff.).

Der nunmehr vom Bundesgericht entschiedene Rechtsstreit betrifft den vom Freiburger Gemeinderat verfügten Ausschluss der Schüler der FOSF von den seitens der Stadt Freiburg für die Schüler der städtischen Schulen (Kindergarten- und Primarklassen) organisierten ausserschulischen Aktivitäten (kulturelle und sportliche Anlässe).

Das Verwaltungsgericht des Kantons Freiburg hatte Beschwerden betroffener Eltern gegen diesen Ausschluss abgewiesen. Die Beschränkung der Teilnahmemöglichkeit an den ausserschulischen Aktivitäten auf Schüler, die eine ordentliche öffentliche Schule besuchen, verletze nämlich den Anspruch auf Gleichbehandlung nicht.

Auch das Bundesgericht kommt dem Ergebnis, dass das Kriterium der Zugehörigkeit zu einer städtischen Schule für die Zulassung zu den seitens der Stadt Freiburg organisierten ausserschulischen Aktivitäten kein sachfremdes, unzulässiges Abgrenzungskriterium darstellt. Es weist allerdings darauf hin, dass es möglich und sachlich durchaus vertretbar sei, die Zulassung zu den betreffenden Aktivitäten nicht vom Besuch der städtischen Schule, sondern allein vom Wohnsitz der Kinder abhängig zu machen und diese Leistungen allen in der Stadt Freiburg wohnhaften Kindern der betreffenden Altersgruppe anzubieten. Ausschlaggebend für das Bundesgericht ist indes, dass – im Hinblick auf die eingesetzten personellen und zum Teil auch auf die räumlichen Mittel – ein klarer Zusammenhang der ausserschulischen Aktivitäten mit dem kommunalen Schulbetrieb besteht, so dass es legitim erscheine, dass die Stadt ihr Angebot vorab den Schülern ihrer Schulen zukommen lassen will, nicht dagegen Schülern aus Drittgemeinden oder Schülern anderer Schulen (E. 3.4).

Auf dem Hintergrund des vom Bundesgericht angelegten Prüfungsmassstabes – Vorhandensein eines vernünftigen sachlichen Grundes (vgl. E. 3.2) – war ein anderes Ergebnis wohl kaum möglich. Einer Ungleichbehandlung der hier vorliegenden Art, insbesondere auch angesichts der Finanzierung der ausserschulischen Aktivitäten durch Finanzmittel der Stadt, ist mit einem solchen Prüfungsmassstab nicht beizukommen. Immerhin merkte das Bundesgericht kritisch an: Es „liegt die Vermutung nahe, dass der bewusste Ausschluss von Schülern der FOSF seinen Grund auch in der gegebenen Konkurrenzsituation zwischen den städtischen Schulen und der FOSF findet, was allenfalls als unsachliches oder sachfremdes Motiv zu werten wäre." (E. 3.4).

Der Entscheid ist abgedruckt hinten S. 147 ff.

2. *BG vom 19. Januar 2004 betr. die disziplinarische Entlassung eines reformierten Pfarrers im Aargau*

Ein Entscheid des Bundesgerichts vom 19. Januar 2004 schliesst an einen Bundesgerichtsentscheid an, über den in diesem Jahrbuch berichtet worden ist und der den Rechtsstreit über die disziplinarische Entlassung eines reformierten Pfarrers im Aargau zum Gegenstand hat: Der Pfarrer einer aargauischen evangelisch-reformierten Kirchgemeinde wurde vom Kirchenrat der Evangelisch-Reformierten Landeskirche des Kantons Aargau (Kirchenrat) im Zuge eines Disziplinarverfahrens am 23. September/ 26. November 1999 mit sofortiger Wirkung aus dem örtlichen Kirchendienst entlassen. Die gegen diesen Beschluss ergriffenen kantonalen Rechtsmittel an die landeskirchliche Rekurskommission, an den Regierungsrat sowie an das Verwaltungsgericht des Kantons Aargau blieben ohne Erfolg. Mit Urteil vom 28. Mai 2001 wies das Bundesgericht die gegen den Entscheid des aargauischen Verwaltungsgerichts vom 9. November 2000 erhobene staatsrechtliche Beschwerde ab (Verfahren 2P.11/2001); soweit sich diese gegen den Entscheid des Regierungsrats (vom 20. September 2000) richtete, hiess das Bundesgericht die Beschwerde gut, weil die aus sieben Mitgliedern bestehende Rekurskommission nur mit sechs Mitgliedern entschieden und dadurch den verfassungsrechtlichen Anspruch auf ordnungsgemässe Besetzung der Behörde verletzt hatte (Verfahren 2P.239/2000)[2].

In der Folge hob der Regierungsrat den Entscheid der Rekurskommission auf und wies die Streitsache an diese zurück „zur neuen Beurteilung in vollständiger Besetzung“. Die Rekurskommission bestätigte am 6. August 2002 ihren ursprünglichen Entscheid. Die dagegen an den Regierungsrat gerichtete Beschwerde des Pfarrers vom 10. September 2002 wurde zuständigkeitshalber vom Personalrekursgericht des Kantons Aargau übernommen und mit Urteil vom 16. April 2003 abgewiesen.

Das Bundesgericht weist die gegen den Entscheid des Personalrekursgerichts gerichtete staatsrechtliche Beschwerde wegen Verletzung von Art. 9 und 29 BV sowie Art. 6 EMRK als offensichtlich unbegründet ab. Es stellt fest, dass die Rügen des Verstosses gegen das Prinzip der Unschuldsvermutung und der überlangen Verfahrensdauer neu und daher im bundesgerichtlichen Verfahren unzulässig sind; ergänzend führt es aus, dass dem Beschwerdeführer keineswegs der Hauptbeweis auferlegt wurde und dass das Verfahren vor dem Personalrekursgericht ohne Verzug durchgeführt wurde.

Der Entscheid ist abgedruckt hinten S. 154 ff.

3. *BG vom 21. Juni 2004 betr. das Errichten eines riesigen beleuchteten Kreuzes*

In seinem Entscheid vom 21. Juni 2004 prüft das Bundesgericht schulmässig die Behauptung einer Verletzung der Eigentumsgarantie und der Glaubens- und Gewissensfreiheit im Hinblick auf die Frage der baurechtlichen Zulässigkeit der Errichtung eines 7,38 m hohen, blau-weiss gestrichenen und nachts beleuchteten Aluminiumkreuzes im Garten eines in einem Wohngebiet gelegenen Grundstückes.

Das Bundesgericht hält fest, dass das Errichten eines religiösen Symbols auf einem Baugrundstück sowohl in den Schutzbereich der Eigentumsgarantie als auch der Glaubens- und Gewissensfreiheit fällt. Die Verweigerung der Baubewilligung ist daher nach ständiger Rechtsprechung nur zulässig, wenn sie auf einer gesetzlichen Grundlage beruht, im

2 Siehe SJKR/ASDE 6 (2001), S. 104 ff.

öffentlichen Interesse liegt, verhältnismässig ist und den Kerngehalt der Grundrechte unangetastet lässt.

Hervorzuheben ist die Aussage des Bundesgerichts, dass zu den im Rahmen der gesetzlichen Grundlage zulässigen öffentlichen Interessen auch die baurechtliche Zonenkonformität und die baurechtliche Ästhetikklausel gehören. Beide lägen nicht nur im privaten Interesse der Nachbarn, sondern und vor allem auch im öffentlichen Interesse, welches das Interesse des Grundeigentümers, sein Grundstück nach Belieben zu überbauen, regelmässig überwiegt (E. 3.5).

Dass das Aufstellen des Kreuzes als „Symbol des christlichen Glaubens", mit dem nach der Darstellung der Beschwerdeführer die Verbreitung der eigenen Glaubensansicht bezweckt wird, nicht zum absolut geschützten Kernbereich religiöser Betätigung gehört und sein Verbot damit nicht die Kerngehaltsgarantie der Glaubens- und Gewissensfreiheit verletzt, leuchtet ohne weiteres ein (E. 3.1).

Gleiches gilt für den Hinweis im Rahmen der Ausführungen zur Verhältnismässigkeit, dass das religiös motivierte Anliegen der Beschwerdeführer, mit ihrem Kreuz eine Botschaft zu übermitteln, sie nicht ohne weiteres von der Beachtung des kommunalen und kantonalen Baupolizeirechts entbindet (E. 3.6).

Der Entscheid ist abgedruckt hinten S. 158 ff.

4. BG vom 23. September 2003 betr. das religiöse Erziehungsrecht (BGE 129 III 689)

Im Entscheid des Bundesgerichts vom 23. September 2003 geht es um die Frage, ob ein Elternteil, dem die elterliche Obhut, nicht aber die elterliche Sorge entzogen worden ist, ein rechtlich geschütztes Interesse besitzt, das dazu führt, dass er bei Massnahmen betreffend die religiöse Erziehung seines Kindes materiell beschwert ist.

Während unter der alten Bundesverfassung das religiöse Erziehungsrecht der Eltern auf Verfassungsebene in Art. 49 Abs. 3 BV 1874 verankert war („Über die religiöse Erziehung der Kinder bis zum erfüllten 16. Altersjahr verfügt im Sinne vorstehender Grundsätze der Inhaber der väterlichen oder vormundschaftlichen Gewalt"), weist die neue Bundesverfassung keine entsprechende Vorschrift auf. Damit ist das religiöse Erziehungsrecht positivrechtlich nur mehr im ZGB (Art. 303 ZGB) geregelt, so dass sich die Frage stellt, welche Auswirkungen sich hieraus auf die elterliche Stellung im Verfahren der staatsrechtlichen Beschwerde ergeben.

Das Bundesgericht kommt zu dem Ergebnis, dass das religiöse Erziehungsrecht ein Bestandteil der Glaubens- und Gewissensfreiheit ist und damit ein Elternteil ein grundrechtlich geschütztes Interesse hat, das ihm erlaubt, auch dann, wenn ihm die elterliche Obhut, nicht aber die elterliche Sorge entzogen worden ist, ein Rechtsmittel einzulegen, mit dem er unter Hinweis auf seine Verfügungsberechtigung über die religiöse Erziehung seiner Kinder das einem Dritten eingeräumte Recht auf persönlichen Verkehr mit diesen anficht (E. 1.2).

In der Literatur wurde im Anschluss an diesen Entscheid die Frage aufgeworfen, ob Art. 303 ZGB zu einem Bestandteil der Verfassung im materiellen Sinne geworden ist, so dass nicht mehr der gewöhnliche Gesetzgeber, sondern der Verfassungsgeber für eine allfällige Änderung oder Abschaffung von Art. 303 ZGB zuständig wäre. Diese Konsequenz wird aber für zu weitgehend gehalten, da Art. 49 aBV mit der Absicht aus der Bundesverfassung gestrichen wurde, die Modalitäten der Grundrechtsmündigkeit in Glaubensfragen dem Gesetzgeber bzw. der Rechtsanwendung zu überlassen[3].

In der Tat wäre es mit der Vorstellung von der „Nachführung der Bundesverfassung“ kaum vereinbar, aus der Nichtübernahme des Art. 49 Abs. 3 aBV in die neue BV zu schliessen, dass damit das religiöse Erziehungsrecht seinen Charakter als Bestandteil der Religionsfreiheit verloren hat. Wenn das religiöse Erziehungsrecht folglich im Grundsatz weiterhin Verfassungsrang besitzt (und zwar dauerhaft), so können unter der neuen BV die Einzelheiten wie auch sonst im Verhältnis von Verfassungsrecht zu Gesetzesrecht ohne Einschaltung des Verfassungsgebers geregelt werden, d.h. insbesondere Aspekte, welche die Festlegung der Altergrenze für die Religionsmündigkeit durch den Gesetzgeber oder die Konkretisierung der Modalitäten der Ausübung der religiösen Erziehung durch die Rechtsanwendung betreffen.

Der Entscheid ist abgedruckt hinten S. 163 ff.

3 *Andreas Kley*, Die staatsrechtliche Rechtsprechung des Bundesgerichts in den Jahren 2003 und 2004, in: ZBJV 140 (2004), S. 658.

II. Entscheid des Bundesgerichts vom 1. Dezember 2003 i.S. X. und Y. bzw. Z. gegen Gemeinderat der Stadt Freiburg, Oberamtmann des Saanebezirks und Verwaltungsgericht des Kantons Freiburg (staatsrechtliche Beschwerden) (2P.54/2003 und 2P.56/2003)

Art. 8 BV; Ausschluss der Schüler der Freien Öffentlichen Schule Freiburg (FOSF) von den seitens der Stadt Freiburg für die Schüler der städtischen Schulen organisierten ausserschulischen Aktivitäten.

Sachverhalt:

Die der katholischen Konfession angehörenden Eltern X. und Y. beantragten im Oktober 1998, ihren Sohn A. (geb. 1993) in die Freie Öffentliche Schule Freiburg (FOSF) einzuschulen. Gegen den abschlägigen Bescheid des Schulinspektors erhoben sie erfolglos sämtliche kantonalen Rechtsmittel und gelangten schliesslich mit staatsrechtlicher Beschwerde an das Bundesgericht. Gestützt auf eine vorsorgliche präsidiale Massnahme konnte A. ab August 1999 in die FOSF eintreten, wo er im Einverständnis mit den Schulbehörden in der Folge verbleiben konnte. Die staatsrechtliche Beschwerde wurde im Nachgang zum Urteil des Bundesgerichts vom 21. Juni 1999 (BGE 125 I 347 ff.) zurückgezogen[4].

Ebenfalls im Oktober 1998 hatte Z. (selber Katholikin) – vorerst erfolglos – die Einschulung ihrer Tochter B. in die FOSF verlangt. Nach erneut gestelltem Antrag stimmten die Schulbehörden im August 1999 der beabsichtigten Einschulung von B. schliesslich zu.

Mit Schreiben vom 1. September 1999 teilte der Gemeinderat der Stadt Freiburg den Eltern X. und Y. mit, dass er die Schulkosten der FOSF nicht übernehmen werde, da der Sohn katholischer Konfession sei. Darüber hinaus hielt der Gemeinderat fest, dass A. auch nicht an den von der Stadt Freiburg organisierten ausserschulischen Aktivitäten (kulturelle und sportliche Anlässe) teilnehmen könne. Ein gleichlautendes Schreiben richtete der Gemeinderat am selben Tag auch an Z. (betreffend ihre Tochter B.). Mit zwei separat eröffneten Beschlüssen vom 24. Mai 2000 hielt der Gemeinderat an seiner Auffassung fest.

4 Siehe vorne S. 142.

Die von den Eltern X. und Y. und von Z. gegen diese Beschlüsse erhobenen Beschwerden wies der Oberamtmann des Saanebezirks mit zwei im Wesentlichen gleichlautenden Entscheiden vom 18. Juli 2001 ab.

Das Verwaltungsgericht des Kantons Freiburg hiess die gegen die Entscheide des Oberamtmanns erhobenen Beschwerden mit Urteilen vom 22. Januar 2003 (Nr. 1A 01 60 und Nr. 1A 01 77) insoweit teilweise gut, als es die Verpflichtung der Eltern, die Kosten der Einschulung ihrer Kinder in die FOSF selber zu tragen, aufhob; bezüglich des Ausschlusses von den ausserschulischen Angeboten der Stadt Freiburg wies es die Beschwerden ab.

Gemäss den vom Verwaltungsgericht getroffenen Sachverhaltsfeststellungen sind unter den an der FOSF beteiligten Gemeinden Verhandlungen über eine Neuorganisation der Schule (Bildung einer deutschsprachigen Regionalschule) im Gang, doch will sich die Stadt Freiburg daran nicht beteiligen (bzw. aus dem Gemeindeverband der FOSF austreten), weil sie ihre städtischen Quartierschulen als für die in Freiburg wohnenden deutschsprachigen Primarschüler genügend erachtet; sie lässt grundsätzlich keine neuen Schüler mehr in die FOSF eintreten.

Inzwischen hat auch der Kanton Freiburg die freien öffentlichen Schulen auf eine neue Grundlage gestellt. Am 8. Mai 2003 verabschiedete der Grosse Rat gestützt auf die Botschaft des Staatsrates vom 28. Januar 2003 (vgl. dort S. 7 zum Stand der Verhandlungen unter den an der FOSF beteiligten Gemeinden) ein neues Gesetz über die Freien öffentlichen Schulen, das am 1. Januar 2004 in Kraft treten wird[5].

Nach den Art. 3 Abs. 2 und 3 dieses Gesetzes kann eine Gemeinde frühestens zwei Jahre nach einer entsprechenden Ankündigung aus dem Schulkreis einer Freien öffentlichen Schule austreten. Der Staatsrat ge-

5 Bisherige Rechtslage: Am 17. Mai 1884 hatte der Kanton Freiburg ein Gesetz über das Primarschulwesen erlassen. Nach den Art. 115-119 dieses Gesetzes waren nebst den öffentlichen Schulen, welche jede Gemeinde unterhalten musste, auch freie Schulen zulässig; diese konnten unter bestimmten Voraussetzungen mit Genehmigung des Staatsrates den Status einer öffentlichen Schule erhalten. Mit Gesetz vom 10. Mai 1972 über das Statut der freien Schulen und der freien öffentlichen Schulen wurden die Art. 115-119 des Gesetzes von 1884 durch neue Art. 115-119quater ersetzt, welche später durch Gesetz vom 19. November 1975 geändert wurden. Der Status der freien öffentlichen Schulen ist seither in diesen revidierten Artikeln (116 bis 119quater) des Gesetzes über das Primarschulwesen geregelt.

nehmigt in diesem Fall den Austrittsentscheid und ändert das Gebiet des freien öffentlichen Schulkreises.

Was die Schulkosten betrifft, führte das Verwaltungsgericht in seinen Entscheiden vom 22. Januar 2003 aus, gemäss dem anwendbaren Schulgesetz vom 23. Mai 1985 hätten die Kinder die Schule des Schulkreises, dem ihr Wohnsitzort angehöre, zu besuchen. Der Besuch einer Schule eines anderen Schulkreises könne vom Schulinspektor bewilligt oder angeordnet werden, wenn sprachliche Gründe oder sonstige besondere Umstände dies rechtfertigten, wobei im ersten Fall die Wohnsitzgemeinde über die allfällige Unentgeltlichkeit zu befinden habe (Art. 10 und 11 SchulG). Bisher sei der Zugang zur FOSF von der Konfession und von der Zugehörigkeit zum Schulkreis abhängig gewesen. Aufgrund des Bundesgerichtsentscheides vom 21. Juni 1999 bleibe nur noch das Kriterium der Territorialität, und der Status der FOSF sei nicht mehr geregelt. Dies könne aber nicht bedeuten, dass die deutschsprachigen Kinder der Stadt Freiburg nunmehr einen generellen Anspruch auf unentgeltlichen Besuch der Schule ihrer Wahl hätten. Es stünden ihnen in der Stadt Freiburg ordentliche öffentliche Primarschulen zur Verfügung, weshalb die städtischen Schulbehörden die Möglichkeit haben müssten, die Kinder im Sinne einer ökonomischen Planung nach sachlichen Kriterien einer bestimmten Schule zuzuweisen. Damit hätten auch die Kinder der Beschwerdeführer keinen Anspruch auf Besuch der FOSF. Da ihnen in den städtischen Quartierschulen ein genügender und zumutbarer Unterricht zur Verfügung gestanden hätte, könnten nicht sprachliche Gründe zum Schulkreiswechsel geführt haben. Wenn ein solcher trotzdem erlaubt worden sei, müsse dies aus anderen triftigen Gründen geschehen sein. Damit fehle es aber an der in Art. 11 SchulG vorgesehenen Möglichkeit, den Eltern die Schulkosten aufzuerlegen. Zudem verstiesse eine andere Lösung gegen das Gebot der Rechtsgleichheit, indem reformierte Schüler die FOSF unentgeltlich besuchen könnten, die katholischen dagegen nicht. Wie es sich nach einem rechtsgültigen Austritt der Stadt Freiburg aus dem Schulkreis der FOSF verhalten werde, sei vorliegend nicht zu prüfen.

Zur Frage des Zugangs zu den ausserschulischen Aktivitäten führte das Verwaltungsgericht aus, die Gemeinden seien im Rahmen ihrer Autonomie frei, das Schuljahr zu organisieren (Art. 54 Abs. 2 lit. f SchulG). Dabei hätten sie die Vorschriften des Bundes und des Kantons zu berücksichtigen. Es stehe der Gemeinde als Schulträgerin aber frei, den Schülern ausserhalb und innerhalb der Schule den fakultativen Besuch von

Tätigkeiten, die nicht mehr dem eigentlichen, obligatorisch zu vermittelnden Schulstoff zusammenhingen, zu ermöglichen. Dazu gehörten etwa die Teilnahme an Lagern, an fakultativen Fächern (wie Musik- und Gesangsunterricht), Nachhilfeunterricht, Schülerverpflegung und anderes mehr. Die von der Stadt Freiburg seit mehreren Jahren durchgeführten ausserschulischen kulturellen und sportlichen Anlässe seien für die Schüler der Kindergarten- und Primarklassen der Stadt bestimmt. Aus dem Schulreglement der Stadt gehe hervor, dass sich dieses Angebot nur an die Schüler der städtischen Schulen richte. Gesetzliche Vorschriften, welche die Stadt zu weiter gehenden Leistungen verpflichten würden, bestünden nicht. Zwar sei die Stadt auch Mitglied des Schulkreises der FOSF, doch habe es immer ihrer Absicht entsprochen, die Schüler der FOSF (wie übrigens auch jene der Privatschulen), von der Teilnahme an ihren ausserschulischen Anlässen auszuschliessen. Nur Kinder, die eine ordentliche öffentliche Schule besuchten, könnten hievon Gebrauch machen. Damit entfalle eine Verletzung des Anspruches auf Gleichbehandlung. Dass die Kosten der Schulen in der Stadt Freiburg u.a. auch durch Steuergelder finanziert würden, ändere nichts.

X. und Y. sowie Z. führen mit Eingaben vom 25. und 26. Februar 2003 je staatsrechtliche Beschwerde beim Bundesgericht mit den Anträgen, die Urteile 1A 01 60 und 1A 01 77 vom 22. Januar 2003 des Verwaltungsgerichts des Kantons Freiburg insoweit aufzuheben, als die kantonalen Beschwerden nicht gutgeheissen worden seien; sodann sei ihren Kindern die Teilnahme an ausserschulischen Aktivitäten der Stadt Freiburg zu gestatten.

Aus den Erwägungen:

2.3 Die Beschwerdeführer führen in eigenem Namen staatsrechtliche Beschwerde in der Annahme, dass auch sie durch den Ausschluss ihres Sohnes bzw. ihrer Tochter von den ausserschulischen Aktivitäten in gleicher Weise mitbetroffen seien. Das lag ohne weiteres auf der Hand, was die – jetzt nicht mehr streitige – Schulgeldpflicht anbelangte. Ob die Nichtzulassung der Kinder zu den betreffenden Freizeitbeschäftigungen direkt auch die Rechtsstellung der Eltern berührt, erscheint eher fraglich, kann aber offen bleiben, da die Beschwerden ohne Zwang als auch im Namen der Kinder erhoben entgegenzunehmen wären.

Im Übrigen ist die Legitimation nach Art. 88 OG zu bejahen. Zwar richten sich die staatsrechtlichen Beschwerden gegen einen Akt der Rechtsanwendung, womit die Rüge der Willkür oder der rechtsungleichen Behandlung, soweit sie sich auf die Gesetzesauslegung bezieht, nur zulässig ist, wenn die betreffende Vorschrift dem Beschwerdeführer einen Rechtsanspruch oder ein rechtlich geschütztes Interesse einräumt (vgl. E. 2.2). Vorliegend wird aber nicht die Rechtsanwendung als solche, sondern in Wirklichkeit – vorfrageweise – der Inhalt der zur Anwendung gebrachten Schulreglemente bzw. der durch die Praxis der Schulbehörden geschaffene Rechtszustand als gleichheitswidrig beanstandet, wozu sich die Legitimation unmittelbar aus Art. 8 BV ergibt (vgl. Walter Kälin, Das Verfahren der staatsrechtlichen Beschwerde, 2. Auflage, Bern 1994, S. 238 und S. 241).

2.4 Die staatsrechtliche Beschwerde ist, von hier nicht zutreffenden Ausnahmen abgesehen, rein kassatorischer Natur (BGE 126 II 377 E. 8c S. 395, mit Hinweisen). Soweit die Beschwerdeführer mehr verlangen als die Aufhebung der angefochtenen Entscheide, kann auf die Beschwerden nicht eingetreten werden.

3. 3.1 Die Beschwerdeführer rügen mit ihren staatsrechtlichen Beschwerden eine Verletzung des Gleichbehandlungsgebotes (Art. 8 Abs. 1 BV). Sie halten der Argumentation des Verwaltungsgerichts entgegen, es gehe um die Teilnahmemöglichkeit an ausserschulischen Aktivitäten, die mit den Schulen nur noch den Namen gemeinsam hätten, ansonsten aber völlig unabhängig vom Schulbetrieb durch die Gemeindebehörden organisiert würden; es handle sich um Leistungen der Stadt Freiburg an die schulpflichtigen Kinder, bei denen der Gleichheitssatz zu beachten sei. Die Art der besuchten Schule könnte als Kriterium für den Zugang zu den betreffenden Freizeitaktivitäten nur dann in Betracht kommen, wenn diese Aktivitäten in einem engen oder gar untrennbaren Zusammenhang mit dem Schulalltag stünden, wie dies etwa bei durch die Schulen organisierten sportlichen Wettkämpfen an schulfreien Tagen in der Woche der Fall sei. Das treffe für die hier in Frage stehenden Freizeitangebote aber gerade nicht zu. Die Bestimmung der Leistungsberechtigten erfolge damit nach einem sachfremden Kriterium, das mit der erbrachten Leistung in keinem Zusammenhang stehe. Zulässig wäre dagegen etwa das Abstellen auf das Kriterium des Wohnsitzes. Dass das fragliche Leistungsangebot in einem Schulreglement enthalten sei, vermöge am Gesagten nichts zu ändern. Unerheblich sei auch, dass die Beschwerdeführer beim Ent-

scheid, ihr Kind in der FOSF einzuschulen, vom beanstandeten Zustand Kenntnis gehabt hätten.

3.2 Das Rechtsgleichheitsgebot (Art. 8 BV, Art. 4 aBV) und das eng mit diesem verbundene Willkürverbot (Art. 9 BV) gelten auch gegenüber den rechtsetzenden Erlassen. Ein Erlass verstösst gegen das Willkürverbot, wenn er sich nicht auf ernsthafte sachliche Gründe stützen lässt oder sinn- und zwecklos ist; er verletzt das Gebot der Rechtsgleichheit, wenn er rechtliche Unterscheidungen trifft, für die ein vernünftiger sachlicher Grund in den zu regelnden Verhältnissen nicht ersichtlich ist, oder Unterscheidungen unterlässt, die sich aufgrund der Verhältnisse aufdrängen. Die Rechtsgleichheit ist insbesondere verletzt, wenn Gleiches nicht nach Massgabe seiner Gleichheit gleich oder Ungleiches nicht nach Massgabe seiner Ungleichheit ungleich behandelt wird; vorausgesetzt ist, dass sich die ungerechtfertigte Gleich- bzw. Ungleichbehandlung auf eine wesentliche Tatsache bezieht. Dem Gesetzgeber verbleibt im Rahmen dieser Grundsätze ein weiter Spielraum der Gestaltungsfreiheit (BGE 110 Ia 7 E. 2b S. 13 f.; 121 I 102 E. 4a S. 104; 127 I 185 E. 5 S. 192; 129 I 1 E. 3 S. 3).

3.3 Das Schulgesetz des Kantons Freiburg überlässt es gemäss unbestrittener Darstellung des Verwaltungsgerichts den Gemeinden, ob und in welchem Masse sie das obligatorische Schulprogramm durch fakultative Betätigungsmöglichkeiten ergänzen wollen (Art. 54 Abs. 2 lit. f i.V.m. Art. 59 SchulG, vgl. angefochtene Entscheide S. 13 bzw. S. 11/12, zu den Befugnissen der Gemeinden Herbert Plotke, Schweizerisches Schulrecht, Bern und Stuttgart 1979, S. 102/103).

Die Stadt Freiburg hat von diesen Befugnissen Gebrauch gemacht. Die von ihr herausgegebenen Broschüren über die offerierten sportlichen und kulturellen Betätigungsmöglichkeiten richten sich ausdrücklich und ausschliesslich an die Eltern bzw. die Schüler der „offiziellen“ Kindergarten- und Primarklassen der Stadt Freiburg:

> „Liebe Eltern, liebe Kinder
>
> Seit 1986 bietet die Schuldirektion, als einzige Stadt der Westschweiz, den Kindern der offiziellen Primarklassen der Stadt Freiburg die Möglichkeit, sich in zahlreichen ausserschulischen kulturellen Aktivitäten einzuschreiben“
>
> (Broschüre über das ausserschulische kulturelle Angebot, Titelseite)
>
> bzw.
>
> „An alle Schüler der offiziellen deutschsprachigen Kindergarten- und Primarklassen der Stadt Freiburg“
>
> (Broschüre über den freiwilligen Schulsport, Titelseite)

Die Sportveranstaltungen werden durch Sportlehrer der städtischen Schulen durchgeführt; die Anmeldungen sind beim jeweiligen Klassenlehrer einzureichen. Entsprechendes gilt für die offerierten kulturellen Aktivitäten, welche offenbar zum Teil in Räumlichkeiten der städtischen Schulen stattfinden. Der formelle Zusammenhang mit der städtischen Schule kommt auch darin zum Ausdruck, dass die Rechtsgrundlage für diese Aktivitäten im kommunalen Schulreglement enthalten ist (vgl. Réglement des écoles enfantines et primaires de la Ville de Fribourg du 22 mars 1993, Art. 8, 9, 10 und 13).

Dies genügt nach Auffassung der Schulbehörden und des Verwaltungsgerichts, um die Schüler, die nicht die städtischen Schulen besuchen, von den ausserschulischen Aktivitäten auszuschliessen.

3.4 Wohl wäre es möglich und sachlich durchaus vertretbar, die Zugänglichkeit zu den betreffenden Aktivitäten nicht vom Besuch der städtischen Schule, sondern allein vom Wohnsitz der Kinder abhängig zu machen und diese Leistungen allen in der Stadt Freiburg wohnhaften Kindern der betreffenden Altersgruppe anzubieten. Aber es besteht nach dem Gesagten, was die eingesetzten personellen und zum Teil auch die räumlichen Mittel anbelangt, ein klarer Zusammenhang mit dem kommunalen Schulbetrieb. Es erscheint insofern legitim, dass die Stadt ihr Angebot vorab den Schülern ihrer Schulen zukommen lassen will, nicht dagegen Schülern aus Drittgemeinden oder Schülern anderer Schulen. Diese Priorität rechtfertigt sich ohne weiteres, soweit die Kapazität der offerierten Kurse beschränkt ist und nur ein Teil der interessierten Kinder hiefür zugelassen werden kann. Doch auch soweit solche Schranken nicht bestehen, kann nicht gesagt werden, dass die vorgenommene Abgrenzung jeder vernünftigen sachlichen Begründung entbehre. Die offerierten Leistungen sind für die Gemeinde mit finanziellen Aufwendungen verbunden, was eine Beschränkung des Benützerkreises rechtfertigt und notwendig macht.

Zwar liegt die Vermutung nahe, dass der bewusste Ausschluss von Schülern der FOSF seinen Grund auch in der gegebenen Konkurrenzsituation zwischen den städtischen Schulen und der FOSF findet, was allenfalls als unsachliches oder sachfremdes Motiv zu werten wäre. Es könnte zudem ein gewisser Widerspruch darin erblickt werden, dass die Stadt Freiburg einerseits aufgrund ihrer bisherigen Zugehörigkeit zum Schulkreis der FOSF den Besuch dieser Schule durch in der Stadt wohnhafte Kinder unter gewissen Voraussetzungen zugelassen und hiefür entsprechende Schulkosten übernommen hat (bzw. im Falle der Kinder der Beschwerdeführer aufgrund der angefochtenen Urteile übernehmen muss), andererseits aber diese Gruppe von Schülern wie Kinder aus Drittgemeinden behandelt, indem sie sie von den allgemeinen ausserschulischen Aktivitäten ausschliesst, obwohl sie durch ihren Wohnsitz und in räumlicher Beziehung ebenfalls zur Gemeinde gehören. Dass die beanstandete Abgrenzung unter diesem Gesichtswinkel, d.h. im Hinblick auf die (noch) bestehenden rechtlichen Bindungen zwischen der Stadt Freiburg und der FOSF, gegen Verfassungsrecht verstosse, wird in den vorliegenden staatsrechtlichen Beschwerden indessen nicht geltend gemacht, weshalb diese Frage vom Bundesgericht nicht weiter zu verfolgen ist (Art. 90 Abs. 1 lit. b OG, vgl. E. 2.4). Die Verletzung des Gleichheitssatzes wird einzig darin erblickt, dass die Zugehörigkeit zur städtischen Schule für die Zulassung zu den ausserschulischen Aktivitäten mangels hinreichender Beziehung zum Schulbetrieb ein sachfremdes, unzulässiges Abgrenzungskriterium darstelle, was nach dem Gesagten nicht zutrifft.

4. Die staatsrechtlichen Beschwerden erweisen sich damit als unbegründet und sind abzuweisen, soweit darauf eingetreten werden kann.

III. Entscheid des Bundesgerichts vom 19. Januar 2004 i.S. A. gegen Kirchenrat der Ev.-Ref. Landeskirche des Kantons Aargau, Rekurskommission der Ev.-Ref. Landeskirche des Kantons Aargau, Regierungsrat des Kantons Aargau, Personalrekursgericht des Kantons Aargau (staatsrechtliche Beschwerde) (2P.146/2003)

Art. 9 und Art. 29 BV; Art. 6 EMRK. Disziplinarische Entlassung eines Pfarrers der ev.-ref. Landeskirche des Kantons Aargau.

Sachverhalt:

A., Pfarrer der Kirchgemeinde X., wurde vom Kirchenrat der Evangelisch-Reformierten Landeskirche des Kantons Aargau (Kirchenrat) im Zuge eines Disziplinarverfahrens am 23. September/26. November 1999 mit sofortiger Wirkung aus dem örtlichen Kirchendienst entlassen. Die gegen diesen Beschluss ergriffenen kantonalen Rechtsmittel an die Rekurskommission der Evangelisch-Reformierten Landeskirche des Kantons Aargau (Rekurskommission), an den Regierungsrat sowie an das Verwaltungsgericht des Kantons Aargau blieben ohne Erfolg. Mit Urteil vom 28. Mai 2001 wies das Bundesgericht die gegen den Entscheid des aargauischen Verwaltungsgerichts (vom 9. November 2000) erhobene staatsrechtliche Beschwerde ab (Verfahren 2P.11/2001); soweit sich diese gegen den Entscheid des Regierungsrats (vom 20. September 2000) richtete, hiess das Bundesgericht die Beschwerde gut, weil die aus sieben Mitgliedern bestehende Rekurskommission nur mit sechs Mitgliedern entschieden und dadurch den verfassungsrechtlichen Anspruch auf ordnungsgemässe Besetzung der Behörde verletzt hatte (Verfahren 2P.239/2000).

In der Folge hob der Regierungsrat den betreffenden Entscheid der Rekurskommission auf und wies die Streitsache an diese zurück „zur neuen Beurteilung in vollständiger Besetzung". Die Rekurskommission bestätigte am 6. August 2002 ihren ursprünglichen Entscheid. A. gelangte hiergegen wiederum mit Beschwerde vom 10. September 2002 an den Regierungsrat. Die Beschwerde wurde zuständigkeitshalber vom Personalrekursgericht des Kantons Aargau übernommen und mit Urteil vom 16. April 2003 abgewiesen.

A. hat gegen den Entscheid des Personalrekursgerichts am 30. Mai 2003 staatsrechtliche Beschwerde wegen Verletzung von Art. 9 und 29 BV sowie Art. 6 EMRK erhoben.

Aus den Erwägungen:

2. Die Beschwerdeschrift muss die wesentlichen Tatsachen und eine kurz gefasste Darlegung darüber enthalten, welche verfassungsmässigen Rechte bzw. welche Rechtssätze inwiefern durch den angefochtenen Entscheid verletzt worden sind (Art. 90 Abs. 1 lit. b OG; zur Begründungspflicht im Einzelnen vgl. BGE 110 Ia 1 E. 2a S. 3 f.; 107 Ia 186, je mit Hinweisen; BGE 129 I 113 E. 2 S. 120 mit Hinweisen).

Mit staatsrechtlicher Beschwerde gegen einen letztinstanzlichen kantonalen Entscheid dürfen grundsätzlich weder neue rechtliche oder tatsächliche Einwände erhoben noch neue Beweismittel vorgebracht werden (BGE 108 II 69 E. 1; 107 Ia 187 E. 2, je mit Hinweisen; zu den Voraussetzungen, unter denen Nova ausnahmsweise zugelassen werden können vgl. BGE 128 I 354 E. 6c S. 357 f. mit Hinweisen). Wer vor der letzten kantonalen Instanz eine Rüge, die den Gang des Verfahrens betrifft, nicht vorbringt, kann sie vor Bundesgericht nicht mehr erheben (BGE 117 Ia 491 E. 2a; 522 E. 3a mit Hinweisen).

Soweit die vorliegende Beschwerde den Begründungsanforderungen nicht genügt und soweit unzulässige Nova vorgebracht werden, ist darauf nicht einzutreten.

3. 3.1 Der Beschwerdeführer macht geltend, die Rekurskommission habe ihm den unmöglich zu erbringenden Gegenbeweis dafür auferlegt, dass er sich nichts habe zu Schulden kommen lassen. Er wirft dem Personalrekursgericht vor, es habe sich weder mit der Frage auseinandergesetzt, ob die Verfahrensgarantien von Art. 6 EMRK in einem Disziplinarverfahren überhaupt zur Anwendung gelangen, noch habe es die Frage geprüft, ob im vorliegenden Fall gegen das Prinzip der Unschuldsvermutung verstossen worden sei.

Das Personalrekursgericht führt in der Vernehmlassung (vom 3. Juli 2003) aus, die vorgetragene Argumentation sei neu und für das Gericht nicht ersichtlich gewesen. In der Tat hatte der Beschwerdeführer in der Beschwerde vom 10. September 2002 an den Regierungsrat (die in der Folge an das Personalrekursgericht weitergeleitet wurde) die Rüge der Verletzung von Art. 6 Ziff. 2 EMRK in der nunmehr erhobenen Form nicht vorgebracht. Die Rüge ist somit neu und daher unzulässig. Brauchte sich aber das Personalrekursgericht damit nicht zu befassen, so ist auch den in diesem Zusammenhang erhobenen Vorwürfen der Willkür (Art. 9 BV) und der mangelhaften Begründung (Art. 29 Abs. 2 BV) der Boden entzogen. Zudem gilt der Grundsatz der Unschuldsvermutung nur im Straf-, nicht auch im Disziplinarverfahren (vgl. Urteil 2P.119/1995 vom 18. Dezember 1995, E. 6a). In der Sache trifft es nicht zu, dass dem Beschwerdeführer im streitigen Punkt der Hauptbeweis auferlegt worden wäre: Der in der Beschwerdeschrift zitierte Passus aus dem Rekursentscheid, wonach es dem Rekurrenten nicht gelungen sei, „die Kernaussagen der betroffenen Frauen […] zu entkräften“, muss – im Zusammenhang gelesen – so verstanden werden, dass die Rekurskommission die Aussagen der betreffenden Frauen grundsätzlich für glaubwürdig und den Gegenbeweis durch den Beschwerdeführer für misslungen hielt (vgl. dazu BGE 120 II 393 E. 4b S. 397). Im Übrigen waren jene Aussagen für die Rekurskommission gar nicht entscheidend, da sie nur schon den Fall K. als derart gravierend erachtete, dass er für sich allein die sofortige Entlassung des Beschwerdeführers gerechtfertigt hätte (vgl. Rekursentscheid vom 6. August 2002, S. 17).

3.2 Der Beschwerdeführer rügt ferner, bis zum angefochtenen Urteil seien vier Jahre vergangen. Eine solche Verfahrensdauer erscheine unter den gegebenen Umständen nicht mehr tolerierbar und verletze Art. 6 EMRK.

Was der Beschwerdeführer zur Begründung seiner Rüge vorbringt, war bereits im Zeitpunkt des angefochtenen Urteils bekannt. Er hat indessen eine Verletzung von Art. 6 Ziff. 1 EMRK wegen überlanger Verfahrensdauer im kantonalen Verfahren nicht gerügt und in seiner Beschwerde vom 10. September 2002 auch sonstwie nicht behauptet, das Verfahren habe zu lange gedauert. Das Verfahren vor dem Personalrekursgericht seinerseits wurde ohne Verzug durchgeführt, wie in der Vernehmlassung datenmässig nachgewiesen wird. Die Rüge der Verletzung des Beschleunigungsgebotes in der staatsrechtlichen Beschwerde ist neu und als solche unzulässig. Im Übrigen ist nicht erkennbar, was der Beschwerdeführer aus der behaupteten zu langen Verfahrensdauer zu seinen Gunsten ableiten will. Bei dieser Sachlage kann offen bleiben, ob es sich bei der disziplinarischen Entlassung eines Pfarrers um eine Streitigkeit über zivilrechtliche Ansprüche im Sinn von Art. 6 Ziff. 1 EMRK handelt (vgl. BGE 126 I 33 E. 2b).

4. Die staatsrechtliche Beschwerde erweist sich als offensichtlich unbegründet und ist deshalb im vereinfachten Verfahren gemäss Art. 36a OG mit summarischer Begründung abzuweisen (Abs. 3), soweit darauf eingetreten wird. Die bundesgerichtlichen Kosten werden dem Beschwerdeführer auferlegt (Art. 153, 153a und 156 OG). Dem nicht anwaltlich vertretenen Kirchenrat wird praxisgemäss keine Parteientschädigung zugesprochen (Art. 159 OG).

IV. Entscheid des Bundesgerichts vom 21. Juni 2004 i.S. X./Y. gegen A. u.a., Baukommission der Einwohnergemeinde Gerlafingen/SO, Bau- und Justizdepartement des Kantons Solothurn, Verwaltungsgericht des Kantons Solothurn (staatsrechtliche Beschwerde) (1P 149/2004)

Art. 9, 15, 26, 29 BV; Art. 9 EMRK. Errichten eines riesigen beleuchteten Kreuzes; baurechtliche Zonenkonformität und baurechtliche Ästhetikklausel als zulässige öffentliche Interessen im Rahmen der gesetzlichen Grundlage.

Sachverhalt:

Die Beschwerdeführer bewohnen eine mit einem Einfamilienhaus überbaute Liegenschaft in Gerlafingen/SO. Ende 2002 errichteten sie in ihrem Garten ein 7,38 m hohes, blau-weiss gestrichenes Aluminiumkreuz, welches nachts beleuchtet wird. Das nach Aufforderung der Baukommission Gerlafingen am 19. Februar 2003 eingereichte nachträgliche Baugesuch für das Kreuz umschrieb dessen Zweckbestimmung mit „Symbol des Christentums". Die Baukommission Gerlafingen trat mit Entscheid vom 13. Juni 2003 auf die Einsprachen von vier Nachbarn (A. u.a.) teilweise ein, hiess sie teilweise gut und verfügte:

> „3. Für das Baugesuch 03/0010 wird keine nachträgliche Baubewilligung erteilt. Das ohne Baubewilligung erstellte beleuchtete Kreuz ist abzubrechen und der ursprüngliche Zustand ist wieder herzustellen. Dafür wird eine Frist bis am 30. September 2003 gesetzt.
>
> 4. Im Unterlassungsfall wird der Vorsteher des Oberamtes mit der Durchsetzung beauftragt."

Das Bau- und Justizdepartement des Kantons Solothurn wies die Beschwerde gegen diese Verfügung der Baukommission am 24. Oktober 2003 ab und setzte den Beschwerdeführern bis zum 16. Januar 2004 Frist, das Kreuz zu beseitigen.

Das Verwaltungsgericht des Kantons Solothurn wies die Beschwerde von gegen diese Verfügung des Bau- und Justizdepartements am 30. Januar 2004 ab und setzte ihnen Frist bis zum 1. Juni 2004, das Kreuz zu beseitigen.

Mit staatsrechtlicher Beschwerde vom 4. März 2004 wegen Verletzung der Eigentumsgarantie (Art. 26 BV), der Glaubens- und Gewissensfreiheit (Art. 15 BV, Art. 9 EMRK), des Willkürverbotes (Art. 9 BV) sowie von Verfahrensgarantien im Sinne von Art. 29 BV beantragten die Beschwerdeführer, diesen Entscheid des Verwaltungsgerichts aufzuheben.

Aus den Erwägungen:

2. Die Beschwerdeführer werfen dem Verwaltungsgericht eine Verletzung der Eigentumsgarantie und der Glaubens- und Gewissensfreiheit vor. Die Einschränkungen dieser Grundrechte setze eine gesetzliche Grundlage voraus, welche fehle, da die Errichtung ihres Kreuzes nicht baubewilligungspflichtig sei. Selbst wenn aber das kantonale und kommunale Baupolizeirecht eine genügende gesetzliche Grundlage für die Beschränkung der beiden Grundrechte darstelle, so sei die Verweigerung der Baubewilligung für das Kreuz jedenfalls unverhältnismässig und liege nicht im überwiegenden öffentlichen Interesse, sondern höchstens im Privatinteresse der Beschwerdegegner. Das Verwaltungsgericht habe bei der Sachverhaltsfeststellung zudem das Willkürverbot verletzt, indem es das Kreuz als aufdringlich und dominierend beurteilt habe, währenddem es in Wirklichkeit in Tannen, Bäume und Sträucher eingebunden sei. Schliesslich habe es seine Begründungspflicht verletzt, indem seinem Entscheid nicht zu entnehmen sei, weshalb das Kreuz unter dem Gesichtspunkt der Ästhetikklausel nicht bewilligungsfähig sei.

2.1 Das Errichten eines religiösen Symbols auf dem Grundstück der Beschwerdeführer fällt sowohl in den Schutzbereich der Eigentumsgarantie als auch der Glaubens- und Gewissensfreiheit. Dessen Verbot ist daher nur zulässig, wenn es auf einer gesetzlichen Grundlage beruht, im öffentlichen Interesse liegt, verhältnismässig ist und den Kerngehalt der Grundrechte unangetastet lässt (Art. 36 BV; BGE 129 I 74 E. 4.1; 123 I 296 E. 2b/cc S. 302; 121 I 117 E. 3b).

2.2 Aus dem in Art. 29 Abs. 2 BV festgehaltenen Anspruch auf rechtliches Gehör ergibt sich für den Richter die Pflicht, seinen Entscheid zu begründen. Er muss wenigstens kurz die wesentlichen Überlegungen darlegen, von denen er sich dabei hat leiten lassen, sodass der Betroffene den Entscheid in voller Kenntnis der Sache anfechten kann. Dabei muss sich der Richter nicht mit allen tatsächlichen Behauptungen und rechtlichen Einwänden auseinandersetzen. Er kann sich vielmehr auf die für seinen Entscheid wesentlichen Gesichtspunkte beschränken (BGE 122 IV 8 E. 2c; 121 I 54 E. 2c, je mit Hinweisen).

2.3 Willkürlich ist ein Entscheid, der mit der tatsächlichen Situation in klarem Widerspruch steht, eine Norm oder einen unumstrittenen Rechtsgrundsatz krass verletzt oder in stossender Weise dem Gerechtigkeitsgedanken zuwiderläuft. Dabei genügt es nicht, dass die Begründung unhaltbar ist, der Entscheid muss sich vielmehr im Ergebnis als willkürlich erweisen (BGE 125 I 166 E. 2a; 125 II 10 E. 3a; 129 E. 5b; 122 I 61 E. 3a je mit Hinweisen).

3. 3.1 Wie die Beschwerdeführer unter Berufung auf Jörg Paul Müller (Grundrechte in der Schweiz, 3. Aufl. Bern, S. 87 f.) zutreffend vorbringen, ist der innerste Bereich der religiösen und ethischen Selbstverantwortung, das forum internum, als Kernbereich der Glaubens- und Gewissensfreiheit vor jeder Form staatlichen Zwangs absolut geschützt. Die Kundgabe einer religiösen Überzeugung nach aussen sprengt dagegen den Rahmen des forum internum und gehört damit nicht zum unantastbaren Kerngehalt von Art. 15 BV und Art. 9 EMRK; sie ist damit staatlichen Eingriffen nach Massgabe von Art. 36 BV grundsätzlich zugänglich.

Das „Aufstellen des Kreuzes als Symbol des christlichen Glaubens" bezweckt nach der Darstellung der Beschwerdeführer in der staatsrechtlichen Beschwerde die „Verbreitung der eigenen Glaubensansicht" (Beschwerde Art. 6 S. 4). Das Kreuz dient somit der Bekanntmachung oder Weitergabe ihrer religiösen Überzeugung an Dritte, was nicht zum absolut geschützten Kernbereich religiöser Betätigung gehört. Der – zumindest angetönte Vorwurf – der angefochtene Entscheid habe die Kerngehaltsgarantie der Glaubens- und Gewissensfreiheit verletzt, geht daher fehl. Keiner weiteren Ausführungen bedarf, dass die mit der Ablehnung der Baubewilligung für das umstrittene Kreuz verbundene geringfügige Einschränkung der Nutzungsmöglichkeit ihres Grundstückes den Kerngehalt der Eigentumsgarantie nicht antastet.

3.2 Nach § 3 Abs. 1 der Kantonalen Bauverordnung vom 3. Juli 1978 ist für Bauten und Anlagen ein Baugesuch einzureichen. In Abs. 2 dieser Bestimmung wird aufgezählt, was „namentlich" baubewilligungspflichtig ist. Wie die Beschwerdeführer selbst anerkennen, ist diese Aufzählung beispielhaft und nicht abschliessend. Aus dem Umstand, dass Kreuze dort nicht aufgeführt werden, kann daher nicht abgeleitet werden, sie seien nicht bewilligungspflichtig. Es lässt sich denn auch nicht im Ernst vertreten, ein nachts beleuchtetes Kreuz, das mit seiner Höhe von 7,38 m bis auf 12 cm an die an seinem Standort in der Wohnzone W2 geltende zulässige Gebäudehöhe von 7,5 m heranreicht (§ 28 des Baureglements der Gemeinde Gerlafingen, genehmigt am 5. Juni 1984), sei bewilligungsfrei (vgl. auch das Urteil des Bundesgerichts 1A.188/1997 vom 10. November 1997 in: RDAT 1998 I Nr. 69 S. 270); es wird auf die zutreffenden Ausführungen des Verwaltungsgerichts im angefochtenen Entscheid (E. II. 2 S. 3) verwiesen.

3.3 Das Verwaltungsgericht lehnt die Erteilung einer Baubewilligung für das Kreuz einerseits ab, weil es das Quartierbild störe, was § 119 Abs. 3 des Planungs- und Baugesetzes vom 3. Dezember 1978 (PBG) untersage. Nach § 145 Abs. 1 PBG hätten sich Bauten „typologisch in bestehende Strukturen einzugliedern" (Abs. 1). Bauten fügten sich in die Umgebung ein, „wenn Standort und Ausmass das Gefüge der Eigenarten der Siedlung und ihren Haushalt nicht störend" veränderten und wenn sie sich an die „Form- und Materialsprache der Umgebung" hielten. Ein beleuchtetes Kreuz von dieser Grösse gehöre „nicht zum herkömmlichen Inventar einer Wohnzone", sondern sei in einer Wohnzone von Gerlafingen fremd und störe das Quartierbild (angefochtener Entscheid E. 5 S. 5).

Aus diesen verfassungsrechtlich nicht zu beanstandenden Ausführungen ergibt sich entgegen der Behauptung der Beschwerdeführer mit ausreichender Klarheit, weshalb das Kreuz im Quartier einen störenden Fremdkörper darstellt und deshalb nach § 145 PBG nicht bewilligungsfähig ist. Dass die Beschwerdeführer diese Beurteilung nicht teilen, ändert nichts daran, dass das Verwaltungsgericht seinen Entscheid auch in diesem Punkt ausreichend und zutreffend begründet hat. Die Rüge, dieses habe § 145 PBG in unhaltbarer Weise angewandt und dabei seine Begründungspflicht verletzt, ist unbegründet.

3.4 Anderseits begründet das Verwaltungsgericht die Verweigerung der Baubewilligung für das Kreuz mit der Überlegung, dass es in der Wohnzone W2 nicht zonenkonform sei. Nach § 30 PBG seien dort neben Wohnbauten nur nichtstörende Gewerbe- und Dienstleistungsbetriebe mit an die Zone angepasster Bauweise zulässig. Das Kreuz lege in der von der Bewegung von Dozulé vorgeschriebenen Grösse und durch seine Beleuchtung ein dominantes Zeugnis einer kleinen Glaubensgemeinschaft ab. Die Verkündung einer Religion habe keinen positiven funktionalen Zusammenhang mit dem Wohnen. Eine durch ihre Grösse und nächtliche Beleuchtung dominant in Erscheinung tretende Baute zur Verkündung einer religiösen Botschaft, die möglicherweise im Quartier niemand zur Kenntnis nehmen wolle, sei ein Fremdkörper im Ortsbild und daher in einer reinen Wohnzone nicht zonenkonform (angefochtener Entscheid E. 4. S. 4).

Die Beschwerdeführer bestreiten nicht oder jedenfalls nicht in einer den gesetzlichen Anforderungen von Art. 90 Abs. 1 lit. b OG genügenden Weise, dass die Errichtung eines nachts beleuchteten, haushohen Kreuzes, mit dem eine religiöse Überzeugung kundgetan werden soll, nicht funktional mit dem Wohnen verbunden ist und damit dem Hauptzweck der Wohnzone nicht entspricht. Ein derartiges Kreuz im Garten eines Privathauses ist in Gerlafingen nicht ortsüblich. Wie sich aus dem fotografisch dokumentierten Augenschein des Bau- und Justizdepartements ergibt, ist das Kreuz zwar von Bäumen umgeben, tritt aber doch markant in Erscheinung; dies ist auch der erklärte Sinn des Kreuzes, welches nach den Ausführungen der Beschwerdeführer am Departementsaugenschein gesehen werden und „Drittwirkung erzielen" soll. Die Beurteilung des Verwaltungsgerichts, das Kreuz wirke dominant, ist keineswegs unhaltbar. Es ist vielmehr durchaus nachvollziehbar, dass auch die Nachbarn dies so empfinden und sich gerade an dieser tags und durch die Beleuchtung des Kreuzes besonders auch nachts erzielten „Drittwirkung" stören. Es ist jedenfalls verfassungsrechtlich nicht zu beanstanden, dass das Verwaltungsgericht das umstrittene Kreuz als an diesem Standort störenden Fremdkörper für nicht bewilligungsfähig beurteilte.

3.5 Entgegen der Auffassung der Beschwerdeführer liegt sowohl die Einhaltung der Zonenvorschriften als auch der Ästhetikklausel nicht bloss im privaten Interesse der Nachbarn, sondern und vor allem auch im öffentlichen Interesse, welches das Interesse des Grundeigentümers, sein Grundstück nach Belieben zu überbauen, regelmässig überwiegt. Es ist nicht ersichtlich und wird auch nicht in einer den gesetzlichen Anforderungen genügenden Weise dargetan, inwiefern dies im vorliegenden Fall anders sein sollte.

3.6 Nicht ersichtlich ist schliesslich, inwiefern die Ablehnung des Baugesuches die Beschwerdeführer unverhältnismässig treffen soll. Unter dem Gesichtspunkt der Eigentumsgarantie von Art. 26 BV trifft der Entscheid die Beschwerdeführer nur geringfügig und damit von vornherein nicht unverhältnismässig, da die Überbaubarkeit ihrer Parzelle bloss ganz unwesentlich eingeschränkt wird. Stärker trifft sie der Entscheid jedenfalls subjektiv unter dem Gesichtspunkt der Glaubens- und Gewissensfreiheit von Art. 15 BV und Art. 9 EMRK, da es ihnen offenbar ein starkes religiöses Anliegen ist, mit ihrem Kreuz Dritten eine Botschaft zu übermitteln. Dies entbindet sie indessen nicht ohne weiteres von der Beachtung des kommunalen und kantonalen Baupolizeirechts; es liegt vielmehr an ihnen, einen geeigneten Standort zu suchen, an welchem die Errichtung ihres Kreuzes baupolizeilich zulässig ist. Dass die Bau- und Zonenvorschriften dies in der Wohnzone W2 ausschliessen, bedeutet keineswegs, der angefochtene Entscheid treffe sie unverhältnismässig.

Der angefochtene Entscheid verletzt damit weder Art. 15 BV noch Art. 9 EMRK noch Art. 26 BV, die Rügen sind unbegründet.

4. Die Beschwerde ist somit abzuweisen, soweit darauf einzutreten ist. Bei diesem Ausgang des Verfahrens werden die Beschwerdeführer kostenpflichtig (Art. 156 OG).

V. Entscheid des Bundesgerichts vom 23. September 2003 i.S. J.X. gegen M.Y. (5C.146/2003, BGE 129 III 689)

Art. 15 BV; Art. 9 EMRK. Anspruch von Dritten auf persönlichen Verkehr mit dem Kind; materielle Beschwer als Eintretensvoraussetzung der Berufung (Art. 274a Abs. 1, 303 Abs. 1 ZGB).

Faits:

J.X. est la mère de deux enfants prénommés A. et B., nés respectivement le 13 mai 1995 et le 8 mars 1997. Le père de ces enfants est décédé le 30 novembre 1999.

Afin de soustraire les enfants à un climat familial particulièrement perturbant, la justice de paix a décidé d'en confier la garde au Service de protection de la jeunesse (ci-après: SPJ). Cette mesure, d'abord ordonnée par voie de mesures provisionnelles, a été confirmée par décision de la justice de paix du 2 février 2000. Les mineurs sont depuis lors placés dans un établissement approprié.

J.X. et d'autres membres de la famille ont pu, dans un premier temps, rendre visite aux jeunes garçons, selon des modalités bien définies. Lors de ces visites, les enfants ont rencontré à plusieurs reprises la belle-sœur de leur mère, J.Y. Celle-ci, comme tous les autres membres de la famille Y., fait partie de la communauté des témoins de Jéhovah. Craignant l'influence que cette famille, en particulier sa belle-sœur, pouvait avoir sur ses enfants, J.X. a demandé à la justice de paix de ne plus autoriser les membres de la famille Y. à rencontrer ses fils.

Dans sa séance du 5 janvier 2000, la justice de paix a partiellement admis la requête de J.X. tendant à supprimer le droit de visite de J.Y.

Quelques jours après la notification de cette décision, la fille aînée de celle-ci, M.Y., âgée de dix-huit ans, a commencé de rendre visite à A. et B.X. Redoutant que sa nièce ne fasse du prosélytisme, J.X. a requis de la justice de paix, le 24 novembre 2000, qu'elle ordonne au SPJ d'interdire à M.Y. de rencontrer ses cousins.

Par décision du 6 décembre 2000, la justice de paix a rejeté la requête. La Chambre des tutelles du Tribunal cantonal du canton de Vaud a, par arrêt du 10 juillet 2001, rejeté le recours déposé par J.X. contre cette décision, qu'elle a dès lors confirmée.

Par décision du 3 octobre 2001, la justice de paix a notamment dit qu'à l'avenir, seuls les grands-parents maternels et la grand-mère paternelle des enfants seraient autorisés à exercer un droit de visite envers eux, aux conditions fixées par le SPJ. Le SPJ a recouru contre cette décision. Par arrêt du 14 février 2002, la Chambre des tutelles l'a annulée et a renvoyé la cause à la justice de paix pour qu'elle statue à nouveau.

Par décision du 4 septembre 2002, la justice de paix a notamment autorisé M.Y. à entretenir des relations personnelles avec ses cousins et invité le SPJ à confirmer, pour autant que de besoin, les modalités de ce droit de visite. La Chambre des tutelles a, par arrêt du 26 mai 2003, rejeté le recours formé par J.X. et confirmé la décision de première instance.

Statuant le 23 septembre 2003, le Tribunal fédéral a rejeté, dans la mesure de sa recevabilité, le recours en réforme interjeté par J.X.

Le Tribunal fédéral considère en droit:

1. [...] 1.2 La jurisprudence pose comme condition subjective de recevabilité l'existence d'un intérêt au recours: le recourant doit avoir été matériellement lésé par la décision attaquée, c'est-à-dire atteint dans ses droits et non seulement dans ses intérêts de fait (ATF 126 III 198 consid. 2b p. 201; 120 II 5 consid. 2a p. 7/8; Poudret, in Commentaire de la loi fédérale d'organisation judiciaire, n. 5.1 ad art. 53 OJ; Messmer/Imboden, Die Eidgenössischen Rechtsmittel in Zivilsachen, ch. 43 p. 63 s. et les références). Pour admettre l'intérêt à recourir, il suffit que le recourant fasse valoir qu'il est atteint dans sa situation juridique, c'est-à-dire dans

ses droits. Si tel est effectivement le cas, le recours doit être examiné au fond.

En l'espèce, la recourante prétend que son droit de disposer de l'éducation religieuse de ses enfants, selon l'art. 303 al. 1 CC, serait violé par le droit accordé à l'intimée d'entretenir des relations personnelles avec ceux-ci (art. 274a al. 1 CC).

En tant que mère des mineurs concernés, la recourante est détentrice de l'autorité parentale; la garde de ses fils lui a toutefois été retirée. L'autorité parentale comprend notamment la compétence de déterminer les soins à donner à l'enfant, de diriger son éducation en vue de son bien et de prendre les décisions nécessaires, sous réserve de sa propre capacité (art. 301 al. 1 CC), de même que de décider de son lieu de résidence (art. 301 al. 3 CC). Découlant de l'autorité parentale, le droit de garde permet de choisir le lieu de résidence et le mode d'encadrement de l'enfant (cf. ATF 128 III 9 consid. 4a p. 9/10 et les références). Avec le retrait de la garde (art. 310 CC), la recourante a perdu les droits et obligations qui y sont liés, mais pas l'autorité parentale et ses autres composantes, à savoir, en particulier, la compétence en matière d'éducation religieuse de ses enfants (art. 303 al. 1 CC; ATF 79 II 344).

Aux termes de ce dernier article, les père et mère disposent de l'éducation religieuse de l'enfant. Alors que cette prérogative était autrefois expressément prévue au niveau constitutionnel (art. 49 al. 3 aCst.), aucune règle spéciale correspondante ne figure dans la Constitution fédérale actuellement en vigueur. Cependant, la faculté des parents de décider de l'éducation religieuse de leurs enfants est une composante de leur propre liberté de conscience et de croyance, garantie par l'art. 15 al. 1 Cst. (ATF 119 Ia 178 consid. 2b p. 181 s. et les auteurs cités). Cette liberté individuelle – qui, en cas de retrait de l'autorité parentale, dont elle découle, est transférée au tuteur – n'est pas affectée par la suppression de la garde. A cet égard, il importe peu qu'ensuite de la perte du pouvoir éducatif, consécutive au retrait du droit de garde, l'influence réelle sur le développement spirituel de l'enfant devienne vraisemblablement très limitée au fur et à mesure que celui-ci grandit.

Dans ces conditions, on ne peut dénier à la recourante un intérêt juridiquement protégé à interjeter un recours en réforme. Il y a donc lieu d'entrer en matière.

SJKR/ASDE 9 (2004), S. 167-170

Mitteilungen

Jahresbericht 2004 der Schweizerischen Vereinigung für evangelisches Kirchenrecht

I. Tagung und Generalversammlung vom 30. Januar 2004

Die Jahrestagung fand nach dem Jahr 2000 wieder einmal in Zürich statt. Der „H50", das ehemalige Kirchgemeindehaus Zürich-Predigern am Hirschengraben 50, das heute von den Gesamtkirchlichen Diensten der Evangelisch-reformierten Landeskirche des Kantons Zürich genutzt wird, bot den Teilnehmenden eine stimmungsvollen Rahmen.

Als erster referierte Prof. Dr. iur. can. Adrian Loretan, Luzern, zum Thema „Gleichstellung der Geschlechter und die Kirchen aus religionsrechtlicher und rechtsphilosophischer Sicht"[1]. Ausgangspunkt des Referats bildete die Feststellung, dass sich der Gedanke der Menschenrechte nicht zuletzt unter christlichem Einfluss entwickelt hat, dass er sich aber gleichzeitig gegen erheblichen kirchlichen Widerstand durchsetzen musste. Im weiteren Verlauf des Referats ging Loretan der Frage nach, ob sich Glaubenswahrheiten einerseits und subjektive, am neuzeitlichen Autonomiebegriff orientierte Freiheitsrechte anderseits in den Kirchenordnungen theologisch verbinden lassen.

Der Nachmittagsreferent, Rechtsanwalt Dr. iur. Martin Röhl, Zürich, präsentierte unter dem Titel „Neugestaltung des Verhältnisses zwischen Kirchen und Staat im Kanton Zürich – Reformpostulate und Reformbedarf" die staatskirchenrechtliche und kirchenrechtliche Situation im Kanton Zürich nach der Ablehnung eines neuen Kirchengesetzes mit zugehöriger Verfassungsänderung in der kantonalen Volksabstimmung vom 30. November 2003[2].

1 Siehe vorn S. 11 ff.
2 Siehe vorn S. 39 ff.

Vor der Tagung versammelten sich die anwesenden Mitglieder der Vereinigung zur 12. ordentlichen Generalversammlung, welche die üblichen Traktanden behandelte. Unter anderem nahm sie Kenntnis von der von Finanzverwalter Fürsprecher Peter D. Deutsch sorgfältig und übersichtlich präsentierten Jahresrechnung 03, die wiederum mit einem guten Ergebnis abgeschlossen hat. Die Vereinigung schätzt sich glücklich, dass sie für die Herstellung und den Druck des Jahrbuchs bisher mit der finanziellen Hilfe der deutschschweizerischen, in der Kirchenkonferenz zusammengeschlossenen Landeskirchen hat rechnen dürfen. Es liegt uns daran, an dieser Stelle für die Unterstützung und das damit erzeigte Wohlwollen herzlich zu danken.

Nachdem der langjährige Gründungspräsident der Vereinigung, lic. iur. Jakob Frey, Bern, auf die ordentliche Generalversammlung 2004 hin seinen Rücktritt aus dem Vorstand der Vereinigung erklärt hatte, waren das Präsidium der Vereinigung neu zu bestellen und der Vorstand zu ergänzen. Als Präsident gewählt wurde Martin Röhl, Mitglied des Vorstands seit 2002 und juristischer Sekretär des Zürcher Kirchenrates. Für die Mitarbeit im Vorstand stellte sich sodann Rechtsanwältin lic. iur. Theres Meierhofer-Lauffer, Engelberg, zur Verfügung. Theres Meierhofer-Lauffer ist als Gerichtsscheiberin am Ober- und Verwaltungsgericht des Kantons Obwalden tätig, ist Präsidentin des Verbandes der evangelisch-reformierten Kirchgemeinden des Kantons Obwalden und arbeitet daneben freiberuflich als Rechtsberaterin und Mediatorin.

Zum Abschied aus dem Vorstand durfte Jakob Frey durch Prof. Dr. iur. utr. René Pahud de Mortanges die verdiente Würdigung für sein langjähriges, fruchtbares Wirken für die Schweizerische Vereinigung für evangelisches Kirchenrecht entgegen nehmen. Jakob Frey war zu Beginn der 90er Jahre *die* treibende Kraft, um den zuvor losen Zusammenkünften von Kirchenjuristen eine feste Struktur zu geben. Unter seiner Leitung wurde die Vereinigung am 27. Januar 1992 in Münchenwiler aus der Taufe gehoben. Von da an bis heute leitete Jakob Frey den Verein mit Herzblut, mit Ausdauer und mit Sorgfalt in menschlichen und in technischen Belangen. Das alles ohne persönliche Profilierungsgelüste, in der Freizeit und mit minimalster Unterstützung im Bereich Infrastruktur.

Mit seinen jährlichen Tagungen konnte der Verein in diesem Dutzend Jahren das werden, was sich die Gründungsmitglieder seinerzeit erhofft hatten: eine Möglichkeit zum Kontaktknüpfen und Kontaktpflegen für am Kirchenrecht interessierten Juristinnen und Juristen sowie Theologinnen und Theologen. Das geschah seit je an Tagungen, gruppiert um zwei wissenschaftliche Referate, was stets genügend Raum bot für Begegnung und Austausch.

Nachdem der Vorstand mehrere Jahre mühsam ad hoc-Lösungen suchen musste, um die Referate zu veröffentlichen, kam vereinsintern das Bedürfnis auf, ein eigenes Publikationsforum zu schaffen. Das war der Beginn des Schweizerischen Jahrbuches für Kirchenrecht/Annuaire suisse de droit ecclésial, hinter dem ebenfalls Jakob Frey als treibende Kraft stand. Zusammen mit Dieter Kraus hat Jakob Frey bis dato nicht nur die Hauptlast der Arbeit an den acht Jahrbüchern getragen, sondern gleich auch noch mehrere Beihefte inhaltlich beigesteuert. Sein Verdienst ist es, dass heute die Quellen und die Entwicklungen des Kirchen- und Staatskirchenrechts für die weite Öffentlichkeit leicht zugänglich sind.

Unter der Präsidentschaft von Jakob Frey nahm die Vereinigung – gefragt oder ungefragt – zu politischen Fragen Stellung und arbeitete sie beratend mit dem Schweizerischen Evangelischen Kirchenbund zusammen.

Jakob Frey sorgte durch seine Kontakte für ein sukzessives Anwachsen der Mitgliederzahlen der Vereinigung, so dass das halbe Hundert längst weit überschritten ist. Und das Schöne ist, dass die meisten dieser Mitglieder auch treu an die Tagungen kommen.

Jakob Frey hat nicht nur zwölf Generalversammlungen präsidiert und 17 Tagungen mitgestaltet und geprägt, sondern auch 36 Vorstandssitzungen zur Tagungsvorbereitung geleitet und auf genau 103 Protokollseiten festgehalten. Der Vorstand der Vereinigung dankt an dieser Stelle Jakob Frey nochmals ganz herzlich für seinen immensen und unschätzbaren Einsatz für die Vereinigung und für das Kirchenrecht über ein Dutzend Jahre hinweg. Zugleich hofft er zusammen mit den Mitgliedern, dass Jakob Frey der Vereinigung als Jahrbuchherausgeber und vor allem als Ratgeber und Freund noch lange erhalten bleibt.

II. Beiheft 5 zum Schweizerischen Jahrbuch für Kirchenrecht

Im Berichtsjahr erschien als fünftes Beiheft zum Schweizerischen Jahrbuch für Kirchenrecht der dritte Quellenband „Schweizerische Kirchenrechtsquellen“ mit dem Titel „Konkordate und weitere Verträge“. Der Band gibt die Bistumsverträge (Konkordate) mit der Römisch-katholischen Kirche und andere, sich darauf beziehende Dokumente wieder. Sodann sind weitere Verträge, gegliedert nach Kantonen, mit evangelisch-reformierten Landeskirchen, römisch-katholischen Einrichtungen und anderen Religionsgemeinschaften, abgedruckt, z.B. in der Gefängnis- und Spitalseelsorge oder beim Religionsunterricht. Auch die Vertragsgrundlagen der katholischen Theologiefakultäten (Freiburg, Luzern) und das neuenburgische Konkordat von 2001 mit den drei wichtigsten Kirchen im Kanton sind darin enthalten. Schliesslich enthält der Band Verträge zwischen Kirchen und mit verwandten Einrichtungen. Dem Band ist ein Einführungsaufsatz von Christoph Winzeler, PD Dr. iur., Advokat, Basel, dem Autor des Quellenbands, „Verträge der Kantone mit Religionsgemeinschaften" vorangestellt.

III. Weitere Tätigkeit

Der Vorstand hat sich während des Jahres an zwei Sitzungen in Zürich getroffen und weitere Geschäfte auf dem Korrespondenzweg behandelt.

Für die nächste Tagung, die am 28. Januar 2005 in Bern stattfinden wird, konnte der Vorstand Pfr. Thomas Wipf, Präsident des Rates des Schweizerischen Evangelischen Kirchenbundes, und als Co-Referenten Pfr. Dr. Samuel Lutz, Präsident des Synodalrates der reformierten Kirchen Bern-Jura-Solothurn, gewinnen. Sie werden zum Thema „Reformierte Kirchenverfassungen aus ekklesiologischer Sicht" referieren. Das weitere Referat dieser nächsten Tagung wird von Dr. iur. Cla Reto Famos, Oberassistent an der Theologischen Fakultät der Universität Zürich, den Kasualhandlungen an Nichtmitgliedern aus juristischer und theologischer Sicht gewidmet sein.

Der Vorstand

SJKR/ASDE 9 (2004), S. 171-234

Berichte

Neue Kantonsverfassung des Kantons Freiburg mit Weiterführung des bisherigen Verhältnisses von Kirchen und Staat

I. Ausgangslage

In der Volksabstimmung vom 16. Mai 2004 wurde die neue Verfassung des Kantons Freiburg mit 44'863 Ja zu 32'446 Nein angenommen[1]. Sie löst diejenige vom 24. Mai 1857 ab.

Bereits 1968, 1987 und 1992 verlangten parlamentarische Vorstösse die Totalrevision der Verfassung. 1998 beschloss der Grosse Rat, dem Volk den Grundsatz einer Totalrevision zu unterbreiten. Dieser Grundsatzbeschluss erfolgte am 13. Juni 1999, die Arbeiten wurden einem 130-köpfigen, am 12. März 2000 gewählten Verfassungsrat übertragen. Im Jahr 2001 arbeiteten acht Sachbereichskommissionen insgesamt 400 Thesen aus, in der ersten Hälfte 2002 wurden diese im Plenum beraten („Null-Lesung"). In der zweiten Hälfte 2002 wurde ein Vorentwurf erstellt und durch einen Experten überprüft. Anfangs 2003 fand die erste Lesung des Vorentwurfs statt, anschliessend ging der Vorentwurf in eine breite Vernehmlassung. Nach einer zweiten und dritten Lesung des Vorentwurfs fand am 30. Januar 2004 die Schlussabstimmung statt, der Verfassungsrat nahm den Entwurf mit 97 gegen 21 Stimmen bei 2 Enthaltungen an. Nachdem das Freiburger Volk der Verfassung wie erwähnt am 16. Mai 2004 zugestimmt hatte, konnte der Verfassungsrat am 16. Juni 2004 aufgelöst werden.

1 Ein Auszug (Präambel, Art. 15 [Glaubens- und Gewissensfreiheit], Art. 64 Abs. 4 [Religionsunterricht], Art. 140-143 [Kirchen und Religionsgemeinschaften]) findet sich im Dokumentationsteil dieses Bandes auf S. 251 ff. (französisch und deutsch).

Die Fragen der Beziehungen zwischen dem Kanton und den Kirchen sind in der Sachbereichskommission 8 vorberaten worden. Bei den Kommissionsarbeiten stellte sich nicht heraus, dass das Verhältnis Kirche-Staat grundlegend zu verändern sei. In den vergangenen Jahren wurden die Beziehungen zwischen den Kirchen und dem Staat bereits durch einen Verfassungszusatz des Jahres 1982 und durch das Gesetz geklärt (Loi concernant les rapports entre les Eglises et l'Etat, du 26 septembre 1990, RFS 190.1; Gesetz über die Beziehungen zwischen den Kirchen und dem Staat vom 26. September 1990, SGF 190.1); grundsätzlich konnte an das bestehende System angeknüpft werden. Indes fand am 24. Mai 2002 im Verfassungsrat eine Grundsatzdebatte zum Verhältnis Kirche-Staat statt. Dabei wurde ein Antrag der FDP-Fraktion auf Trennung von Kirche und Staat mit 64 Nein- gegen 50 Ja-Stimmen bei 5 Enthaltungen verworfen[2].

II. Kirchen und andere Religionsgemeinschaften

Im Dokumentationsteil dieses Bandes sind die Vorarbeiten vom Dezember 2001 (Schlussbericht) der Sachbereichskommission 8 in z.T. gekürz-

2 Der Antrag hatte gelautet: „L'Etat tient compte de la dimension spirituelle de la personne humaine et de sa valeur pour la vie sociale. (2) L'Etat est séparé des Eglises et des autres communautés religieuses. Il peut toutefois les reconnaître comme institutions d'intérêt public et passer de concordats avec elles. (3) L'indépendance des Eglises et des autres communautés religieuses est garantie. (4) Les services que les Eglises reconnues comme institutions d'intérêt public rendent à la collectivité peuvent donner lieu à une participation financière de l'Etat ou des communes. (5) Les Eglises reconnues comme institutions d'intérêt public sont exemptes d'impôts sur les biens affectés à leurs activités religieuses." / „(1) Der Staat achtet auf die spirituelle Dimension der Person und ihren Wert für das soziale Leben. (2) Der Staat ist von den Kirchen und anderen religiösen Gemeinschaften getrennt. Er kann sie jedoch als gemeinnützige Gemeinschaften anerkennen und mit ihnen Konkordate schliessen. (3) Die Unabhängigkeit der Kirchen und anderen religiösen Gemeinschaften ist garantiert. (4) Die Dienste, die die als gemeinnützig anerkannte Kirchen der Gesellschaft leisten, können zu einer finanziellen Teilnahme des Staates oder der Gemeinden führen. (5) Die als gemeinnützig anerkannten Kirchen sind von den Steuern betreffend die für ihre religiösem Aktivitäten verwendeten Güter befreit."

ter Form wiedergegeben. Es handelt sich um die Thesen 17 bis 24 (und Thesen der Kommissionsminderheit) und deren Kommentierung[3].

Bei Gelegenheit der sog. Null-Lesung hatte der Verfassungsrat die folgenden Thesen verabschiedet, die direkt in die weiteren Arbeiten am Vorentwurf einflossen und als Grundlage für die Beratungen des Verfassungsrates dienten:

Rapports Eglises-Etat/Beziehungen Kirche-Staat

These 17:

L'Etat reconnaît le rôle important des Eglises et communautés religieuses dans la société.

Der Staat anerkennt die wichtige Rolle der Kirchen und Religionsgemeinschaften in der Gesellschaft.

These 18:

Les Eglises et communautés religieuses s'organisent librement dans le respect du droit fédéral et du droit cantonal.

Die Kirchen und Religionsgemeinschaften organisieren sich frei im Rahmen des eidgenössischen und kantonalen Rechts.

These 19:

En raison de leur rôle dans l'histoire fribourgeoise, l'Etat accorde un statut de droit public aux Eglises catholique romaine et évangélique réformée.

Les Eglises reconnues sont autonomes.

Im Hinblick auf ihre Rolle in der freiburgischen Geschichte gewährt der Staat der römisch-katholischen und der evangelisch-reformierten Kirche einen öffentlich-rechtlichen Status.

Die anerkannten Kirchen sind autonom.

These 20:

Les autres Eglises et communautés religieuses sont régies par le droit privé. Si leur importance sociale le justifie, elles peuvent obtenir des prérogatives de droit public ou être dotées par la loi d'un statut de droit public.

Die anderen Kirchen und Religionsgemeinschaften unterstehen dem Privatrecht. Wenn es ihre soziale Bedeutung rechtfertigt, können sie öffentlichrechtliche Befugnisse oder einen öffentlichrechtlichen Status erhalten.

3 S. 254 ff. – Die Dokumente des Verfassungsrates sind auch im Internet unter www.fr.ch einsehbar.

These 21:

Les Eglises et communautés religieuses de droit public se donnent un statut qui doit être approuvé par l'Etat.

Öffentlichrechtlich anerkannte Kirchen und Religionsgemeinschaften verpflichten sich auf ein Statut, das vom Staat genehmigt werden muss.

These 22:

La perception des impôts ecclésiastiques est réglée par la loi.

Die Erhebung von Kirchensteuern wird durch das Gesetz geregelt.

These 23:

La loi peut substituer à l'impôt ecclésiastique un impôt de mandat applicable aux personnes physiques et/ou morales, dans la mesure où elles sont assujetties à l'impôt cantonal.

Das Gesetz kann die Kirchensteuer durch eine auf natürliche und juristische Personen anwendbare Mandatssteuer ersetzen, soweit sie der kantonalen Steuer unterstellt sind[4].

In den nachfolgenden Debatten des Verfassungsrates erfuhren diese Thesen nur wenig Änderungen. Zu erwähnen sind jedoch zwei wesentliche Korrekturen:

- These 20 wurde in dieser Form nicht akzeptiert. Vielmehr sollte eine andere Kirche oder Religionsgemeinschaft öffentlichrechtliche Befugnisse oder einen öffentlichrechtlichen Status nicht nur dann erhalten können, wenn es deren soziale Bedeutung rechtfertigt. Die antragstellende Kirche oder Religionsgemeinschaft muss zudem die *Grundrechte beachten* (vgl. Art. 142 Abs. 2 des definitiven Verfassungstextes).
- Sodann brach der Verfassungsrat die Vorschrift heraus, wonach das Gesetz die Kirchensteuer durch eine *Mandatssteuer* ersetzen könne (vgl. nun Art. 143 des definitiven Verfassungstextes).

Im weiteren sei hier noch auf zwei besondere auch für die Kirchen wichtige Bereiche hingewiesen, nämlich auf die Präambeldiskussion sowie

4 Eine weitere von der Kommission beantragte These, These 24, wurde vom Verfassungsrat verworfen: „Soweit die Verfassung das Finanzstatut der Kirchen über die Thesen 21 und 22 hinaus regelt, wird die gegenwärtige Regelung für die Steuer von natürlichen Personen beibehalten, während die Verwendung der von juristischen Personen geleisteten Kirchensteuer auf soziale Zwecke beschränkt wird."

auf die Themen der konfessionellen Neutralität der Schule und des Religionsunterrichts.

III. Präambel

Wie die meisten neueren und neuen Kantonsverfassungen der Schweiz enthält auch die Freiburger Kantonsverfassung von 2004 eine Präambel[5]. Im ersten Verfassungsentwurf befand sich noch kein Präambelvorschlag. Im Verlaufe der ersten Lesung kristallisierten sich drei Vorschläge heraus, die der Vernehmlassung unterbreitet wurden: 1.) „conscients de notre responsabilité envers la Création“/„im Bewusstsein unserer Verantwortung gegenüber der Schöpfung“, 2.) „conscients de notre responsabilité devant Dieu, la Création et les générations futures“/„im Bewusstsein unserer Verantwortung vor Gott, der Schöpfung und den zukünftigen Generationen“, und 3.) „Le peuple fribourgeois se donne la Constitution suivante:“/„Das freiburgische Volk gibt sich folgende Verfassung:“ (d.h. ohne inhaltliche Präambel). Anlässlich der Beratungen des Verfassungsrates einigte man sich schliesslich auf folgenden Wortlaut: „Wir, das Volk des Kantons Freiburg, die wir an Gott glauben oder unsere Werte aus anderen Quellen schöpfen […]“. Somit findet sich erstmals in einer schweizerischen Kantonsverfassung eine Präambel, welche – wohl in Anlehnung an die neue polnische Verfassung – Menschen mit anderen Werte-Quellen (welchen?) oder ohne Bekenntnis vor Augen hat und einbeziehen möchte[6].

5 Die Präambel der alten Staatsverfassung vom 7. Mai 1857 lautete: „Au nom de Dieu Tout-Puissant […]“/„Im Namen Gottes des Allmächtigen! […]“.

6 Vgl. *Uwe Justus Wenzel*, „Gott oder eine andere Quelle …“. Der säkulare Staat und seine Voraussetzungen, in: NZZ 12.4.2004, Nr. 86, S. 4: „[…] schöne Variante […], die die Konstitution der polnischen Republik (von 1997) schmückt. Das polnische Volk sieht darin seiner Selbstentzweiung furchtlos ins Auge; genauer, es vereint sich politisch in der Erkenntnis und Anerkenntnis einer Differenz, welche die Religion betrifft. In der Präambel spricht das polnische Volk sich an als ‚sowohl diejenigen, die an Gott als die Quelle der Wahrheit, Gerechtigkeit, des Guten und Schönen glauben, als auch [als] diejenigen, die diesen Glauben nicht teilen‘ und die ‚universellen Werte‘ (sie sind der eigentliche Prüfstein) aus ‚anderen Quellen‘ beziehen.“. Wenzel kritisiert die Knappheit des diesbezüglichen Präambelteils der freiburgischen Kantonsverfassung, da solches nicht mit so wenig Worten verständlich zum Ausdruck gebracht werden könne.

IV. Konfessionelle Neutralität der Schule und Religionsunterricht

Bei diesem Thema zeigte sich eine sehr interessante Entwicklung im Gesetzgebungsprozess. Noch der erste Vorentwurf zur 1. Lesung lautete im Sinne eines säkularen Staates wie folgt: „In öffentlichen Schulen ist der Unterricht politisch und konfessionell neutral.“ Nach der ersten Lesung wurde die Formulierung zwar erweitert, aber nicht wesentlich umgestaltet: „In öffentlichen Schulen und subventionierten Privatschulen ist der Unterricht politisch und konfessionell neutral.“ Bei Gelegenheit der 2. Lesung[7] gelangte auf Antrag der CVP- und SCP-Fraktion eine bedeutsame Neukonzeption zum Durchbruch, die schliesslich akzeptiert wurde und jetzt als Art. 64 Abs. 4 in der Kantonsverfassung verankert ist: „L'enseignement respecte la neutralité confessionnelle et politique. Les Eglises et les communautés religieuses reconnues ont le droit d'organiser un enseignement religieux dans le cadre de l'école obligatoire.“/„Der Unterricht achtet die konfessionelle und politische Neutralität. Die anerkannten Kirchen und Religionsgemeinschaften können im Rahmen der obligatorischen Schulzeit Religionsunterricht erteilen.“ Dies kann auch aus der Sicht der Kirchen und Religionsgemeinschaften mit Fug als ein beachtliches Ergebnis gewertet werden.

Jakob Frey

7 Protokoll der Sitzung vom 18. Februar 2003.

Totalrevision des Gemeindegesetzes des Kantons Luzern – Auswirkungen auf die evangelisch-reformierte Landeskirche und deren Kirchgemeinden

Am 1. Januar 2005 tritt im Kanton Luzern das neue Gemeindegesetz vom 4. Mai 2004 in Kraft (nachfolgend: nGG; vgl. Botschaft vom 14. Oktober 2003 des Regierungsrates an den Grossen Rat zur Revision des Gemeindegesetzes). Im Gegensatz zum geltenden Gemeindegesetz vom 9. Oktober 1962 enthält das neue Gemeindegesetz keine speziellen Bestimmungen für die Kirchgemeinden mehr. Es gilt für diese nur noch subsidiär. Soweit das landeskirchliche Recht keine Regelungen zur Organisation, zur Zusammenarbeit und zum Finanzhaushalt enthält, gelten die Bestimmungen des Gemeindegesetzes sinngemäss (§ 2 Abs. 1 nGG). Das Gemeindegesetz zählt somit auch nicht mehr die bestehenden Kirchgemeinden auf. Die Umschreibung der Kirchgemeinden fällt ohnehin in die Zuständigkeit der Synode (§ 8 der Kirchenverfassung).

Hauptidee des neuen Gemeindegesetzes ist das dezentrale Führungssystem, das den Gemeinden mehr Handlungsspielraum als bisher einräumt. Jede Gemeinde definiert ihre Organisationsform selber und legt sie in einer eigenen Gemeindeordnung fest. Die Gemeindeorganisation und das Controlling-System haben als Mindestanforderung zu erfüllen: demokratische Führung der Gemeinde; rechtsstaatlich und verwaltungstechnisch korrekte Verwaltungsabläufe; gesunde Entwicklung des Finanzhaushalts (vgl. § 5 Abs. 2 nGG).

Durch die offene Ausgestaltung vieler Bestimmungen erhalten die Gemeinden mehr Handlungsspielraum. Die Grundzüge der Organisation sind von jeder Gemeinde in einer Gemeindeordnung festzulegen. Die bisherige kantonale Vorprüfung und Genehmigung entfallen.

In der Luzerner Kantonalkirche verfügt derzeit nur die Kirchgemeinde Luzern über eine Gemeindeordnung. Gemäss § 11 der Kirchenverfassung müssen Gemeindeordnungen von Kirchgemeinden von der Synode genehmigt werden. Das neue Gemeindegesetz enthält keine Bestimmungen mehr über die Grösse des Kirchenvorstandes. Es sieht lediglich vor, dass der Gemeinderat aus mindestens drei Mitgliedern besteht. Die Mitgliederzahl ist in der Gemeindeordnung zu bestimmen. Anders als das geltende Gemeindegesetz erfolgt auch nicht mehr zwingend eine Wahl in ein bestimmtes Amt (z.B. Präsidium, Finanzverwaltung). Auch hier ist es Sache der Gemeindeordnung, festzulegen, ob für ein bestimmtes Amt im Gemeinderat eine zusätzliche Wahl notwendig ist (vgl. § 15 nGG). Auch die Stellung der Pfarrpersonen im Kirchenvorstand ist, anders als im geltenden Recht, im neuen Gemeindegesetz nicht mehr geregelt.

Das alte Gemeindegesetz enthält eine Vielzahl von Detailbestimmungen, wie z.B. § 48 über die Beschlussfassung in der Gemeindebehörde. Diese Detailregelungen werden nun nicht mehr vom kantonalen Recht vorgegeben. Da sich das neue Gemeindegesetz auf die Regelung der Grundzüge beschränkt, müssen entweder die Kirchgemeinden Gemeindeordnungen erlassen oder die Landeskirchen treffen eine eigene Regelung. Die Kantonalkirche wird daher prüfen müssen, ob sie Vorschriften erlassen will, die für alle Kirchgemeinden gelten. Es ist davon auszugehen, dass die Kantonalkirche eigene Bestimmungen aufstellen wird. Es erscheint beispielsweise kaum sinnvoll, dass jede Kirchgemeinde selber regelt, welche Stellung der Pfarrerschaft im Kirchenvorstand zukommt. Aufgrund des Gemeindegesetzes wäre dies möglich, die Kirchgemeinden könnten in der Gemeindeordnung Lösungen treffen, die von der vollen Mitgliedschaft im Kirchenvorstand bis zur Teilnahme an den Sitzungen mit bloss beratender Stimme gehen.

Nicht geregelt im neuen Gemeindegesetz ist auch die Aufsicht über die Kirchgemeinden. In den §§ 99 ff. nGG ist zwar die kantonale Aufsicht vorgesehen. Die Kirchgemeinden, die einer Landeskirche unterstellt sind, unterstehen jedoch nicht der kantonalen Aufsicht (§ 100 Abs. 1 lit. a nGG). Sie unterliegen vielmehr der landeskirchlichen Aufsicht (§ 3 Abs. 2 des Gesetzes über die Kirchenverfassung). Die Kantonalkirche wird somit nicht darum herumkommen, Bestimmungen über die Aufsicht über die Kirchgemeinden zu erlassen.

Die Landeskirchen haben ihre gesetzlichen Grundlagen spätestens auf den 31. Dezember 2007 an das neue Gemeindegesetz anzupassen. Der Regierungsrat kann in begründeten Fällen die Frist erstrecken (§ 111 Abs. 1 nGG). Solange und soweit die Kirchgemeinden und die kirchlichen Stiftungen der Landeskirchen ihre gesetzlichen Grundlagen noch nicht angepasst und in Kraft gesetzt haben, gelten die Bestimmungen des Gemeindegesetzes von 1962 (§ 111 Abs. 2 nGG). Die Kantonalkirche und die Kirchgemeinden haben somit eine Übergangsfrist von drei Jahren seit Inkrafttreten des neuen Gesetzes, um die erforderlichen Bestimmungen zu erlassen.

Peter Möri

Keine Abgeltung von kirchlichen Leistungen von gesamtgesellschaftlicher Bedeutung im Kanton Schwyz

I. Ausgangslage

Am 27. September 1992 nahmen die Stimmberechtigten des Kantons Schwyz eine Vorlage betreffend Neuordnung des Verhältnisses Kirchen und Staat an (Änderung des IV. Titels „Staat und Kirchen" der Kantonsverfassung vom 23. Oktober 1898). Diese Verfassungsrevision bewirkte eine Aufgabenentflechtung, bzw. Trennung der bisherigen Einheitsgemeinden und Gründung einer römisch-katholischen und einer evangelisch-reformierten Kantonalkirche[1]. Die Kantonalkirchen und die Kirchgemeinden wurden in finanz- und steuerrechtlicher Hinsicht vom Kanton und von den Gemeinden unabhängig, sie mussten deshalb auch den Finanzausgleich in eigener Verantwortung selber regeln.

Die gesetzgeberische Umsetzung der genannten Verfassungsrevision von 1992 bedurfte bis zum Inkrafttreten einiger Jahre. Erst an der Volksabstimmung vom 7. Juni 1998 befürworteten die Schwyzerinnen und Schwyzer das Gesetz über die Neuordnung des Verhältnisses zwischen Kirchen und Staat vom 26. Juni 1997[2]. Als Folge der rechtlich somit umgesetzten „Entflechtung" von Kirchen und Staat erfuhr auch die Gesetzgebung über den Finanzausgleich eine bedeutsame Anpassung. Das frühere Gesetz über den Finanzausgleich vom 14. Mai 1986 sah noch vor: Soweit die unselbständigen Kirchgemeinden bzw. die Einheitsgemeinden (mit dem konfessionell gesonderten Teilbereich) die finanziellen Belastungen nicht zu tragen vermochten, leistete die politische Gemeinde bzw. faktisch der Kanton Finanzausgleich. Darüber hinaus kamen alle Kirchgemeinden und Einheitsgemeinden in den Genuss eines Anteils der

1 Im Jahrbuch wurde über die staatskirchenrechtliche Entwicklung im Kanton Schwyz bisher wie folgt berichtet: SJKR/ASDE 1 (1996), S. 144-146 [*Felix Meyer*], SJKR/ASDE 2 (1997), S. 171-173 [*Red.*], SJKR/ASDE 3 (1998), S. 170-173 [*Red.*].

2 Das Gesetz besass Übergangscharakter und war nur ein Jahr lang in Kraft.

Grundstückgewinnsteuer[3]. Mit dem Inkrafttreten des neuen *Finanzausgleichsgesetzes vom 7. Februar 2001*[4] auf den 1. Januar 2002 fliessen den Kirchgemeinden aus dem Ertrag der Grundstückgewinnsteuer nun keine staatlichen Gelder mehr zu[5]. Dies im Sinne und in Ausführung von § 95 Abs. 4 der Kantonsverfassung (Änderung von 1992, Inkrafttreten spätestens 1999), wonach ausdrücklich die Kantonalkirchen für einen Finanzausgleich unter den Kirchgemeinden besorgt sind.

Der Umstand des für die Kirchgemeinden wegfallenden Anteils an der Grundstückgewinnsteuer hatte die vorberatende Kommission des Kantonsrates für die Neuordnung des Finanzausgleichsgesetzes bewogen, vom Regierungsrat mit einer Motion vom 3. November 2000 einen Bericht zu verlangen. Dieser in Zusammenarbeit mit den Kantonalkirchen zu erstellende Bericht sollte die Art, den Umfang und die Finanzierung der Leistungen der Kirchgemeinden und Kantonalkirchen zugunsten der Allgemeinheit aufzeigen und ausserdem darlegen, wer (Gemeinden, Kanton) Nutzniesser dieser Leistungen ist. Gedacht war an Leistungen wie Jugend-, Alters- und Sozialarbeit, Kulturelles wie öffentliche Konzerte in Kirchen, Erhaltung von Kulturgütern. Auf Grund dieses Berichts sollte sodann geprüft werden, ob Abgeltungen von Gemeinden an Kirchgemeinden und/oder vom Kanton an die Kantonalkirchen auszurichten sind.

3 Für das Jahr 2001 betrug dieser Anteil gemäss dem Bericht des Regierungsrates (Anm. 6) für die römisch-katholischen Kirchgemeinden Fr. 1'384'900.– und für die evangelisch-reformierten Kirchgemeinden Fr. 130'000.–, insgesamt also ca. Fr. 1'515'000.–.

4 SRSZ (Schwyzer Gesetzessammlung) 154.100.

5 Das neue Gesetz regelt gemäss § 1 den Finanzausgleich zwischen Kanton, Bezirken und (politischen) Gemeinden. Gemäss § 12 wird die Hälfte des Ertrags der Grundstückgewinnsteuer vom Kanton zu einem Drittel den Bezirken und zu zwei Dritteln den Gemeinden abgetreten. Die getrennten Bezirks- und Gemeindeanteile werden je hälftig nach der Einwohnerzahl und nach der relativen Steuerkraft auf die einzelnen Bezirke und Gemeinden verteilt. Der Betrag, der zur Verteilung nach der relativen Steuerkraft zur Verfügung steht, wird zusammen mit dem sog. Steuerkraftausgleich dazu verwendet, um die relative Steuerkraft einzelner Bezirke und Gemeinden anzuheben.

II. Erhebung der kirchlichen Leistungen

In vertiefter Zusammenarbeit mit den beiden Kantonalkirchen und den Kirchgemeinden wurden darauf in Ausführung dieser Motion die kirchlichen „Leistungen von gesamtgesellschaftlicher Bedeutung" eruiert. Zu diesem Zweck und nachdem es mit beiden Kantonalkirchen vorgängig die Modalitäten vereinbart hatte, führte das Justizdepartement eine Erhebung durch. Es wurde bei den Kirchgemeinden und bei den Dekanaten – im Anschluss an eine Orientierungsversammlung – eine Umfrage mittels eines detaillierten Fragebogens gemacht. Ziel der gesamten umfangreichen Erhebung sollte es sein, die Leistungen der Kantonalkirchen und der Kirchgemeinden möglichst umfassend zu bezeichnen. Dabei sollte es nicht nur um den finanziellen Aufwand im engeren Sinn gehen, sondern es sollten auch die ehrenamtlich geleisteten Stunden berücksichtigt werden.

Die Erhebung führte zum Ergebnis, dass im Jahr 2002 in folgenden Bereichen Leistungen erbracht wurden, die ganz, teilweise oder wenigstens ansatzweise von gesamtgesellschaftlicher Relevanz sind:

> *Sozial- und Gesundheitswesen:* Unterstützung und Begleitung von Kindern und Jugendlichen, Vereinen (wie Jungwacht, Blauring, Wärchhof in Schwyz); Unterstützung und Begleitung alleinstehender Menschen (wie Hausbesuche, Begleitdienste, Gesprächsstunden, geistliche Betreuung); Unterstützung und Begleitung kranker Menschen (wie Haus- und Spitalbesuche); Unterstützung und Begleitung behinderter Menschen (wie Haus-, Spital- und Heimbesuche, Behindertentaxi); Unterstützung und Begleitung von Senioren (wie Hausbesuche, Altersnachmittage, Ausflüge, geistliche Betreuung); Unterstützung und Begleitung sozial schwacher Menschen; Sterbebegleitung; Frauen- und Müttergemeinschaft (wie Weiterbildung, Anlässe); Katholische Arbeitnehmerbewegung (wie Ausflüge, Gottesdienst); Eheberatung (wie Ehevorbereitung, Traugespräche); Seelsorge für Familien (Familiengottesdienste, Besuche, Elternabende, Taufgespräche); Seelsorge für Senioren (Besuche, Ausflüge, Seniorennachmittage); Seelsorge für Jugendliche (Jugendgottesdienste, Leiterausbildung, Begleitung, Beratung); Seelsorge für Fremdsprachige; Seelsorge für Asylanten; Seelsorge für Personen aus anderen Religionen (ökumenische Anlässe, räumliche Infrastruktur); Seelsorge in Institutionen wie Spitäler, Heime, Gefängnisse; Sektenberatung; Sozialarbeit (wie Nachbarschaftshilfe, Lebenshilfe).
>
> *Kultur:* Kirchenmusik (Leitung, Chor, Organist); Kirchenmusik/Instrumente (wie Anschaffung, Unterhalt); Theater (wie Weihnachtsspiel, Musiktheater); Medien/Informationsblätter (wie Pfarreiblatt, Kirchenbote); Medien/Radio/Internet; Kulturgüterschutz (Bibliothek, Archiv, Kultusgegenstände) / Unterhalt Mobilien.

Denkmalpflege (Kultusräume wie Kirchen)*:* Erneuerungsarbeiten an den Kultusbauten; Unterhalt der Kultusbauten.

Bildung: Schulunterricht, Ethikunterricht, Religionsunterricht; Aus- und Weiterbildung von Pfarrern, Katecheten, Diakonen; Schulunterricht/Räumlichkeiten; Erwachsenenbildung.

Immobilien (räumliche Infrastruktur ohne Baudenkmäler wie Gemeinschaftszentrum, Kursräume, Pfarrhäuser, Leichenhalle, Kinderspielplätze, Frei- bzw. Erholungsflächen, Parkplätze).

Friedhofwesen: Investitionen, Unterhalt, Baurechtsentschädigungen.

Behörden und Verwaltung.

Finanzielle Beiträge/Spenden: im Inland; im Ausland.

In Zahlen ausgedrückt präsentiert sich das Ergebnis im Sinne einer Schätzung wie folgt (wobei der Versuch, die Interessenanteile von Staat und Kirchen angemessen zu gewichten, von den Vertretern der Kantonalkirche vorgenommen wurde):

– Von einem Gesamtbetrag von Fr. 17'165'600.– für Aufwendungen in einem mehr oder weniger direkten öffentlichen Interesse entfällt ein Anteil von Fr. 9'187'400.– auf Aufwendungen von überwiegend konfessionellem Interesse.
– Fr. 7'978'200.– an Steuergeldern werden für Leistungen ausgegeben, die allenfalls von gesamtgesellschaftlicher Bedeutung und damit nicht direkt religionsabhängig sind. Davon entfällt ein Betrag von Fr. 4'779'600.– auf Leistungen, die gesetzliche Aufgaben betreffen und somit ganz oder zum grössten Teil vom Staat erbracht werden müssten, wenn sie nicht von den Körperschaften des kantonalen Staatskirchenrechts aufgebracht würden.
– Für alle Kategorien von Leistungen werden zusammen insgesamt Spendengelder von Fr. 883'000.– und ehrenamtliche Arbeit von über 230'000 Stunden eingesetzt.

Unterschieden werden folgende *Arten* von Leistungen:

– Erfüllung von öffentlichen Aufgaben auf der Grundlage einer gesetzlichen oder vertraglichen Basis. Beispiel: Bestattungs- und Friedhofwesen.
– Freiwillige Übernahme von öffentlichen Aufgaben, die gesetzlich dem Staat aufgetragen sind. Beispiele: im Bereich des Sozial- und Gesundheitswesens, wo die Kirchen im Sinne des Subsidiaritätsprinzips Hilfeleistungen erbringen und dadurch die Gemeinden entlasten; Entlastung der Sozialdienste in den Spitälern; Mitarbeit am Bil-

dungsauftrag des Staates, indem die Kirchgemeinden Religionsunterricht erteilen.

- Wahrnehmung einer subventionierten Tätigkeit. Beispiel: Unterhalt von Kulturdenkmälern.
- Rein kirchliche Tätigkeiten, die weder dem Staat zur Erfüllung aufgetragen noch staatlich gefördert werden. „Würden sich die staatskirchlichen Institutionen dieser Aufgabe nicht annehmen, so würde beim Staat ein schwierig quantifizierbarer, vermehrter Aufwand bei verwandten Aufgaben- und Tätigkeitsfeldern anfallen (Aktivitäten im Sozialbereich in weiteren Sinn: Eheberatung, Familien-, Jugend- und Ausländerseelsorge)."

III. Schlussfolgerungen des Regierungsrates

Im Bericht „Abgeltung von Leistungen staatskirchenrechtlicher Einrichtungen von gesamtgesellschaftlicher Bedeutung" vom 17. Februar 2004 an den Kantonsrat[6] anerkennt der Regierungsrat die nach wie vor grosse gesamtgesellschaftliche Bedeutung der Kirchen, der Kantonalkirchen und der Kirchgemeinden. „Ausdruck dieser Anerkennung ist neben den Rechtsformen, die der Staat den Kirchen zur Verfügung stellt, vor allem auch das staatlich verliehene Recht, Steuern zu erheben. Dabei sticht vor allem das Recht hervor, von den juristischen Personen Steuern zu erheben." Von der Tätigkeit der Kantonalkirchen und der Kirchgemeinden würden alle staatlichen Ebenen profitieren. Auszugehen sei somit davon, dass die Bezirke und Gemeinden zu 70-80 % von der Entlastung profitierten.

Für das Jahr 2002 betrugen die Einnahmen aus den Kirchensteuern juristischer Personen rund 6,3 Mio. Franken. Mit diesem Betrag – so folgert der Regierungsrat – würde der Aufwand, den Kantonalkirchen und Kirchgemeinden unmittelbar statt der öffentlichen Hand betreiben (4,8 Mio. Franken), mehr als aufgewogen. Ausserdem werde dadurch auch ein Teil jener Aufwendungen gedeckt, für die neben einem gesamtgesellschaftlichen durchaus auch ein konfessionelles Interesse besteht. Auf Grund dieser Analyse, aber auch wegen dem Interesse an einer gebotenen

6 Beschluss Nr. 249/2004, Anhang 3; Bericht zur erheblich erklärten Motion M 7/00. Die Materialien sind unter www.sz.ch auffindbar.

Auftrennung der Finanzsphären von Staat und staatskirchlichen Einrichtungen und damit an einer klaren Aufgaben- und Finanzverantwortung, kommt der Regierungsrat zum Schluss: „Bei dieser Sachlage und in Anbetracht der Haushaltsperspektiven des Kantons und der politischen Gemeinden einerseits und der Entwicklung der Steuerfüsse der Kirchgemeinden[7] andererseits hält der Regierungsrat eine eigentliche Abgeltung für kirchliche Leistungen von gesamtgesellschaftlicher Bedeutung nicht als angezeigt. Er sieht daher davon ab, dem Kantonsrat den Erlass der erforderlichen gesetzlichen Grundlagen für solche Abgeltungen zu beantragen."

Mit diesen Schlussfolgerungen wich der Regierungsrat indes von den Anträgen der Kantonalkirchen ab. Die Römisch-katholische Kantonalkirche hatte beantragt, dass für die Errechnung der Abgeltung der Leistungen von gesamtgesellschaftlicher Bedeutung, die nicht religionsabhängig sind, die Erträgnisse der Kirchensteuern der juristischen Personen abgezogen werden. Die Kosten seien den Landeskirchen pauschal abzugelten, die Verteilung sei den Kantonalkirchen zu übertragen. Periodisch, ca. alle vier Jahre, sei der Pauschalbetrag neu zu beurteilen. Überdies seien in Zukunft, z.B. nach der ersten Vierjahresperiode, auch die vielen geleisteten ehrenamtlichen Stunden zu berücksichtigen. Z.T. ähnlich lautete der Antrag der Evangelisch-reformierten Kantonalkirche Schwyz.

IV. Zustimmende Kenntnisnahme des Berichts durch den Kantonsrat

Der Bericht wurde vom Kantonsrat am 17. März 2004 beraten[8]. Der Kantonsrat nahm von ihm – entsprechend dem Antrag des Regierungsrates – zwar „zustimmend Kenntnis" und schrieb die Motion als erledigt ab, eine grosse Begeisterung war indes nicht auszumachen. In den Debatten bekundete eine Mehrzahl der Parteienvertreter[9] und Einzelvotanten ihre

7 Im Bericht ist nachgewiesen, dass trotz des Wegfalls des Anteils der Grundstückgewinnsteuer in den letzten Jahren in manchen Kirchgemeinden die Steuerfüsse gesenkt werden konnten.

8 Verhandlungsprotokoll vom 17. März 2004, S. 1084-1090.

9 Von Seiten der Parteien äusserten sich die CVP und die SP zum Bericht eher kritisch-ablehnend, die SVP unterstützte den Bericht und die Abschreibung der Motion voll und ganz. Die Interessenvertretung der Römisch-katholischen Kanto-

Enttäuschung und teilweise sogar ihren Unmut darüber, dass der Staat die grossen Leistungen der Kirchen von gesamtgesellschaftlicher Bedeutung zwar anerkennt, sie aber trotzdem nicht entgelten will. Die Kirchen, so wurde in der Kantonsratsdebatte argumentiert, würden immerhin zahlreiche Leistungen im Sozial- und Gesundheitswesen, aber auch im Friedhofwesen, sodann in Bildung und Kultur erbringen, die nicht religionsabhängig sind und von denen die ganze Bevölkerung profitieren kann. Es würden dafür Kirchensteuern im Umfang von ca. 8 Mio. Franken eingesetzt, zusätzlich beträchtliche Spendengelder, und es würden viele freiwillige Stunden geleistet. Nicht auf ungeteilte Zustimmung stiess namentlich die Feststellung im Bericht[10]: „Die Erbringung von Leistungen durch die staatskirchenrechtlichen und kirchlichen Institutionen ohne – wenigstens ohne eine umfassende – Abgeltung dürfte durchaus auch einem Selbstverständnis dieser Einrichtungen und dem Gebot der christlichen Nächstenliebe entsprechen. Gerade das Aufbringen von Spendengeldern und die Leistung eines ehrenamtlichen Einsatzes ist Ausdruck und Beleg für eine menschengerechte, solidarische und freiheitliche Zivilgesellschaft [...]. Würde dieses Wirken vom Staat abgegolten, so verlöre es den ihm eigenen Charakter. Eine Finanzierung durch die Kirchen und die staatskirchenrechtlichen Körperschaften erlaubt ihnen zudem eine Aufgabenerfüllung nach eigenen Vorstellungen."

Die Stimmungslage anlässlich der Kantonsratsdebatte wurde von einem Votanten treffend wie folgt zum Ausdruck gebracht: „[...] Deshalb habe auch ich den Bericht mit einer gewissen Enttäuschung zur Kenntnis genommen. Ich denke aber, dass er, rein sachlich und nüchtern betrachtet, korrekt und die logische Konsequenz der vorgenommenen Entflechtung von Kirche und Staat ist. Insofern bleibt einem nichts anderes übrig, als den Bericht zustimmend zur Kenntnis zu nehmen." Im Kantonsrat wurde Wert darauf gelegt, dass immerhin die Kirchensteuerpflicht juristischer Personen erhalten bleibt. Das zuständige Regierungsratsmitglied (Landammann) konnte dies selbstverständlich nicht garantieren, da mitunter das Bundesgericht in dieser Sache das letzte Wort haben wird.

Eine Neubeurteilung wäre allenfalls zu einem späteren Zeitpunkt vorzunehmen, wie dies von einzelnen Sprechern empfohlen wurde.

---

nalkirche reagierte enttäuscht, die Sprecherin der Evangelisch-reformierten Kantonalkirche erachtete den Bericht als „nachvollziehbar" und empfahl, davon zustimmend Kenntnis zu nehmen.

10 S. 14.

V. Schluss

Leistungsvereinbarungen zwischen Kirchen und Staat sind in letzter Zeit, z.B. bei Gelegenheit von neuen Kantonsverfassungen, vereinzelt geprüft worden. Am bekanntesten ist das (gescheiterte) Zürcher Beispiel. § 16 des von den Zürcher Stimmberechtigten am 30. November 2003 abgelehnten Kirchengesetzes hatte wie folgt gelautet: „(1) Der Staat bewilligt mit einem Pauschalbeitrag Kostenbeiträge an die kantonalen kirchlichen Körperschaften. (2) Mit den Kostenbeiträgen wird ermöglicht, die Tätigkeiten mit Bedeutung für die ganze Gesellschaft, insbesondere in den Bereichen Bildung, Soziales und Kultur, wahrzunehmen. [...]". Bemerkenswert ist auch Art. 2 Neuenburger Kirchenkonkordats vom 2. Mai 2001[11]: „L'Etat reconnaît le travail général des Eglises reconnues dans les domaines du service social, des aumôneries et de la formation des enfants, des adolescents et des adultes."

Gewiss sind derartige „Leistungsverträge" nicht sehr einfach auszuhandeln und sie sind mit vielen, auch politischen Grundsatzfragen befrachtet. Auch ergeben sich manche komplizierte Abgrenzungs- und Zuordnungsfragen. Vielleicht bestand im Kanton Schwyz auch die Befürchtung, dass einige Jahre nach der Abschaffung der Einheitsgemeinden nun mit derartigen Zahlungen wieder neue Abhängigkeiten zwischen politischen und Kirchgemeinden geschaffen werden und dass somit frühere und jetzt scheinbar überwundene politische Prozesse wieder aufleben können. Trotzdem ist nicht recht verständlich, weshalb der Schwyzer Regierungsrat hier gleichsam den Mut verloren und von diesem Unterfangen wiederum Abstand genommen hat, nachdem doch die umfangreiche und detaillierte Leistungserhebung ziemlich sicher einen anderen Schluss nahe gelegt hätte. Dieser „Rückzieher" könnte ungewollt provozieren, dass sich die Kirchen aus einigen Bereichen von gesamtgesellschaftlichem Interesse etwas zurückziehen.

Jakob Frey

11 Concordat du 2 mai 2001 entre l'Etat de Neuchâtel et l'Eglise réformée évangélique du canton de Neuchâtel, l'Eglise catholique romaine, l'Eglise catholique chrétienne, abgedruckt in: Schweizerische Kirchenrechtsquellen Bd. III: Konkordate und weitere Verträge, hg. von Christoph Winzeler, Bern 2004, S. 237-251 (mitsamt Kommentar, auch dt. Übersetzung).

Les incidences de la nouvelle loi sur le personnel de l'Etat de Vaud sur l'Eglise évangélique réformée du canton de Vaud (EERV)

I. Introduction

L'EERV est une institution nationale liée à l'Etat, conformément à la loi ecclésiastique du 2 novembre 1999 (LE), qui reprend sur la plupart des grands principes la teneur des lois précédentes. Ce régime particulier, où l'EERV n'a d'existence juridique que par le biais de la caisse cantonale, a pour conséquence des liens étroits avec l'Etat, notamment en matière de personnel. Si, selon la LE (art. 23), les ministres n'étaient pas des fonctionnaires au sens de la loi sur le statut de la fonction publique cantonale vaudoise datant de 1947, un certain nombre d'articles contenus dans ce statut leur étaient applicables (traitements, congés, caisse de pension, etc.).

Le règlement ecclésiastique de l'EERV du 20 novembre 1999 contient tout un titre pour les ministères et plus particulièrement des articles sur le statut des ministres, leurs obligations, ainsi que sur les élections et les nominations.

Lorsque le Grand Conseil vaudois a décidé d'adopter une nouvelle loi sur le personnel de l'Etat de Vaud le 12 novembre 2001 (LPers), avec une entrée en vigueur au 1er janvier 2003, il a fallu se pencher à la fois sur la révision de la LE et sur celle du RE, qui se fondaient désormais sur des textes caducs.

II. Présentation de la problématique

La LPers a introduit des changements importants par rapport à la situation antérieure. Pour l'EERV, 4 thèmes principaux ont été dégagés:

- L'autorité d'engagement et le contrat: quelle est l'autorité d'engagement (l'Etat ou l'EERV et si oui quelle instance au sein de l'EERV)? comment prendre en compte l'introduction d'un contrat de droit administratif de durée indéterminée, alors que les ministres de l'EERV sont soumis à renouvellement tous les 4 ans?

- La définition des postes reconnus par l'Etat: comment intégrer des postes laïcs, alors que jusqu'ici seuls des postes ministériels sont pris en charge?
- La discipline d'Eglise: comment mettre sur pied des procédures claires et offrant les garanties juridiques suffisantes, alors que celles qui existent jusqu'ici se sont révélées contestables tant sur le plan pratique que juridique (p.ex., absence de possibilité de recours à des instances supérieures)?
- L'application de la LPers: que reprendre de la LPers tout en respectant les spécificités de l'EERV, notamment celles liées à l'exercice du ministère?

De plus, il fallait prendre en compte les travaux de la mise en œuvre de la nouvelle Constitution vaudoise, qui allaient débuter. Il faut rappeler brièvement que cette dernière revoit d'une manière importante les relations entre l'Etat et les Eglises, dans la mesure où elle reconnaît une parité de rang entre l'EERV et l'Eglise catholique dans le canton de Vaud et introduit la notion d'institution de droit public pour ces deux Eglises. Pour l'EERV, cela implique notamment l'abandon du concept particulier d'institution nationale en faveur de la forme juridique de l'institution de droit public, ainsi qu'un développement de son autonomie sur le plan organisationnel et administratif.

Il fallait encore être attentif à respecter l'articulation entre la LE et le RE, afin de préserver le modèle de loi-cadre ou de loi générale qui avait été retenu lors de l'élaboration de la nouvelle LE en 1999.

III. Les différentes solutions vues sous un angle général

La réflexion a d'abord porté sur la révision de la LE[1], afin de définir les principes généraux, le RE étant le lieu pour en préciser l'application:

1. L'autorité d'engagement et le contrat

La situation qui prévalait avant la LPers était complexe. L'Etat était l'autorité d'engagement des ministres engagés sur les postes reconnus par

1 En ce qui concerne la révision de la LE, voir p. 267 s.

ses soins, alors que la gestion des postes et des personnes relevait de l'EERV, par l'intermédiaire de l'Office des ressources humaines (ORH).

Dans le cadre d'une autonomie accrue de l'EERV, il est apparu rapidement que l'autorité d'engagement devait se situer au niveau de l'EERV. La question à résoudre était alors de savoir quelle instance serait la plus à même pour assumer cette responsabilité importante. Plusieurs hypothèses ont été examinées: le Conseil synodal (CS), la commission de consécration, une commission permanente ad hoc (à créer), l'ORH, les conseils de département ou d'office, les conseils ou assemblées régionaux ou paroissiaux. Il faut relever que l'EERV connaît un système complexe en matière d'élection et de désignation, qui est lié au système presbytéro-synodal. Les ministres paroissiaux sont élus par l'assemblée paroissiale, les ministres régionaux sont élus ou désignés par le conseil régional ou l'assemblée régionale, les ministres cantonaux sont désignés par les conseils de département.

Après évaluation des différentes hypothèses, le choix s'est porté sur le Conseil synodal, ce pour éviter un éparpillement des autorités d'engagement et pour assurer une cohérence pour l'ensemble de l'EERV en matière de ressources humaines. Ce choix a été pondéré par le maintien de l'élection ou de la désignation par les instances paroissiales, régionales ou cantonales existantes, le Conseil synodal ratifiant les décisions prises par ces instances. Le choix retenu a été concrétisé dans l'article 22 alinéa 1 LE révisé.

L'introduction du contrat de droit administratif de durée indéterminée posait essentiellement la question du renouvellement des mandats des ministres. Il aurait été possible de maintenir le régime existant, mais cela aurait eu pour effet de limiter la reprise par la LE d'une grande partie des dispositions de la LPers (transfert, résiliation du contrat, recours au Tribunal des Prud'hommes de l'administration). Le choix s'est donc porté sur l'application du contrat de droit administratif aux ministres de l'EERV, en introduisant une limite de durée dans l'occupation d'un poste à 15 ans, afin d'assurer un tournus suffisant, ainsi qu'une procédure permettant de procéder à des changements de postes sur un plan interne, sans remettre en cause le contrat de durée indéterminée. Un autre avantage était de faire bénéficier les ministres de l'EERV des mêmes garanties que celles offertes au personnel de l'Etat. Le choix retenu a été concrétisé dans l'article 22 alinéa 2 LE révisé.

2. *La définition des postes reconnus par l'Etat*

L'EERV a demandé de pouvoir bénéficier d'une plus grande souplesse dans la prise en charge par l'Etat des postes reconnus par ses soins, et notamment de pouvoir y intégrer des postes laïcs nécessaires à la mission pastorale de l'EERV. Parmi ces postes, il faut mentionner le rédacteur du journal „bonne nouvelle", le chancelier, le responsable administratif des ressources humaines, le responsable de la promotion, etc. Afin que la majorité des postes reconnus par l'Etat continue à être affectée en priorité à des pasteurs et des diacres, une limite à 10 équivalents temps plein a été fixée, dans l'exposé des motifs de la LE, pour les postes laïcs.

Cette demande, qui a rencontré l'agrément de l'Etat, a été inscrite dans l'article 15 LE révisé.

3. *La discipline d'Eglise*

Comme la LPers prévoit des dispositions et une procédure permettant la résiliation d'un contrat de droit administratif, avec un recours possible auprès du Tribunal des Prud'hommes de l'administration, se posait la question de savoir si l'EERV allait s'intégrer dans ce dispositif ou si elle allait mettre sur pied un système totalement indépendant, voire mixte. Si la procédure prévue par la LPers a été conçue pour des collaborateurs dont le profil et la mission sont largement différents de ceux d'un pasteur ou d'un diacre, la possibilité de pouvoir recourir à une instance neutre et indépendante comme le Tribunal des Prud'hommes de l'administration permettait d'offrir des garanties adéquates en cas de résiliation de contrat, garanties qui n'existaient jusqu'ici pas dans les textes légaux et réglementaires régissant l'EERV. Une pondération a été trouvée entre les avantages offerts par la LPers et les spécificités de l'EERV, en prévoyant une procédure interne en matière de discipline et de résolution de conflit, avant de soumettre le litige au Tribunal de Prud'hommes de l'administration. Cette voie offre la possibilité de faire une distinction entre la violation de la discipline, qui se caractérise par le non-respect de règles reconnues comme faisant partie de la discipline de l'EERV (serment de consécration, LE, RE, directives du Synode, du CS, et d'autres instances), et la résolution des conflits, qui caractérise par une atteinte à la cohésion et à la cohérence de l'EERV, notamment lors de difficultés relationnelles persistantes impliquant des organes de l'EERV, des ministres ou des laïcs sous contrat ou non. Le dispositif prévu permet ainsi de tenir compte des spécificités de l'EERV et d'apporter des solutions aux difficultés rencontrées à l'interne, le Tribunal des Prud'hommes de l'administration cantonale n'intervenant qu'en dernier ressort.

Le choix retenu a été concrétisé dans l'article 22 alinéa 4 LE révisé.

4. L'application de la LPers

Deux solutions étaient envisageables dans le contexte du maintien de liens entre l'Etat et l'EERV. Dans cette perspective, la piste de créer un corpus de règles propres à l'EERV (convention collective, p.ex.) a été écartée. Il s'est ainsi agi de choisir entre le renvoi actuel limité à quelques articles déterminés et la déclaration d'une application générale de la LPers, sauf un certain nombre d'articles déterminés pour garantir les spécificités de l'EERV.

C'est la deuxième solution qui a été retenue, pour marquer le maintien d'un lien fort entre l'EERV et l'Etat pour les questions de personnel. Seuls les spécificités réelles de l'EERV doivent être garanties, le RE étant le lieu pour les développer et les préciser.

Le choix retenu a été concrétisé dans l'article 22 alinéa 2 LE révisé.

IV. La mise en application dans le RE

Parallèlement à la révision de la LE, qui a été adoptée par le Grand Conseil le 20 janvier 2004, le RE devait également faire l'objet d'une mise en jour, qui s'est avérée particulièrement importante.

Les modifications apportées au RE, qui ont été présentées par le CS au Synode couvrent trois champs principaux, conformément aux dispositions modifiées dans la LE:

- Autorité d'engagement, organe d'élection et de désignation (voir principalement les articles 189 à 223 du RE actuel, et les articles épars relatifs aux compétences des différents organes (articles 7, 10, 31, 46, 74, 77, 96, 144, 153, 165).
- Statut des ministres et des laïcs sous contrat (articles 224 à 235 du RE actuel).
- Discipline et résolution des conflits (principalement des articles nouveaux, et articles 98 et 108 du RE actuel).

1. Autorité d'engagement, organe d'élection et de désignation (articles 189 à 223 du RE actuel)

Comme présenté dans l'exposé des motifs et projet de loi concernant la LE, le RE a dû être retravaillé en profondeur pour introduire la notion d'autorité d'engagement, qui est assumée par le Conseil synodal pour l'ensemble des ministres et des laïcs, ainsi que celle de changement de poste où les organes paroissiaux, régionaux et cantonaux conservent leurs compétences de choix et de décision.

La question des relations entre le CS et les conseils de département/office n'est abordée ici que d'une manière indirecte. Toutefois, l'article 144 RE prévoit d'ores et déjà une liste de postes dont la désignation est réservée au CS (voir ch. 20 modifié), les autres postes restant de la compétence des conseils de département. L'articulation avec la réflexion sur les relations CS-conseils de département/office est ainsi amorcée, mais ne peut pas encore être finalisée, car elle nécessite des modifications dans d'autres parties du RE non touchées par la présente modification.

De nombreuses compétences en matière de RH sont confiées à l'ORH, dans la perspective de décharger dans la plus large mesure possible le CS de tâches opérationnelles. Le CS a par ailleurs la possibilité de déléguer, le cas échéant, d'autres compétences à l'ORH (voir article 22 LE modifié). Le RE n'indique pas qui, dans l'ORH, assumera telle ou telle compétence précise. Cela nécessite, pour toute adaptation dans la répartition des compétences ou même dans l'intitulé de la fonction à laquelle une compétence est octroyée, une modification correspondante dans le RE, ce qui est par trop lourd. La solution choisie est de compléter la mission générale de l'ORH (voir art. 153) et de le charger, dans le cadre du mandat qui lui sera confié par le CS, de procéder à la répartition des différentes compétences en son sein. Les décisions de l'ORH prises sur la base d'une délégation inscrite dans le RE ou figurant dans le mandat confié par le CS peuvent faire l'objet d'un recours auprès du CS.

Les principales modifications sont:

- La distinction entre l'engagement, qui fait l'objet d'un contrat et qui est principalement de durée indéterminée, et l'élection ou la désignation à un poste, s'il s'agit respectivement d'un organe délibérant (assemblée paroissiale, régionale) ou d'un organe exécutif (conseil régional, Conseil synodal). Le terme de nomination (lié au statut de la

fonction publique qui a été abrogé) est remplacé par celui de désignation.
- L'introduction des laïcs avec, dans toute la mesure du possible, une mise sur pied d'égalité avec les ministres.
- Le cadre général pour l'accès des laïcs aux postes ministériels.
- La définition de la notion d'engagement et plus particulièrement les différents types de contrat de durée indéterminée ou déterminée.
- La procédure concernant le changement de poste qui peut intervenir hors de tout conflit et à la demande du conseil paroissial, régional ou synodal ou du ministre et du laïc sous contrat. L'introduction de la notion de mise au concours d'un poste vacant et de libération du poste occupé, qui implique un rôle et des compétences nouveaux pour l'ORH.
- Une mise à jour essentiellement formelle de la procédure d'élection et de désignation, notamment en ce qui concerne les commissions de présentation et les mises au concours.

2. *Statut des ministres et des laïcs sous contrat (articles 224 à 235 du RE actuel)*

La reprise d'un très grand nombre d'articles de la loi sur le personnel, les exclusions étant limitées pour tenir compte des spécificités de l'EERV (art. 22 LE: *Les ministres et les laïcs occupant des postes reconnus par l'Etat sont soumis à la loi sur le personnel de l'Etat de Vaud, à l'exception des articles 17, 18, 20, 27, 28, 29, 36 à 39, 43, 44, 48, 49, 51 alinéa 2 et 3, 58*) a nécessité un tour d'horizon général du statut des ministres et des laïcs, ainsi que de leurs droits et devoirs. Le RE dans sa version actuelle contient en effet de nombreuses lacunes qui ont dû être comblées.

Dans toute la mesure du possible, la LPers et son règlement général ont été largement repris ou ont servi de référence, même pour les articles du RE présentant les spécificités de l'EERV. Il a paru judicieux de bénéficier au maximum d'un droit commun avec l'Etat. Dans un certain nombre de cas, des solutions nouvelles, adaptées au ministère dans l'EERV, ont été élaborées.

Les principales modifications sont:

- L'introduction des laïcs avec, dans toute la mesure du possible, une mise sur pied d'égalité avec les ministres.

- La distinction entre droits et devoirs, sur le modèle de la LPers.
- Des précisions et des clarifications concernant les instances compétentes dans le domaine des droits et devoirs.
- Des dispositions particulières principalement pour les congés, la formation, les congés de formation, le congé de ressourcement, l'évaluation, le temps de travail et l'aménagement du temps de travail.

3. Discipline et résolution des conflits (titre 8 bis nouveau)

Les dispositions contenues dans le RE ont pour objectif de mettre en forme la procédure interne en cas de violation de la discipline ou de résolution des conflits et l'articulation avec la procédure devant le Tribunal de Prud'hommes. Cela a nécessité l'introduction d'un titre nouveau.

Une distinction est proposée entre violation de la discipline et la résolution de conflit pour tenir compte de leurs spécificités.

Un soin particulier a été apporté à la clarification des différentes étapes et des instances compétentes, tout en prévoyant la procédure la plus légère possible.

La procédure tant dans le cadre de la démarche informelle qu'auprès de la commission de discipline et du groupe de résolution des conflits s'inspire très largement des dispositions retenues en la matière par l'Etat, et plus particulièrement du règlement relatif à la gestion des conflits au travail et à la lutte contre le harcèlement.

Le CS n'intervient qu'en dernière instance après que toutes les possibilités aient été épuisées et avant le recours au Tribunal des prud'hommes de l'administration cantonale.

Le nouveau dispositif proposé permet l'abrogation de l'article 98 du RE actuel, qui abordait d'une manière par trop restreinte la problématique des conflits.

Les principales particularités sont:

- La définition de la discipline et du conflit, et plus particulièrement l'application du dispositif à l'égard des personnes sous contrat et à celles exerçant une fonction dans l'EERV (conseil, commission, etc.).
- La fixation et la description d'étapes distinctes, dont la réalisation et la succession doivent être impérativement respectées (démarche informelle, groupe de résolution des conflits ou commission de discipline, CS, Tribunal des Prud'hommes).

- Une démarche informelle avec la présence centrale de l'un des modérateurs désignés par l'ORH.
- Une procédure devant le groupe de résolution des conflits ou la commission de discipline, avec des garanties de procédure solides et des règles permettant la détermination de l'instance compétente pour traiter le dossier.
- Une procédure devant le Conseil synodal, qui permet à cette instance d'intervenir en fin de processus et de jouer le cas échéant son rôle d'autorité d'engagement en décidant un changement de poste, voire une résiliation de contrat.
- Une procédure externe à l'EERV, auprès du Tribunal de prud'hommes de l'administration cantonale, ainsi que des procédures particulières en vigueur au sein de l'Etat en cas de résiliation avec effet immédiat pour de justes motifs et d'harcèlement sexuel ou psychologique (possibilité d'accéder au groupe Impact de l'administration cantonale).

Les différentes propositions de modifications du RE ont été adoptées, avec quelques amendements, par le Synode lors de ses sessions de novembre et décembre 2003.

L'ensemble du dispositif légal et réglementaire est entré en vigueur au 1er avril 2004, suite à leur ratification par le Conseil d'Etat.

V. Conclusions

La problématique présentée illustre d'une manière exemplaire les relations existant entre l'Etat et une Eglise ayant avec ce dernier des liens forts dans un contexte en profonde mutation.

Une première étape avait été franchie avec l'adoption d'une nouvelle loi ecclésiastique en 1999, qui permettait à la fois de prendre en compte en les modifications intervenues avec le processus „Eglise A Venir", de simplifier les relations avec l'Etat et d'engager le processus d'autonomisation de l'EERV.

D'autres chantiers sont venus interférer rapidement dans cette situation, soit la nouvelle Constitution vaudoise et la nouvelle loi sur le personnel de l'Etat de Vaud. La LPers entrait en vigueur au 1er janvier 2003, avant la Constitution. Il fallait tenter de concilier les modifications de la LE liées à une loi spécifique et celles nécessitées à terme par la mise en œuvre de la Constitution. Le choix a été ainsi fait de suivre au plus près les changements apportés par la LPers, qui venait remplacer une loi particulièrement vétuste, et de préserver l'intensité des liens avec l'Etat, tout en ouvrant des plages d'autonomie nouvelles en faveur de l'EERV qui puissent cadrer avec les évolutions constitutionnelles. Un paramètre supplémentaire a dû être pris en considération, c'est celui des possibilités d'adaptation interne au sein de l'EERV, vu les grands efforts déjà consentis avec „Eglise A Venir". Et ce, d'autant plus que les changements concernaient principalement le statut des ministres. Entre-temps, la situation s'est encore compliquée avec les difficultés financières de l'Etat de Vaud, qui a prévu des réductions importantes sur le budget des Eglises, accroissant ainsi la pression sur le personnel ministériel.

Claude Cuendet

Die Landeskirche als Initiantin einer kantonalen Volksinitiative: zulässige behördliche Intervention?*

I. Ausgangslage und Fragestellung

Im Rahmen von Sparmassnahmen im Bildungsbereich strich der Bildungsrat des Kantons Zürich auf Beginn des Schuljahrs 2004/2005 das Unterrichtsfach Biblische Geschichte aus dem Lehrplan an der Unterstufe der Volksschule als Pflichtfach[1]. Biblische Geschichte wurde zum Freifach erklärt. Damit ist es den politischen bzw. Schulgemeinden freigestellt, diesen Unterricht anzubieten. Die Einstufung als Freifach hat zudem zur Folge, dass die Kosten dieses Unterrichts vollumfänglich von den politischen bzw. Schulgemeinden getragen werden müssen[2].

Um ein langwieriges Rechtsmittelverfahren um die Rechtsbeständigkeit des erwähnten Bildungsratsbeschlusses mit ungewissem Ausgang zu vermeiden und den Bestand des Unterrichtsfachs Biblische Geschichte langfristig zu sichern, lancierten die evangelisch-reformierte Landeskirche des Kantons Zürich und die römisch-katholische Körperschaft des Kantons Zürich, auch mit Unterstützung von Teilen der Lehrerschaft, eine Volksinitiative für die Weiterführung des Faches Biblische Geschichte an der Primarschule. Zu diesem Zweck unterbreiteten sie den Stimmberechtigten ein Begehren auf Abänderung des Volksschulgesetzes[3]. Die

* Frau lic. iur. Eva Hunziker, Leiterin der Kanzlei des Kirchenrates des Kantons Zürich, danke ich für die wertvollen Hinweise.

1 Beschluss des Bildungsrates des Kantons Zürich vom 14. Juli 2003.

2 Aus der Lit. siehe: *Helga Kohler-Spiegel/Adrian Loretan* (Hg.), Religionsunterricht an der öffentlichen Schule, Zürich 2000.

3 Der Initiativtext lautet wie folgt:
„Die unterzeichnenden, im Kanton Zürich wohnhaften Stimmberechtigten stellen hiermit gestützt auf Art. 29 der Kantonsverfassung und auf das Initiativgesetz folgendes, ausformuliertes Begehren: Das Volksschulgesetz vom 11. Juni 1899 (LS 412.11) wird wie folgt geändert (Änderungen kursiv):
§ 24 (2) Hiebei ist darauf zu achten, dass die Schüler eine gründliche Elementarausbildung, vor allem in Sprache und Rechnen, und eine ausreichende Schreibfertigkeit sowie eine Grundausbildung in Handarbeit *und Biblischer Geschichte* erhalten.

Initiative ist inzwischen mit über 50'000 Unterschriften zustande gekommen[4].

Im Vorfeld der Lancierung dieser Volksinitiative stellte sich die Frage, ob die Landeskirche als Körperschaft des öffentlichen Rechts[5] befugt ist, eine Volksinitiative zu lancieren und zu unterstützen und sich im Abstimmungskampf zu engagieren.

II. Rechtslage

1. Vorbemerkung

Bei der Beurteilung der Frage, ob im Rahmen von Volksabstimmungen behördliche Interventionen zulässig sind, sind zwei Gesichtspunkte in Betracht zu ziehen und auseinander zu halten. In einem ersten Schritt gilt es zu prüfen, unter welchen Voraussetzungen Behörden im Vorfeld einer Abstimmung tätig werden dürfen. Hierbei ist zu unterscheiden, ob es sich um eine eigene Vorlage der intervenierenden Behörde oder um eine Vorlage eines anderen gleich-, über- oder untergeordneten Gemeinwesens handelt. Erweist sich eine Intervention als gerechtfertigt, ist in einem zweiten Schritt die Frage nach den zulässigen Mitteln sowie nach der Art und Weise des behördlichen Tätigwerdens zu stellen[6].

---

§ 26 (1) Der Unterricht in den Fächern Biblische Geschichte und Lebenskunde in der Primarschule wird durch *einen* Lehrer erteilt. *Im Fach Biblische Geschichte umfasst er in allen sechs Klassen 1 Stunde pro Woche.*

§ 26 (2) Der Unterricht in Biblischer Geschichte ist so zu gestalten, dass *alle* Schüler ohne Beeinträchtigung der Glaubens- und Gewissensfreiheit daran teilnehmen können.

§ 26 (3) Auf Gesuch der Eltern werden Schüler vom Unterricht in Biblischer Geschichte befreit."

4 Für das Zustandekommen einer Volksinitiative sind gemäss § 21 Abs. 1 des Gesetzes über das Vorschlagsrecht des Volkes vom 1. Juni 1969 (Initiativgesetz, InG; LS 162) 10'000 gültige Unterschriften erforderlich.

5 § 2 Abs. 2 des Gesetzes über die evangelisch-reformierte Landeskirche vom 7. Juli 1963 (KG; LS 181.11).

6 *Stephan Widmer*, Wahl- und Abstimmungsfreiheit, Diss. Zürich 1989, S. 184.

2. Rechtsstellung der Landeskirche

Die zur behördlichen Intervention von Lehre und Rechtsprechung entwickelten Grundsätze beziehen sich regelmässig auf behördliche Interventionen im Verhältnis zwischen Gemeinde und Kanton oder Bund sowie Kanton und Bund. Noch wenig geklärt ist, ob und auf welche Art und Weise sich die öffentlichrechtlich anerkannten kirchlichen Körperschaften im Rahmen von Volksabstimmungen, die nicht den innerkirchlichen Autonomiebereich betreffen, politisch betätigen dürfen[7].

Es ist hierbei von vornherein davon auszugehen, dass die Landeskirche als öffentlichrechtlich verfasste Organisation bei ihren Interventionen nicht dieselben Freiheiten in Anspruch nehmen kann wie private Akteure[8]. Zu beachten ist sodann, dass aufgrund der Autorität der Kirche und der ihr zur Verfügung stehenden Machtmittel die kirchliche Einflussnahme der staatlichen sehr nahe steht[9]. Aus diesen Gründen drängt es sich auf, Interventionen der Landeskirche denselben Regeln zu unterstellen, wie sie auch für die politischen Behörden gelten[10]. Dies rechtfertigt sich umso mehr, als es sich bei der evangelisch-reformierten Landeskirche des Kantons Zürich gleich wie bei den nach Gemeindegesetz verfassten zürcherischen Gemeinden um eine Körperschaft des öffentlichen Rechts handelt[11], welcher der Kanton im Rahmen des kantonalen Rechts Auto-

7 *Michel Besson*, Behördliche Information vor Volksabstimmungen, Diss. Bern 2003, S. 352; *Yvo Hangartner*, Interventionen eines Gemeinwesens im Abstimmungskampf eines anderen Gemeinwesens, in: AJP 1996, S. 270 ff. (275); *S. Widmer*, Wahl- und Abstimmungsfreiheit (Anm. 6), S. 291; *Piermarco Zen-Ruffinen*, L'expression fidèle et sûre de la volonté du corps électoral, in: Verfassungsrecht der Schweiz, hg. von Daniel Thürer/Jean-François Aubert/Jörg Paul Müller, Zürich 2001, § 21 Rz. 33.

8 *M. Besson*, Behördliche Information (Anm. 7), S. 352; *Y. Hangartner*, Interventionen eines Gemeinwesens (Anm. 7), S. 275.

9 *S. Widmer*, Wahl- und Abstimmungsfreiheit (Anm. 6), S. 291.

10 Vgl. *Christoph Hiller*, Die Stimmrechtsbeschwerde, Diss. Zürich 1990, S. 118 Anm. 131. Weniger einschränkend zugunsten der öffentlichrechtlich anerkannten Kirchen *Felix Hafner*, Die Beteiligung der Kirchen an der politischen Gestaltung des Gemeinwesens, Diss. Basel 1985, S. 184 f.; *Dieter Kraus*, Schweizerisches Staatskirchenrecht, Tübingen 1993, S. 147; *S. Widmer*, Wahl- und Abstimmungsfreiheit (Anm. 6), S. 292 f.

11 Vgl. für die Gemeinden *Hans Rudolf Thalmann*, Kommentar zum Zürcher Gemeindegesetz, 3. Aufl. Wädenswil 2000, § 1 N. 1.4.5, für die evangelisch-reformierte Landeskirche des Kantons Zürich § 2 Abs. 2 KG.

nomie eingeräumt hat[12] und die dem Kanton insoweit untergeordnet ist. Das Handeln der Landeskirche ist daher an den von der Rechtsprechung des Bundesgerichts entwickelten Grundsätzen über die behördliche Intervention von Gemeinden zu messen.

3. *Unterschriftenphase*

a) Unbestimmte Rechtslage

Zur Frage, ob öffentlichrechtliche Körperschaften wie die Landeskirche befugt sind, eine Volksinitiative zu lancieren und insbesondere die Unterschriftensammlung finanziell, materiell und personell zu unterstützen, findet sich in Lehre und Rechtsprechung keine eindeutige Antwort[13]. Zum einen gilt der Grundsatz, dass das Gemeinwesen das Sammeln von Unterschriften für Volksinitiativen, die dem eigenen Stimmvolk zu unterbreiten sind, weder behindern noch unterstützen darf. Denn die Unterschriftenphase einer Initiative ist der Gebrauch eines von der Verfassung den Stimmberechtigten eingeräumten politischen Rechts, das in keiner Weise behindert werden darf[14]. Zum andern ist es nicht gestattet, das Sammeln von Unterschriften dadurch zu fördern, dass den amtlichen Mitteilungen Bogen für die Unterschriftensammlung beigelegt werden[15]. Das Bundesgericht hat in einem Fall allerdings die finanzielle Unterstützung eines privaten Komitees durch eine Gemeinde gebilligt, das in Inseraten und Flugblättern dazu aufrief, ein Referendum nicht zu unterzeichnen[16].

12 Für die Landeskirche § 3 Abs. 2 und 3 KG, für die Gemeinden Art. 48 Satz 1 der Verfassung des eidgenössischen Standes Zürich vom 18. April 1869 (KV; LS 101) und § 14 Abs. 1 des Gesetzes über das Gemeindewesen vom 6. Juni 1926 (Gemeindegesetz; LS 131.1).

13 Vgl. *Yvo Hangartner/Andreas Kley*, Die demokratischen Rechte im Bund und Kantonen der Schweizerischen Eidgenossenschaft, Zürich 2000, N. 2602 f.; *Ulrich Häfelin/Walter Haller*, Schweizerisches Bundesstaatsrecht, 5. Aufl. Zürich 2001, N. 1393 ff.; *S. Widmer*, Wahl- und Abstimmungsfreiheit (Anm. 6), S. 178 ff.

14 *Y. Hangartner/A. Kley*, Die demokratischen Rechte (Anm. 13), N. 2602; *Gerold Steinmann*, Interventionen des Gemeinwesens im Wahl- und Abstimmungskampf, in: AJP 1996, S. 255 ff. (265).

15 BVR 1995, S. 193 ff.

16 BGE 116 Ia 466 ff. Kritisch zu diesem Entscheid *Y. Hangartner/A. Kley*, Die demokratischen Rechte (Anm. 13), N. 2602; *G. Steinmann*, Interventionen des Gemeinwesens (Anm. 14), S. 265.

Zulässig ist es hingegen, dass sich die Behörden in der Phase der Ausarbeitung einer Vorlage in die politische Diskussion einschalten, um bei der Bevölkerung für ein Projekt zu werben. Erst wenn sich der Zeitpunkt eines Volksentscheids nähert, hat die Behörde von einer über die sachliche Information hinausgehenden Beeinflussung der Stimmberechtigten abzusehen[17].

b) Lösungsansatz

Ob die Landeskirche als untergeordnetes Gemeinwesen auf der Ebene des Kantons eine Volksinitiative lancieren und sich bei der Unterschriftensammlung engagieren darf, lässt sich aufgrund von Lehre und Rechtsprechung nicht schlüssig beantworten. In diesem Zusammenhang fällt in Betracht, dass zürcherische Behörden unabhängig von den Stimmberechtigten eine Initiative auf Änderung der Verfassung, eines Gesetzes oder eines referendumsfähigen Kantonsratsbeschlusses in Form der Behördeninitiative einreichen können[18]. Zu den Behörden in diesem Sinn zählen auch der Kirchenrat und die Kirchensynode, die hierfür zuständig wären[19]. Daraus lässt sich folgern, dass die Landeskirche auch berechtigt sein müsste, eine Volksinitiative zu lancieren oder zu unterstützen. Ein wesentlicher Unterschied zwischen den beiden Vorgehensweisen besteht darin, dass eine Volksinitiative zustande gekommen ist, sobald die erforderliche Zahl gültiger Unterschriften vorliegt, während eine Behördeninitiative für das Zustandekommen der vorläufigen Unterstützung durch den Kantonsrat bedarf[20]. Da im Rahmen einer Volksinitiative zudem mehr finanzielle Mittel aus Steuergeldern als für eine Behördeninitiative eingesetzt werden müssen, ist vom betreffenden Gemeinwesen mindestens zu verlangen, dass ein entsprechender Handlungsauftrag einer klaren Mehrheit der Mitglieder des intervenierenden Gemeinwesens bzw. ihrer parlamentarischen Vertretung – d.h. der Mitglieder der Landeskirche bzw.

17 *U. Häfelin/W. Haller*, Bundesstaatsrecht (Anm. 13), N. 1393; *G. Steinmann*, Interventionen des Gemeinwesens (Anm. 14), S. 265. So wohl auch jene Autoren, welche die Auffassung vertreten, die Kirchen hätten ihre Anliegen in den demokratischen Meinungsbildungsprozess einzubringen (vgl. *F. Hafner*, Beteiligung der Kirchen [Anm. 10], S. 184 f.; *D. Kraus*, Staatskirchenrecht [Anm. 10], S. 147; *S. Widmer*, Wahl- und Abstimmungsfreiheit [Anm. 6], S. 292 f.).

18 Art. 29 Abs. 3 Ziffer 2 KV.

19 § 30 Abs. 1 Ziffer 3 und § 34 Abs. 1 KG.

20 § 21 Abs. 1 InG. Erforderlich ist die Zustimmung von mindestens 60 Mitgliedern des 180-köpfigen Kantonsrates.

der Kirchensynode – vorliegt oder wenigstens vermutet werden kann. Zudem darf ein solches Initiativbegehren nicht einen beliebigen Sachbereich betreffen, sondern muss es die Autonomie oder einen zentralen Wirkungsbereich des betreffenden Gemeinwesens berühren; dieses muss insoweit zur Interessenwahrung gesetzlich verpflichtet sein[21]. Schliesslich ist zu verlangen, dass der Mitteleinsatz insgesamt verhältnismässig ist. Sind diese Voraussetzungen erfüllt, kann der Landeskirche das Recht zugebilligt werden, eine Volksinitiative zu lancieren und in der Phase der Unterschriftensammlung finanziell, materiell und personell zu unterstützen.

4. Abstimmungsphase

Weitreichender als in der Unterschriftenphase sind die Interventionsmöglichkeiten öffentlichrechtlicher Körperschaften im Rahmen einer Volksabstimmung, insbesondere im Abstimmungskampf.

a) Grundsatz

Grundsätzlich ist jegliches Eingreifen der Behörden in eine Volksabstimmung, die eine Vorlage der intervenierenden Behörde zum Gegenstand hat, unzulässig – ausgenommen die Abgabe von Abstimmungsempfehlungen und -erläuterungen[22]. Der Behörde ist es in jedem Fall verwehrt, für die eigene Abstimmungsvorlage eine Abstimmungskampagne zu führen[23]. Behördliche Interventionen sind nur ausnahmsweise bei Vorliegen triftiger Gründe gestattet. Triftige Gründe sind gegeben, wenn die zusätzliche Information im Interesse der unverfälschten Willenskundgabe

21 Vgl. *Y. Hangartner*, Interventionen eines Gemeinwesens (Anm. 7), S. 275.

22 *M. Besson*, Behördliche Information (Anm. 7), S. 115 f.; *Y. Hangartner/A. Kley*, Die demokratischen Rechte (Anm. 13), N. 2593; *G. Steinmann*, Interventionen des Gemeinwesens (Anm. 14), S. 259; *S. Widmer*, Wahl- und Abstimmungsfreiheit (Anm. 6), S. 189. Zur Zulässigkeit von Abstimmungsempfehlungen und zu den Anforderungen an behördliche Abstimmungserläuterungen eingehend *M. Besson*, Behördliche Information (Anm. 7), S. 241 ff.; *G. Steinmann*, Interventionen des Gemeinwesens (Anm. 14), S. 260 f.; *S. Widmer*, Wahl- und Abstimmungsfreiheit (Anm. 6), S. 249 ff. Die neuere Lehre geht von einer eigentlichen Teilnahmepflicht der Behörden am Abstimmungskampf aus (dazu eingehend *M. Besson*, Behördliche Information [Anm. 7], S. 141 ff.).

23 *S. Widmer*, Wahl- und Abstimmungsfreiheit (Anm. 6), S. 190.

der Stimmberechtigten nötig ist[24]. Dies ist namentlich der Fall bei der Berichtigung irreführender Propaganda seitens eines privaten Abstimmungskomitees, bei zwischenzeitlicher Änderung der Verhältnisse, die der Abstimmungsvorlage zugrunde lagen, oder bei komplexen Abstimmungsvorlagen. Um eine behördliche Intervention zu rechtfertigen, muss die irreführende Propaganda grobe Fehler beinhalten und in einem Umfang erfolgen, der geeignet ist, das Abstimmungsergebnis zu beeinflussen; eine gewisse Übertreibung und Verzerrung in der Propaganda ist in Kauf zu nehmen[25].

b) Intervention des untergeordneten Gemeinwesens

Weniger streng als bei behördlichen Interventionen in Volksabstimmungen über eigene Vorlagen ist die Praxis bei Interventionen eines untergeordneten Gemeinwesens in einen Abstimmungskampf auf der Ebene des übergeordneten Gemeinwesens. Zwar gilt auch bei dieser Konstellation der Grundsatz, dass ein untergeordnetes Gemeinwesen nicht in den Abstimmungskampf des übergeordneten eingreifen darf. Ist eine besondere Betroffenheit des intervenierenden Gemeinwesens gegeben, darf von diesem Grundsatz jedoch abgewichen werden[26]. Voraussetzung dafür ist, dass das unmittelbare und besondere Interesse am Ausgang der Abstimmung jenes der übrigen Gemeinwesen bei weitem übertrifft[27]. Diese Interventionsmöglichkeit lässt sich damit begründen, dass ein Informationsbedürfnis der Stimmberechtigten darüber besteht, wie sich das direkt betroffene Gemeinwesen zu einer Abstimmungsvorlage stellt. Die Stimmberechtigten müssen sich diesfalls aber darauf verlassen können,

24 *Y. Hangartner/A. Kley*, Die demokratischen Rechte (Anm. 13), N. 2593; *G. Steinmann*, Interventionen des Gemeinwesens (Anm. 14), S. 261 f.; *S. Widmer*, Wahl- und Abstimmungsfreiheit (Anm. 6), S. 189.

25 Je mit Hinweisen auf die Rechtsprechung des Bundesgerichts *M. Besson*, Behördliche Information (Anm. 7), S. 116 ff.; *Y. Hangartner/A. Kley*, Die demokratischen Rechte (Anm. 13), N. 2594; *G. Steinmann*, Interventionen des Gemeinwesens (Anm. 14), S. 262 f.; *S. Widmer*, Wahl- und Abstimmungsfreiheit (Anm. 6), S. 189 f.

26 BGE 119 Ia 271 ff. (273, 278); *M. Besson*, Behördliche Information (Anm. 7), S. 338; *Y. Hangartner*, Interventionen eines Gemeinwesens (Anm. 7), S. 274; *Y. Hangartner/A. Kley*, Die demokratischen Rechte (Anm. 13), N. 2645.

27 BGE 119 Ia 271 ff. (278); 108 Ia 155 ff. (160 f.); *Y. Hangartner/A. Kley*, Die demokratischen Rechte (Anm. 13), N. 2645; *S. Widmer*, Wahl- und Abstimmungsfreiheit (Anm. 6), S. 197 f.

dass die offizielle Stellungnahme des intervenierenden Gemeinwesens von der überwiegenden Mehrheit der Mitglieder dieses Gemeinwesens getragen wird. Andernfalls, insbesondere wenn das Gemeinwesen in der Abstimmungsfrage gespalten ist, hat die Intervention zu unterbleiben[28].

c) Interventionsrahmen

Liegen triftige Gründe für ein Eingreifen im Vorfeld einer Volksabstimmung vor, haben die behördlichen Informationen und Erläuterungen dem Gebot der Sachlichkeit, Transparenz, Verhältnismässigkeit und Fairness zu genügen[29].

Als sachlich ist eine Information dann zu betrachten, wenn sie inhaltlich korrekt, ausgewogen, kurz, nicht lückenhaft sowie klar und verständlich ist[30]. Dies gilt nicht nur für den Inhalt, sondern auch für die Aufmachung der Information. Inhalt, Zweck und Folgen einer Abstimmungsvorlage sind fair zu bewerten. Im Sinn der Ausgewogenheit sind die wichtigsten Argumente, die für und gegen eine Vorlage sprechen angemessen zum Ausdruck zu bringen. Die Information hat schliesslich alle entscheidwesentlichen Punkte zu enthalten[31]. Insgesamt ist dabei von öffentlichrechtlichen Körperschaften im Rahmen der politischen Betätigung ein höherer Grad von Objektivität und Sachlichkeit zu erwarten als von privaten politischen Gruppierungen[32]. Dies hindert die intervenierende Behörde nicht daran, im Rahmen des Sachlichkeits- und Ausgewogenheitsgebots in der Information ihre Sicht darzulegen. Denn es gelten nicht dieselben strengen Grundsätze, die bei der Abgabe eines erläuternden Berichts zu einer eigenen Abstimmungsvorlage zu beachten wären[33].

28 *Y. Hangartner*, Interventionen eines Gemeinwesens (Anm. 7), S. 271; *Y. Hangartner/A. Kley*, Die demokratischen Rechte (Anm. 13), N. 2648; *S. Widmer*, Wahl- und Abstimmungsfreiheit (Anm. 6), S. 199 f.; a.M. *M. Besson*, Behördliche Information (Anm. 7), S. 341, der eine Intervention auch in einem solchen Fall befürwortet, wobei gleichzeitig auf die Gegenargumente hinzuweisen wäre.

29 *M. Besson*, Behördliche Information (Anm. 7), S. 340.

30 Dazu eingehend *M. Besson*, Behördliche Information (Anm. 7), S. 182 ff.

31 *M. Besson*, Behördliche Information (Anm. 7), S. 199.

32 BGE 108 Ia 155 ff., 161 f.

33 BGE 108 Ia 155 ff., 161 f.; *M. Besson*, Behördliche Information (Anm. 7), S. 340; *S. Widmer*, Wahl- und Abstimmungsfreiheit (Anm. 6), S. 205 f.; vgl. *U. Häfelin/W. Haller*, Bundesstaatsrecht (Anm. 13), N. 1394.

Die Transparenz der behördlichen Information bedingt einen Verzicht auf verdeckte Einflussnahme und auf die behördliche Unterstützung privater Abstimmungskomitee sowie das Offenlegen aller eigenen Informationsanstrengungen[34]. Als problematisch erweist sich insbesondere die finanzielle Unterstützung von privaten Komitees, obschon sie vom Bundesgericht in Einzelfällen als zulässig erachtet wurde, soweit sie nicht verdeckt erfolgte[35]. Zwar wiegt die offene Unterstützung eines privaten Komitees durch die Behörden weniger schwer als eine verdeckte. Aus grundsätzlichen Überlegungen ist sie jedoch abzulehnen. Die Behörde hat nach den für sie geltenden Grundsätzen zusätzliche Informationen für die Stimmberechtigten selbst zielbezogen auszuarbeiten und abzugeben. Sie soll zu solchen Informationen auch offen stehen[36]. Andernfalls besteht die Gefahr, dass namentlich das Gebot der Sachlichkeit behördlicher Information umgangen wird, an die ein privates Komitee nicht gebunden ist[37]. An dieser Einschätzung ist auch für den Fall festzuhalten, dass sich eine erhebliche Zahl von Behördenmitgliedern im betreffenden privaten Komitee engagiert und so an sich eine effektive Kontrolle gewährleistet ist. Denn es erscheint bei dieser Konstellation als unklar, ob diese Behördenmitglieder sich in eigenem Namen mit eigenen Mitteln engagieren oder ob sie stellvertretend für das Gemeinwesen tätig werden[38]. Folgerichtig ist auch bei der blossen Zusammenarbeit zwischen Behörden und privaten Komitees Zurückhaltung geboten. Sie hat sich danach zu richten, ob dadurch ein Beitrag zu einer verbesserten Willensbildung der Stimmberechtigten geleistet wird. Sie darf mithin nicht mit das Ziel verfolgen, eine Volksabstimmung zu gewinnen[39].

Der Mitteleinsatz für die behördliche Information muss insgesamt verhältnismässig sein[40]. Die zulässige Höhe der eingesetzten finanziellen Mittel bemisst sich nach ständiger Rechtsprechung des Bundesgerichts

34 Dazu eingehend *M. Besson*, Behördliche Information (Anm. 7), S. 200 ff.

35 So etwa BGE 116 Ia 466 ff. (474); BGr., 11. Dezember 1991, ZBl 94/1993, S. 119 ff. (126 f.); BGE 119 Ia 271 ff. (281).

36 *Y. Hangartner/A. Kley*, Die demokratischen Rechte (Anm. 13), N. 2597.

37 *M. Besson*, Behördliche Information (Anm. 7), S. 204; *S. Widmer*, Wahl- und Abstimmungsfreiheit (Anm. 6), S. 209 f.

38 *Y. Hangartner/A. Kley*, Die demokratischen Rechte (Anm. 13), N. 2597.

39 *M. Besson*, Behördliche Information (Anm. 7), S. 206 f.

40 *Y. Hangartner/A. Kley*, Die demokratischen Rechte (Anm. 13), N. 2596; *S. Widmer*, Wahl- und Abstimmungsfreiheit (Anm. 6), S. 205 f.; dazu eingehend *M. Besson*, Behördliche Information (Anm. 7), S. 208 ff.

nach dem Aufwand, der auch politischen Parteien und anderen Interessengruppen ohne erhebliche Opfer möglich ist[41]. Als Beurteilungsmassstab für die Verhältnismässigkeit sind in diesem Zusammenhang namentlich die Bedeutung des Abstimmungsgegenstands für das intervenierende Gemeinwesen und die Tatsache zu berücksichtigen, ob mit einer solchen Abstimmungskampagne die Stimmberechtigten eines grossen Kantons erreicht werden müssen[42]. Zudem soll dem Gemeinwesen im Abstimmungskampf keine dominierende Stellung zukommen[43]. Ob eine behördliche Intervention dem Gebot der Verhältnismässigkeit entspricht, lässt sich nur aufgrund der gesamten Umstände des Einzelfalls zu beurteilen[44].

Die Formen der behördlichen Intervention sind vielfältig. Es gilt der Grundsatz, dass alle Mittel eingesetzt werden dürfen, die private Akteure in Abstimmungskämpfen in Gemeinwesen dieser Stufe üblicherweise verwenden[45].

Das Gebot der Fairness im Rahmen der behördlichen Intervention bildet zugleich Grundsatz und Auffangtatbestand. In ihm sind die Gebote der Sachlichkeit, der Verhältnismässigkeit und der Transparenz mitenthalten. Selbständige Bedeutung erlangt das Fairnessgebot nur punktuell, namentlich im Anspruch auf Information zu einem fairen Zeitpunkt[46].

5. Sonderstellung staatlich anerkannter kirchlicher Körperschaften?

Ein Teil der Lehre vertritt die Auffassung, dass die staatlich anerkannten kirchlichen Körperschaften mit Bezug auf die behördliche Intervention

41 BGr., 26. Mai 1995, ZBl 97/1996, S. 233 ff. (242 ff.); *Y. Hangartner/A. Kley*, Die demokratischen Rechte (Anm. 13), N. 2634 ff.; *S. Widmer*, Wahl- und Abstimmungsfreiheit (Anm. 6), S. 206.

42 BGE 108 Ia 155 ff. (162).

43 *M. Besson*, Behördliche Information (Anm. 7), S. 219; *S. Widmer*, Wahl- und Abstimmungsfreiheit (Anm. 6), S. 207.

44 Ein Teil der neueren Lehre will bei der Verhältnismässigkeitsprüfung nicht allein die Höhe der eingesetzten finanziellen Mittel berücksichtigen. Stattdessen soll auf die Wirkung der behördlichen Information abgestellt werden (vgl. *M. Besson*, Behördliche Information [Anm. 7], S. 216 ff.).

45 BGE 105 Ia 243 ff. (245); *M. Besson*, Behördliche Information (Anm. 7), S. 329 f.; *S. Widmer*, Wahl- und Abstimmungsfreiheit (Anm. 6), S. 205. Eingehend zu den einzelnen Informationsmitteln und -inhalten *M. Besson*, Behördliche Information (Anm. 7), S. 227 ff.

46 *M. Besson*, Behördliche Information (Anm. 7), S. 223.

nicht denselben Grundsätzen unterstehen, wie sie für das Eingreifen einer Behörde im Rahmen einer Volksabstimmung über eine eigene Vorlage oder eine Vorlage des übergeordneten Gemeinwesens gelten[47]. Ausgangspunkt hierfür ist, dass die Kirchen beauftragt sind, ihre Anliegen bei Fragen von erheblicher ethischer Bedeutung in den öffentlichen und demokratischen Meinungsbildungsprozess einzubringen. Die innerkirchliche Autonomie und die Religionsfreiheit sollen der Lehre dienen, der die betreffende kirchliche Körperschaft verpflichtet ist, und zu deren Umsetzung verhelfen. Dementsprechend ist es zulässig, dass die staatlich anerkannten kirchlichen Körperschaften zu Abstimmungen Stellung beziehen, sofern eine eindeutige Stellungnahme möglich ist oder sich geradezu aufdrängt. Es genügt hierbei, wenn die demokratisch legitimierten Organe der betreffenden kirchlichen Körperschaft der Auffassung sind, es müsse um des Glaubens Willen in einem Abstimmungskampf Partei ergriffen werden. Denn Stellungnahmen, die im Glauben wurzeln, bedürfen materiell keiner demokratischen Legitimation[48].

Die Zulässigkeit der Intervention einer staatlich anerkannten kirchlichen Körperschaft im Vorfeld einer kantonalen Volksabstimmung wurde bis heute nicht höchstrichterlich beurteilt. Es ist daher fraglich, ob ohne weiteres auf die vorstehenden Lehrmeinungen abgestellt werden kann. In Anbetracht dessen drängt es sich auf, bei kirchlichen Interventionen im Vorfeld einer Volksabstimmung dieselben Grundsätze zu beachten, wie sie für die Intervention eines untergeordneten Gemeinwesens in einen Abstimmungskampf des übergeordneten Gemeinwesens gelten[49].

III. Interventionsmöglichkeiten der Landeskirche

Hinsichtlich der Beurteilung der Interventionsmöglichkeiten der Zürcher Landeskirche im Rahmen der eingangs erwähnten Volksinitiative für die Weiterführung des Faches Biblische Geschichte an der Primarschule ist

47 *F. Hafner*, Beteiligung der Kirchen (Anm. 10), S. 184; *D. Kraus*, Staatskirchenrecht (Anm. 10), S. 147; *S. Widmer*, Wahl- und Abstimmungsfreiheit (Anm. 6), S. 292 f.

48 *Y. Hangartner*, Interventionen eines Gemeinwesens (Anm. 7), S. 275; *Y. Hangartner/A. Kley*, Die demokratischen Rechte (Anm. 13), N. 2660.

49 So im Übrigen auch *Ch. Hiller*, Stimmrechtsbeschwerde (Anm. 10), S. 118 Anm. 131.

vorab festzuhalten, dass eine Volksinitiative auf kantonaler Ebene in Frage steht. Diese ist den Stimmberechtigten vom Regierungsrat, d.h. vom Kanton als der Landeskirche übergeordneter Ebene, zur Abstimmung zu unterbreiten. Es kommt somit weder das Verbot der Unterstützung der Unterschriftensammlung für eine eigene Vorlage der Landeskirche zum Tragen, noch sind die Grundsätze behördlicher Intervention in den Abstimmungskampf über einen eigene Vorlage anwendbar. Zu prüfen ist stattdessen, ob sich die Landeskirche im Rahmen einer kantonalen Volksinitiative engagieren darf.

1. Kirchenrechtliche Gesichtspunkte

Für die Zürcher Landeskirche statuiert Art. 82 Abs. 2 KO[50] die Verpflichtung, dass sich die Kirchgemeinden und die Landeskirche für das Anrecht des Kindes auf Begegnung mit christlicher, namentlicher biblischer Überlieferung auf allen Schulstufen einzusetzen haben. Die Kirchgemeinden und die Landeskirche unterstützen dabei die Bestrebungen, die Erziehung in Familie und Schule in christlicher Verantwortung zu verankern[51]. Soweit die Kirchgemeinden nicht in der Lage sind, diese Aufgaben im Bereich des schulischen Unterrichts alleine zu erfüllen, werden sie von der Landeskirche unterstützt[52]. Die Kirchgemeinden und die Landeskirche haben somit den gesetzlichen Auftrag, dafür besorgt sein, dass den Kindern und Jugendlichen in der Schule die christliche und die biblische Überlieferung vermittelt wird. Dieser Auftrag lässt sich in allgemeiner Form auch aus Art. 209 Abs. 1 KO ableiten, wonach die Landeskirche für eine Ordnung von Staat und Gesellschaft einzutreten hat, die sich aus christlichem Glauben verantworten lässt. Art. 82 Abs. 2 KO stellt mithin für den Bereich des schulischen Unterrichts eine Ausprägung des in Art. 209 KO verankerten Wächteramts der Landeskirche dar.

2. Intervention in der Unterschriftenphase

Das in der Kirchenordnung verankerte Wächteramt der Landeskirche verpflichtet diese, dafür einzutreten, dass Kinder und Jugendlichen in der

50 Kirchenordnung der evangelisch-reformierten Landeskirche des Kantons Zürich vom 2. Juli 1967 (KO; LS 181.12).

51 Art. 103 Abs. 1, Art. 210 Abs. 1 KO.

52 Art. 170 KO.

Schule die Begegnung mit der christlichen bzw. biblischen Überlieferung möglich ist und die Erziehung in christlicher Verantwortung erfolgt. Dieser klare gesetzliche Auftrag in Verbindung mit der Autonomie der Landeskirche lassen diese als befugt erscheinen, die eingangs erwähnte Volksinitiative zu lancieren und sich namentlich bei der Unterschriftensammlung zu engagieren. Würde dies verneint, vermöchte die Landeskirche ihrem gesetzlichen Auftrag, insbesondere in Fragen von grosser ethischer Bedeutung ihr Wächteramt auszuüben, nicht nachzukommen. Zudem wirkt sich die Streichung der Biblischen Geschichte als Unterrichtsfach mit Angebotspflicht unmittelbar auf den im Autonomiebereich der Landeskirche liegenden kirchlichen Unterricht aus, in dem die Biblische Geschichte in das gesamte kirchliche Unterrichtsangebot integriert ist und der Besuch dieses Unterrichts namentlich Voraussetzung für die Konfirmation bildet[53]. Schliesslich kann die Zustimmung der Kirchensynode zu einem solchen Vorgehen aufgrund der gemeinsamen Erklärung der Fraktionen der Kirchensynode vom 25. November 2003 vorausgesetzt werden[54]. Darin wurde der Kirchenrat ausdrücklich aufgefordert, aller erforderlichen Schritte zur Erhaltung des Unterrichtsfachs Biblische Geschichte zu unternehmen.

3. Intervention in der Abstimmungsphase

Der Abstimmungskampf über die eingangs erwähnte Volksinitiative steht noch aus. Für eine Intervention der Landeskirche im Vorfeld der Volksabstimmung können jedoch bereits heute triftige Gründe ins Feld geführt werden. Namentlich ist die Landeskirche mehr als alle anderen Gemeinwesen bzw. öffentlichrechtlichen Körperschaften im Kanton von der Abschaffung oder Beibehaltung des schulischen Unterrichtsfachs Biblische Geschichte betroffen. Auch hat sie ein ganz besonderes Interesse am Abstimmungsausgang, indem das Konzept des kirchlichen Unterrichts als Ganzes wesentlich auf das Fach Biblische Geschichte ausgerichtet ist und die Übernahme dieses bisher schulischen Bildungsangebots durch die Landeskirche dieser erhebliche Kosten verursachen würde.

Von der Landeskirche als öffentlichrechtlicher Körperschaft wird im Rahmen der politischen Betätigung im Vorfeld einer Volksabstimmung

53 Art. 90 KO.

54 Protokoll der evangelisch-reformierten Kirchensynode des Kantons Zürich vom 25. November 2003, S. 14 f.

ein höheres Mass an Objektivität und Sachlichkeit zu verlangen sein als von privaten Vereinigungen. Äusserste Zurückhaltung wird bei der Beauftragung eines privaten Komitees zu üben sein, das von der Landeskirche finanziell und personell unterstützt würde. Eine solche an sich abzulehnende Unterstützung wäre mindestens offen zu legen, und es wäre auf die Verbindung zwischen Komitee und Landeskirche hinzuweisen. Jedes andere Verhalten wäre als Irreführung der Stimmberechtigten zu werten.

Über das Mass der zulässigen Unterstützung bestehen keine verbindlichen Vorgaben. Zu berücksichtigen ist in diesem Zusammenhang die grosse Bedeutung des Unterrichtsfachs Biblische Geschichte für die Landeskirche als Teil des kirchlichen Unterrichtsangebots einerseits und anderseits die Tatsache, dass mit einer solchen Initiativ- und Abstimmungskampagne die Stimmberechtigten des bevölkerungsreichsten Kantons erreicht werden müssen.

Martin Röhl

Volksinitiative für die Weiterführung des Fachs „Biblische Geschichte" im Kanton Zürich*

I. Ausgangslage: Das Sanierungsprogramm 04 vom 8. Mai 2003 und erste Reaktionen

Am 8. Mai 2003 kündigte der Regierungsrat des Kantons Zürich an, wie er den aus dem Lot geratenen Staatshaushalt sanieren wolle. Er legte das „Sanierungsprogramm 04" vor, zu dem das Stimmvolk anderthalb Jahre später, am 26. September 2004, Ja sagte. Eine der 144 vorgeschlagenen Sanierungsmassnahmen, San 04.214, betrifft den schulischen Religionsunterricht. Der kantonale Anteil von jährlich 3,2 Mio. Fr. an der Finanzierung dieses Fachs würde wegfallen; die politischen Gemeinden hätten jedoch die Wahl, Religion freiwillig anzubieten und selber zu finanzieren.

Die Sanierungsvorschläge waren unter hohem Zeitdruck entstanden und es hatten vor allem pragmatische Kriterien die Auswahl der Massnahmen geprägt. Anfänglich war unklar, ob der Religionsunterricht nur an der Primarschule oder gar an der ganzen Volksschule tangiert ist. Beruhigend wurde in Aussicht gestellt, dass der kantonale Bildungsrat zur Massnahme San 04.214 eine Vernehmlassung auch bei den öffentlichrechtlich anerkannten Kirchen durchführen würde.

Der Kirchenrat der evangelisch-reformierten Kirche des Kantons Zürich hatte zu jener Zeit keine Ansprechsperson im Regierungsrat, da dieser im Begriff war, sich nach den Wahlen neu zu konstituieren. Am 21. Mai 2003 nahm der Kirchenrat öffentlich *gegen* die Sparmassnahme San 04.214 und *für* die Beibehaltung des Religionsunterrichts Stellung. Er gelangte an die Präsidien der Kirchenpflegen und an die Fraktionen der reformierten Kirchensynode und forderte sie auf, sich mit Leserbrie-

* Dieser Hintergrundbericht zur kantonalzürcherischen „Volksinitiative für die Weiterführung des Fachs ‚Biblische Geschichte' an der Primarschule" schildert und würdigt aus der Sicht des Verf. die bisher erfolgreichen Bemühungen kirchlicher, schulischer und gesellschaftlicher Kreise um Beibehaltung dieses Schulfachs. Der Verfasser leitet die Abteilung „Pädagogik und Animation" der Gesamtkirchlichen Dienste der evangelisch-reformierten Landeskirche des Kantons Zürich.

fen oder mit direkten Eingaben zuhanden der Bildungsdirektion für den Religionsunterricht einzusetzen. Die Bildungsdirektion erhielt darum täglich Post – so z.B. vom Kirchenpflegepräsidenten von Bauma mit 259 Unterschriften von Kirchenpflege- und Schulpräsidien, Kantons- und Verfassungsräten.

Die reformierte Kirchensynode verabschiedete am 24. Juni 2003 eine Resolution zuhanden der Bildungsdirektion und des Bildungsrates. Darin stellte sie fest, dass der Regierungsrat mit der geplanten Sparmassnahme „den Stellenwert der Religion für die Gesellschaft verkennt" und „ein bedenkliches gesellschaftspolitisches Zeichen" setzt. In dieser Zeit nahm der Kirchenrat Kontakt mit Vertretern der katholischen Kirche sowie mit Verantwortlichen von politischen und schulischen Gremien auf und suchte das Gespräch mit der Direktorin und den Mitgliedern des Bildungsrates.

Die politische Gesamtsituation im Frühsommer 2003 war komplex und erforderte diplomatisches Gespür. Zum einen würden am 30. November 2003 die drei Kirchenvorlagen – grössere Autonomie für die anerkannten Kirchen, Möglichkeit der öffentlichen Anerkennung auch anderer Religionsgemeinschaften, entsprechende Anpassungen der Kantonsverfassung – zur Abstimmung kommen (diese Vorlagen waren das Ergebnis bewährter Zusammenarbeit zwischen den drei öffentlichrechtlich anerkannten Kirchen und der kantonalen Justizdirektion im Gefolge der dritten Trennungsinitiative, welche die Stimmenden 1995 entschieden abgelehnt und sich damit für die Partnerschaft zwischen Kirchen und Staat eingesetzt hatten). Sollen die Kirchen nun die Früchte dieser Arbeit gefährden und mit jenem Partner auf Konfrontation gehen, an dessen Seite sie die Abstimmung vom November 2003 gewinnen wollten? Es galt zum anderen auch zu bedenken, ob es klug ist, wenn die Kirchen – zusammen mit allen anderen betroffenen Gruppen – unmittelbar und direkt reagierten, denn ihre Stimme könnte dann im ersten grossen Lärm untergehen.

II. Das Sanierungsvorhaben im Kontext der Abstimmung vom 30. November 2003

Am ersten Tag der Schul-Sommerferien 2003 fand die erste Sitzung des Bildungsrates in seiner neuen Zusammensetzung nach den Wahlen statt. Er beschloss lapidar unter Punkt 2: „Das Fach ‚Biblische Geschichte' wird zu einem Freifach." Personen aus Kirchenkreisen, die sich um Gespräche mit der Bildungsdirektion bemüht hatten, fühlten sich vor den Kopf gestossen. Von in Aussicht gestelltem Dialog oder von Vernehmlassung keine Spur. Der Entscheid erschien so als fait accompli; die im Mai 2003 vorgeschlagene Massnahme San 04.214 war damit umgesetzt. Der Bildungsrat kommentierte dies wie folgt: „Die Wahl der Fächer, in denen gekürzt wird, hat anstellungsrechtliche Gründe, d.h. Kürzungen müssen dort vorgenommen werden, wo der Unterricht durch Lehrpersonen erteilt wird, die kein Anrecht auf ein Vollpensum haben."

Was sich in der Zwischenzeit ereignet hat, verdeutlicht der Zwischenbericht von Pfarrerin Anemone Eglin, Mitglied des Kirchenrates und Vorsteherin des Ressorts „Pädagogik und Animation", zuhanden der Kirchensynode am 18. November 2003:

> „Erneut ersuchte der Kirchenrat zusammen mit Vertretern der Römisch-katholischen Zentralkommission und der Pädagogischen Hochschule die Bildungsdirektorin um ein Gespräch. Die Gespräche mit kirchlichen, schulischen und politischen Verantwortlichen wurden weitergeführt. Dabei wurde deutlich, dass das Anliegen, den B-Unterricht [B-Unterricht = Biblischer Unterricht] beizubehalten, auch von schulischen Lehrkräften, Verantwortlichen an der Pädagogischen Hochschule und quer durch alle Parteien unterstützt wird. Zwei Beispiele: 1.) Der Vorstand der Schulsynode hält in seiner Begutachtung der Sparmassnahmen fest: ‚Die Lehrerschaft begrüsst es, dass der Bildungsrat Wert legt auf die Einführung der Kinder in unsere kulturell-religiösen Wertvorstellungen. Die Degradierung des Fachs Biblische Geschichte zum Freifach [...] widerspricht der genannten Wertschätzung.' 2.) Die Fraktion der Evangelischen Volkspartei (EVP) reichte am 22. September 2003 im Kantonsrat eine Motion ein, die den Regierungsrat auffordert, ‚sicherzustellen, dass das Angebot des Biblischen Unterrichts an der Primarschule in allen Schulgemeinden erhalten bleibt.' Aus der Begründung: ‚Es gehört zu einem ganzheitlichen Bildungsauftrag, dass unsere Jugend mit den christlichen Wurzeln unserer abendländischen Kultur vertraut wird. Deshalb soll an der Angebotspflicht für Biblische Geschichte festgehalten werden.'
>
> Als Grundlage für Briefe und weitere Vorstösse erarbeitete der Kirchenrat ein Argumentarium, das auf der landeskirchlichen Homepage abrufbar ist.
>
> In letzter Zeit gelangten Anfragen von kirchlichen Mitarbeitenden und Schulpflegen an den Kirchenrat. Sie wollten wissen, ob die Landeskirche bereit sei, den kantonalen Beitrag an den B-Unterricht zu übernehmen. Für den Kirchenrat ist dies keine Option. B-Unterricht ist ein Schulfach, das in den Aufgabenbereich des Staates fällt. Ein Sponsoring und damit verbunden ein Einflussnehmen von Seiten der Kirche wird auch von schulischer Seite her abgelehnt. [...]

Der Kirchenrat hat alle Kirchenpflegepräsidien angeschrieben mit der Bitte, in ihren Schulgemeinden aktiv zu werden, damit das Freifach nächstes Jahr angeboten wird.

Das Gespräch mit der Bildungsdirektion fand anfangs November statt mit dem Ergebnis, dass nur die ethischen Anteile des Fachs Biblische Geschichte in den Bereich ‚Mensch und Umwelt' integriert werden könnten, alle biblisch-christlichen Inhalte jedoch nicht. Dieses Resultat ist für uns unbefriedigend. Die Schule kommt ihrem umfassenden Bildungsauftrag nicht nach, wie er in § 1 des Volksschulgesetzes vom 11. Juni 1899 (LS 412.11) formuliert ist: ‚Die Volksschule erzieht zu einem Verhalten, das sich an christlichen, humanistischen und demokratischen Wertvorstellungen orientiert. [...]'.

Die Römisch-katholische Synode wird voraussichtlich am 4. Dezember eine Resolution verabschieden für die Beibehaltung des Religionsunterrichts. Der Kirchenrat prüft weitere politische Schritte und ist mit der katholischen Kirche im Gespräch über das Lancieren einer Volksinitiative. Es steht einiges auf dem Spiel. Wenn die öffentliche Schule aus rein ökonomischen Gründen unsere religiös-kulturellen Wurzeln abschneidet, hat die Kirche ihr Wächteramt wahrzunehmen. Dazu ist sie von der Kirchenordnung beauftragt. In Artikel 82 der Kirchenordnung heisst es: ‚Aus einer umfassenden erzieherischen Verantwortung heraus hat sich die öffentliche Schule zur Führung eines eigenen Religionsunterrichtes verpflichtet. Die Kirche setzt sich dafür ein, dass das Anrecht des Kindes auf Begegnung mit christlicher, namentlich biblischer Überlieferung auf allen Schulstufen gewahrt bleibt.'

Es gehört zur Partnerschaft mit dem Staat, dass die Kirche in kritischer Solidarität auch dort Stellung bezieht, wo sie mit dem Staat nicht einig geht."

Zwei Wochen später, am 30. November 2003, erlitten die drei Kirchenvorlagen Schiffbruch. Die Analyse der Abstimmungsresultate zeigte, dass die Anerkennung weiterer Religionsgemeinschaften der Stein des Anstosses war. Sie hat aber auch deutlich gemacht: Die öffentlichrechtlich anerkannten Kirchen und ihr gesellschaftlicher Beitrag werden über den Kreis ihrer Mitglieder hinaus geschätzt. Die Entgeltung ihrer sozialen und kulturellen Leistungen durch Staatsbeiträge, eine zweckgebundene kirchliche Besteuerung juristischer Personen und eine grössere Autonomie der Kirchen dem Staat gegenüber waren im Grunde mehrheitsfähige Positionen.

Möglicherweise ist gerade dieser analytische Blick auf den Abstimmungsausgang, der hinter der Niederlage auch das positive Potential ortet – im Verbund mit breiten Reaktionen aus unterschiedlichen Bevölkerungsteilen auf den Beschluss des Bildungsrates vom Juli 2003 – zum Katalysator geworden, die Phase der Diplomatie jetzt abzuschliessen und einen fairen Kampf mit dem Staat anzufangen. So, wie es Kirchenrätin A.

Eglin vierzehn Tage vorher in der Kirchensynode gesagt hatte: „Es gehört zur Partnerschaft mit dem Staat, dass die Kirche in kritischer Solidarität auch dort Stellung bezieht, wo sie mit dem Staat nicht einig geht." Ein Unikum, ein Novum in einem Kanton mit einer bei allem wirtschaftlichen Liberalismus doch politisch starken staatskirchlichen Tradition. Es wurde im Advent 2003 förmlich spürbar, dass viele Menschen von den Kirchen etwas erwarteten: eine mutige Aktion.

III. Vier Argumente für das Schulfach „Biblische Geschichte" an der Primarschule

Im Gespräch mit Kirchgemeinden und interessierten Personen standen vier Argumente im Vordergrund. Dabei wurde immer wieder betont, dass dies nicht Argumente für die Interessen der Kirche seien, sondern für ein gesamtgesellschaftliches Interesse, welches die Kirche gemäss ihrem Wächteramt vertritt.

1. Das bildungspolitische Argument: Ganzheitliches Menschenbild

Der umfassende Bildungsauftrag der Volksschule geht von einem Menschen- und Weltbild aus, das eine religiöse Dimension einschliesst. Nur so gewinnen die Bildung der Person und ihre Einführung in die Kultur an Tiefe und Ganzheitlichkeit. In diesem Sinne lautet § 1, 1. Satz des Volksschulgesetzes: „Die Volksschule erzieht zu einem Verhalten, das sich an christlichen, humanistischen und demokratischen Wertvorstellungen orientiert."

Bei der Konzeption des neuen Fachs „Religion und Kultur" an der Oberstufe der Volksschule hatte der Bildungsrat am 15. August 2000 ausdrücklich festgehalten: „Die religiöse Dimension gehört zu einer ganzheitlichen Bildung."

2. Das kulturgeschichtliche Argument: Pflege der Wurzeln

Eine Kultur hat Zukunft, wenn sie um ihre Herkunft weiss und im Dialog mit ihren Traditionen steht. Der Religionsunterricht an der Volksschule dient der Auseinandersetzung mit den abendländisch-christlichen Wurzeln. In diesem Sinn führt der Lehrplan für die Volksschule des Kantons

Zürich aus: „Ein Volk lebt in der Weitergabe seines kulturellen, politischen und religiösen Erbes von Generation zu Generation. Jeder Generation ist es aufgegeben, ihr geistiges Erbe zu bewahren und zu erneuern."

Die christliche Tradition ist – über verfasste Kirchen und über Konfessionen hinaus – eine wesentliche Grundlage unserer Kultur. Die Konfrontation mit dieser Tradition gehört zum allgemeinen Bildungsauftrag staatlicher Schulen. Sie fördert die individuelle, soziale und kulturelle Identitätsbildung der Kinder und Jugendlichen. Sie verleiht ihnen eine Sprache angesichts der Erfahrungen von Freude und Leid. Der Religionsunterricht an der Volksschule bietet Kindern und Jugendlichen den Raum, in welchem sie sich konstruktiv und kritisch mit ihren kulturellen Wurzeln auseinandersetzen.

3. Das gesellschaftspolitische Argument: Orientierung im Pluralismus

Heute leben immer mehr Kinder, Jugendliche und Familien aus anderen Kulturen und mit anderer religiöser Herkunft unter uns. Der Religionsunterricht dient auch der Auseinandersetzung mit der hier und heute erlebbaren Vielfalt von Religionen und Kulturen. Interkulturelle und interreligiöse Ansätze im Religionsunterricht geben Kindern und Jugendlichen Impulse für den Aufbau ihrer eigenen religiösen Identität und Orientierung sowie für vertieftes Verständnis und wachsenden Respekt anderen Religionen gegenüber. Dies bringt der Lehrplan für die Volksschule des Kantons Zürich, 1991, wie folgt zum Ausdruck: „Unser Land, das vom Zusammenleben von sprachlichen, ethnischen, religiösen und kulturellen Mehr- und Minderheiten geprägt ist, baut auf dieses Verständnis der anderen."

Wer zu religiöser Identität findet, wird dialogfähig im Pluralismus unserer Zeit. Wer dialogfähig wird, verfällt nicht dem Fundamentalismus und übt sich in Toleranz und Akzeptanz. Das ist ein gewichtiger Beitrag zur sozialen und kulturellen Integration der Mehrheiten und der Minderheiten, zum religiösen und gesellschaftlichen Frieden in einer Zeit verwirrender Vielfalt und vereinfachender Polarisierung.

4. Das curriculare Argument: Basis und Aufbau

Der Religionsunterricht gehört zum umfassenden und zum allgemeinen Bildungsauftrag der Volksschule. Die Volksschule bedarf des Religionsunterrichts nicht erst an der Oberstufe. Der nachhaltige Aufbau religiöser Kompetenzen bei den Heranwachsenden erfordert, dass sie den religiösen Fragen bereits auf der Primarstufe begegnen. Nur mit einem schon früh gelegten Basiswissen gelingt später das interreligiöse Gespräch im neuen Schulfach „Religion und Kultur".

IV. Lancieren der Volksinitiative und Unterschriftensammlung

Der Widerstand gegen die Sanierungsmassnahme 04.214 begann sich nebst der Evangelisch-reformierten Kirche auch an vielen anderen Orten zu formieren. Am 4. Dezember 2003 verabschiedete die Römisch-katholische Synode eine Resolution. Der Zürcher Lehrerinnen- und Lehrerverband (ZLV) brachte im Dezember 2003 eine Petition in Umlauf „Ja zur Biblischen Geschichte – Ja zu einer ganzheitlichen Bildung", die Ende Januar schon über 10'000 Unterschriften auf sich vereinigte. Die EVP, die am 22. September 2003 gemeinsam mit der CVP im Kantonsrat eine Motion zur Erhaltung des Fachs „Biblische Geschichte" eingereicht hatte, kam zum Schluss, dass eine Volksinitiative „sinnvoll und zweckmässig" und ein Initiativkomitee zu bilden sei, welchem mit weiteren Parteien zusammen auch die Kirchen angehören. Der Kirchenrat entschied, sich mit politischen Parteien und der Römisch-katholischen Kirche zusammen an der Lancierung einer Volksinitiative zu beteiligen und dabei der Form des ausgearbeiteten Entwurfs den Vorzug zu geben.

Ende Januar 2004 setzte eine Initiativgruppe mit Vertretungen von Parteien und Kirchen die Arbeit in Gang. Als Erstes ging es um die Einsetzung eines Co-Präsidiums, in dem die Breite der Parteien (Grüne, SP, FDP, EVP, CVP, SVP, EDU) mit je einer Person, die Evangelisch-reformierte und die Römisch-katholische Kirche mit je zwei Personen und der ZLV mit einer Person vertreten sind. Diese Aufgabe konnte rasch und gut gelöst werden, sogar der Nationalratspräsident des Jahres 2004, Ernst Binder, war zu gewinnen.

Als schwieriger erwies sich – als Nächstes – das Verfassen des Initiativtextes. Wofür sollte sich die Initiative überhaupt stark machen? Eine Umfrage in pädagogischen, politischen und kirchlichen Kreisen offenbarte ein grosses Spektrum. Es reichte von der Formel „Initiative für ein Fach ‚Biblische Geschichte' an der Primarschule" über „Initiative für ein Fach ‚Religion und Ethik' an der Primarschule" bis zur „Initiative für interreligiöses Lernen an der Primarschule". Einigkeit bestand darin, dass ausdrücklich ein Fach zu fordern ist. Würde die Initiative nur Themen, Inhalte oder eine Stundendotation in „Mensch und Umwelt" nennen, so entzöge sich dies in der Schulpraxis jeder Kontrolle.

Das Co-Präsidium entschied sich schliesslich auf Vorschlag der Initiativgruppe für die Formulierung *Volksinitiative für die Weiterführung des Fachs „Biblische Geschichte" an der Primarschule.* Warum? Das biblische Erbe hat die Geschichte abendländischer Kultur und Religion wesentlich geformt. Mitsamt seiner Wirkungsgeschichte enthält es in sich eine Vielfalt von Religionen und Kulturen: vom alten, nomadischen Israel bis zum Judentum nach dem babylonischen Exil, vom Jerusalemer zum griechischen und abendländischen Christentum. Auch der Islam als abrahamitische Religion hat Wurzeln, welche ihn mit dem biblischen Erbe verbinden. Das biblische Erbe als wesentliche Grundlage unserer Kultur ist weiter und grösser als eine bestimmte Kirche, Konfession oder Religion.

Die Formulierung „Biblische Geschichte" umfasst damit eine grosse Weite und schafft zugleich den Bezug zu einem grundlegenden Element abendländischer Identität. Der Titel ist offen, aber nicht diffus. Die so verstandene „Biblische Geschichte" passt darum immer noch – oder erst recht – in die heutige Zeit kultureller und religiöser Vielfalt und berücksichtigt auch die politischen Entwicklungen nach dem 11. September 2001.

Warum strebt die Initiative nicht ein obligatorisches Schulfach „Religion und Kultur" ohne Abmeldemöglichkeit für die Primarschule an, wie es für die Oberstufe im Kanton Zürich 2007 mit dem Fach „Religion und Kultur" kommen soll? Ein Grund liegt in den schon benannten politischen Verhältnissen. Zu diesem situativen kommt noch ein sachliches Argument: Ein allgemeines Obligatorium birgt die Gefahr, dass aus Gründen der Verteilungsgerechtigkeit jeder Religion im Lehrplan gleich viel Platz eingeräumt werden müsste. Gleichwertigkeit der Glaubensgemeinschaften würde mit Gleichgewichtigkeit in Eins gesetzt. Proporz und Verhältnismässigkeit würden zu einem unverhältnismässigen Majorz. Die „religionskundliche" Vielfalt würde die Kinder überfordern und verwirren. Sie würden diese Vielfalt eher ausblenden und sich in ihren Vorurteilen bestätigen, statt dialogfähig anderen gegenüber zu werden. Der religionskundliche Ansatz „Religion und Kultur" ist an der Primarschule verfrüht. Führende deutsche Religionspädagogen stellen ihn sogar für die Oberstufe in Frage. Zudem zeigt sich in Agglomerations- und Grossstadtverhältnissen im Kanton Zürich, dass Eltern aus anderen Religionen und Ethnien ihre Kinder von der „Biblischen Geschichte" nicht primär wegen dieses Titels oder wegen des durch ihn bezeichneten Fachinhaltes abmelden, sondern vorwiegend dann, wenn die Qualität des Unterrichts sie nicht überzeugt.

Die Volksinitiative *für das Fach „Biblische Geschichte"* kann in ihrer Zielsetzung an etwas anknüpfen, das schon besteht und bekannt ist. Mit *„Weiterführung"* wird zudem angedeutet, dass sich das Fach in Zukunft auch noch weiterentwickeln kann. Diese Verbindung von wertkonservativen und strukturinnovativen Momenten und Möglichkeiten könnte der Initiative in einem polarisierten politischen Umfeld die nötige Stosskraft verleihen. Wir können das verallgemeinern: Lebensfähig im globalen Pluralismus ist, wer sich wertkonservativ zurückbesinnt auf eigene Identität und zugleich das eigene Profil mit der Vielfalt und Andersartigkeit der anderen dialogisch und innovativ zum Austausch bringt.

Die Überlegungen zur Zielrichtung der Initiative bekamen ihr Gepräge und ihre Klarheit im Wechselspiel mit der Aufgabe, den neuen Gesetzestext zu formulieren. Die Anpassungen sollten bei grösstmöglicher Kürze höchstmögliche Klarheit schaffen.

Für §§ 24 und 26 des Volksschulgesetzes aus dem Jahres 1899 ergab sich daraus in erster Annäherung (Änderungen kursiv):

> § 24: „Hierbei ist darauf zu achten, dass die Schüler eine gründliche Elementarausbildung, vor allem in Sprache und Rechnen, und eine ausreichende Schreibfertigkeit sowie eine Grundausbildung in Handarbeit *und Biblischer Geschichte* erhalten."
>
> § 26: „Der Unterricht im Fach Biblische Geschichte *umfasst in allen sechs Klassen der Primarschule 1 Stunde pro Woche. Er* wird durch *einen* Lehrer erteilt.
>
> Der Unterricht in Biblischer Geschichte führt Schülerinnen und Schüler in die biblische Tradition und das christliche Erbe als Grundlagen unserer Kultur ein. Er ist so zu gestalten, dass alle Schülerinnen und Schüler ohne Beeinträchtigung der Glaubens- und Gewissensfreiheit daran teilnehmen können. Auf Gesuch der Eltern werden Schüler vom Unterricht in Biblischer Geschichte befreit."

Die Formulierung der Zweckbestimmung „Biblischer Geschichte" in § 26 entstammte – wie schon beim Titel der Initiative – einem breiten Spektrum von: „Grundkenntnisse der biblisch-christlichen Geschichte" bis: „Grundkenntnisse religiöser Tradition und ethischer Werte".

In zweiter Annäherung wurde diese Zweckbestimmung im Sinne der Konzentration auf das Nötige gestrichen. In der Begründung der Initiative wurde angeführt: „Unsere Kinder haben ein Anrecht darauf, sich mit *der biblischen Tradition und dem religiösen Erbe als Grundlagen unserer Kultur* vertraut zu machen." Diese Formulierung lehnt sich auch an Artikel 82 der evangelisch-reformierten Kirchenordnung an.

Eine Medienkonferenz am 26. März 2004 eröffnete die Unterschriftensammlung. Bis zum Ende der Frist kamen über 50'000 Unterschriften zusammen. Am 13. September 2004 konnte der Vertreter des Co-Präsidiums der Präsidentin des Kantonsrates die Unterschriften in einem symbolischen Akt überreichen.

Das ist ein Rekord, welcher sich sehen lässt. In die Nähe kam vor 55 Jahren eine Initiative, die eine Änderung der AHV-Gesetzgebung verlangte. Jede sechzehnte stimmberechtigte Person im Kanton Zürich hat die Initiative unterschrieben. Zu Hilfe kamen dem überparteilichen und überkonfessionellen Co-Präsidium auch parteiliche Infrastruktur und Erfahrung sowie das feinmaschige Netz der reformierten und katholischen Kirche, ihr Kleinverteiler von Kirchgemeinden und Pfarreien, sodann die kirchlichen Medien, ganz zu schweigen vom Engagement vieler Bürgerinnen und Bürger unabhängig von Partei- oder Konfessionszugehörigkeit für ein zivilcouragiertes gesellschaftspolitisches Votum und Veto.

Nebenbei sei bemerkt, dass auch die anderen vier Schulinitiativen des Jahres 2004 auf guten Kurs gekommen sind: „Nur eine Fremdsprache an der Primarschule" ist anfangs Juli 2004 mit fast 14'000 Unterschriften eingereicht worden. Die Initiative gegen den Abbau der Handarbeit hat fast 35'000 Stimmen erreicht. Die Initiative „Ja zur Husi", die zwei Hauswirtschaftslehrerinnen praktisch ohne Infrastruktur organisiert haben, hat die 10'000er Marke ebenfalls überschritten. Gleiches gilt für die Initiative „Gegen die Erhöhung der Klassengrössen" vom September 2004 mit über 12'000 Unterschriften. – Alle fünf Schulinitiativen sind eine Antwort auf die Sanierungsvorhaben im Bildungsbereich. Sie entstanden aus dem Misstrauen, dass die prekäre Finanzlage des Kantons in der Bildungspolitik auch als Vorwand dient, um offene schulische Räume der Musse und der Abwechslung mit anderen Optionen – wie zum Beispiel mit Frühenglisch – belegen zu können.

V. Säkularisierungstendenzen und „wertneutrale Religionskunde"

Die Art und Weise, wie die Vertretungen von Kirchen und Staat im Gefolge der Trennungsinitiative von 1995 damals das Projekt der „Entflechtung" von Kirche und Staat an die Hand genommen hatten, müsste auch für den Bildungsbereich Modellcharakter haben. Statt einer rückwärtsgewandten positionellen Perspektive hatten die Dialogpartner damals eine zukunftsorientierte funktionale Sichtweise aufgenommen. Die Fragen hatten gelautet: Was leisten die Kirchen auf dem Gebiet der Bildung, der Diakonie und der Kultur für die Gesellschaft? Welches Entgelt von Seiten des Staates steht ihnen dafür zu? Rechte wurden verhandelbar auf dem Hintergrund von Leistungen. Das Verhältnis zwischen Kirchen und Staat erscheint damit als ein System von wechselseitigen Abhängigkeiten und Freiheiten, als ein Gesamtes von sich ergänzenden Potentialen, Leistungen und Gegenleistungen. Es geht um konzertierte Aktionen und um die Konzentration auf Synergien.

Doch vermutlich gehen die Bildungsdirektion und das Volksschulamt nicht von diesem Paradigma aus, sondern vielmehr von einer *kämpferischen Haltung der Säkularisierung*, die an die Folgezeit der Französischen Revolution am Anfang oder an den Kulturkampf am Ende des 19. Jahrhunderts erinnert. Diese Haltung zielt auf eine Säkularisierung des Staates und damit auf eine Privatisierung des öffentlichrechtlichen Status der Kirchen. Das bedeutet auch eine Säkularisierung der Schulen und damit eine Privatisierung der Religion. Platz hätten gerade noch eine neutrale Religionskunde nach einer Majorzverteilung, oder der Unterricht in einer Ethik, die von allen religiösen Wurzeln „gesäubert" ist: ein strikt neutrales „Teaching about" und „Learning about".

Das Hauptproblem der Zukunft ist nicht mehr die Emanzipation von repressiven religiösen Mächten, die Differenzierung zwischen Kirchen und Staat oder die Säkularisierung des Lebens. Das Hauptproblem heute ist vielmehr die *Integration* in einer pluralisierten und individualisierten Gesellschaft, die synergetische Vernetzung der Institutionen zur Bewältigung der sozialen Aufgaben, die Prävention gegen religiösen und politischen Fundamentalismus und gegen die Ideologien der Resakralisierung. Auch die Zeit der Initiativen für eine Trennung von Kirchen und Staat dürfte vorbei sein. Die Kirchen sind geschätzt, wo sie Zeichen der Solidarität setzen, und sie sind begehrt, wo sie Modelle der Spiritualität leben.

Bildungsdirektion und Bildungsrat denken an eine *wertneutrale Religionskunde* an der Primarschule nach dem Modell von „Religion und Kultur" an der Oberstufe. Der bisherige Lehrplan soll entsprechende Anpassungen erfahren: „Ein Teil der biblischen Geschichten soll darum aus dem Lehrplan gestrichen werden, z.B. Geschichten aus dem Leben Jesu, die laut Aeppli Bekenntnis- oder Unterweisungscharakter besässen und die Glaubensfreiheit von andersdenkenden Schülern eingreifen könnten." (NZZ vom 14. Mai 2004). Auch der nicht-neutrale Name des Fachs „Biblische Geschichte" käme nicht mehr in Frage. Und bei so viel Neutralität sollte das neue Fach auch noch kostenneutral sein: „Dieses Kunststück ist möglich, indem zwei Stunden Halbklassenunterricht zu Lektionen mit der ganzen Klasse umgewandelt werden. Damit wäre für die Klasse eine Stunde gewonnen, das Pensum der Lehrkräfte bliebe aber unverändert." (NZZ vom 14. Mai 2004). Nachdem die Initiative eingereicht ist, liegt nun der Ball bei der Bildungsdirektion.

VI. Ein klares Signal in den politischen Gemeinden

Seit dem Schuljahr 2004/2005 steht es den politischen Gemeinden frei, das Fach "Biblische Geschichte" anzubieten. Schätzungsweise über 70 % der Gemeinden bieten das Fach an. Das ist erfreulich. Wahrscheinlich etwa 20 % der anbietenden Gemeinden wählen sogar den Modus der Abmeldepflicht, obwohl bei einem Freifach eigentlich der Modus der Anmeldepflicht gilt. In einigen Gemeinden gab es veritable „Kämpfe" um die Beibehaltung der „Biblischen Geschichte" mit gutem Ausgang (z.B. Kloten oder Greifensee). In vielen Gemeinden haben Eltern und Behörden durch Leserbriefe und andere Interventionen bewirkt, dass „Biblische Geschichte" weiterhin wenigstens als Freifach besteht. In einigen Gemeinden beteiligen sich die Kirchen personell oder finanziell am schulischen Unterricht (Stäfa, Stadtverband Zürich für das Schuljahr 2005/2006). Winterthur führt das Angebot des B-Unterrichts weiter, während die Stadt Zürich 2004/2005 auf das Angebot verzichtet.

Wo das Freifach angeboten wird, hat der Besuch im Durchschnitt um 20 % oder noch stärker abgenommen. Die Neuordnung des Fachs „Biblische Geschichte" wird – schon aus organisatorischen Gründen – keinen Bestand haben, sie ist eher als vorübergehende Unordnung einzustufen. Viele reformierte Eltern sind verwirrt und erbost. Von Seiten der Schule wird ihnen kommuniziert, dass Biblische Geschichte ein Freifach sei. Von Seiten der Kirche gilt der Besuch des B-Unterrichts hingegen als Voraussetzung für die Konfirmation.

In diesem Zusammenhang erwies es sich als wichtig, schulischen und kirchlichen Behörden sowie Eltern klar darzulegen, dass kein kirchlicher Unterricht den schulischen Religionsunterricht ersetzen kann, dass sich vielmehr beide ergänzen. Das Argumentarium zur Initiative im Internet formuliert das Gegenüber von schulischem „Learning from" und kirchlichem „Learning in" so:

> „Es liegt im Interesse der staatlichen Schulen, Grundwissen über das biblische Erbe und die religiösen Werte unserer Kultur zu vermitteln und mit dem gesellschaftlichen Phänomen der Religionen vertraut zu machen. Kenntnis der eigenen religiösen und ethischen Wurzeln fördert das Verständnis für Brauchtum und Kultur (Sprache, Literatur, Theater, Film, Musik, Malerei etc.). Kenntnisse über andere Religionen fördern Toleranz und friedliches Zusammenleben mit Menschen fremder Herkunft. Diese Aufgabe kann keine Kirche der Schule abnehmen.
>
> Der kirchliche Religionsunterricht führt dagegen in die Glaubenspraxis der eigenen Konfession ein. Dabei geht es um mehr als um Grundkenntnisse. Es geht auch um Bekenntnis und Erfahrung, um gemeinsames Feiern und Teilen. Kirchlicher Unterricht beheimatet Kinder in dieser Gemeinschaft, und er begleitet Jugendliche auf ihrem Weg zu einem persönlichen und mündigen Glauben."

VII. Ausblick

Werden die hier vorgebrachten Argumente im Gespräch mit Bildungsdirektion, Bildungsrat und Parlament Überzeugungskraft entfalten und eine bildungspolitische Linie eröffnen? Wird es zu einem Konsens und damit zum Rückzug der Initiative kommen? Oder wird eine Volksabstimmung bevorstehen? Im Abstimmungskampf müsste sich bewähren, was sich jetzt so fulminant entwickelt und formiert hat. Aber die zahlreich erfahrenen Zeichen der Resonanz motivieren dazu, alle verfügbaren Kräfte zu mobilisieren.

Frieder Furler

Vom Institut für Kirchenrecht und Staatskirchenrecht zum Institut für Religionsrecht

Am 11. November 2004 feierte das Institut für Kirchenrecht und Staatskirchenrecht der Universität Freiburg mit einem Festakt sein 25-jähriges Bestehen. Das bildete den Anlass, auf die Gründungsgeschichte (*I.*) und die Tätigkeit des Institutes (*II.* und *III.*) zurückzuschauen. Gleichzeitig wurde der neue Name des Institutes aus der Taufe gehoben (*IV.*). Der nachfolgende Text stellt die überarbeitete Version eines Referates anlässlich des Festaktes dar.

I. Die Gründungsgeschichte

Am 1. Februar 1979 nahm das Institut für Kirchenrecht und Staatskirchenrecht unter der Direktion von Prof. Dr. Louis Carlen seinen Betrieb auf. Es blickte in diesem Moment auf eine längere Gründungsgeschichte[1]. Eine Vorläuferin des Institutes, die *Dokumentationsstelle Kirche und Staat*, war 1956 von Prof. Dr. Eugen Isele[2], dem damaligen Inhaber des Lehrstuhls für Kirchenrecht an der Universität Freiburg errichtet worden und sollte der kirchenrechtlichen und staatskirchenrechtlichen Dokumentation und Information dienen. Die Finanzierung dieser Stelle übernahm anfänglich der Hochschulrat, später der Nationalfonds[3]. Schon kurz nach der Errichtung plante Isele den Ausbau zu einem selbständigen Institut mit eigener Rechtspersönlichkeit. 1958 genehmigte die Fakultät das von ihm vorgelegte Institutsstatut. Allerdings verzichtete Isele aus nicht be-

1 Siehe zur Gründungsgeschichte des Institutes: *Louis Carlen*, Kirchenrecht und Kirchenrechtslehrer an der Universität Freiburg, Freiburg i.Ü. 1979, S. 60 ff.; *Max Gressly*, Zur Vorgeschichte des Institutes für Kirchenrecht an der Universität Freiburg, Manuskript o.O. u.J.; *Urs J. Cavelti*, Schweiz. Institut für Kirchenrecht Freiburg i.Ü., Manuskript o.O. u.J.

2 Eugen Isele (1902-1992) wurde 1943 Nachfolger von Ulrich Lampert (1865-1943) und wirkte bis 1973 als Professor für Kirchenrecht und Völkerrecht an der Universität Freiburg; vgl. *L. Carlen*, Kirchenrecht (Anm. 1), S. 52 ff. und das Schriftenverzeichnis in: *Louis Carlen* (Hg.), Festschrift für Eugen Isele, Freiburg i.Ü. 1973, S. 225 ff.

3 Erster Assistent der Dokumentationsstelle war Dr. Hans Beat Noser, seit 1996 Mitglied der SVEK.

kannten Gründen auf die Weiterführung dieses Projektes. Das ist rückblickend zu bedauern, zumal in den sechziger Jahren in vielen Kantonen staatskirchenrechtliche Organisationen im Bereich der katholischen Kirche geschaffen wurden. Ein wissenschaftliches Forum an der Universität Freiburg hätte da gute Dienste leisten können. Isele begleitete den Prozess der Schaffung katholischer Korporationen und Landeskirchen gleichwohl als Experte und Gutachter sowie mit zahlreichen Aufsätzen.

Um die Beschlüsse und Impulse des Zweiten Vatikanischen Konzils zu verwirklichen und weiterzuentwickeln, beschlossen die römisch-katholischen Bischöfe 1969, in allen schweizerischen Bistümern unter Beteiligung der Laien Diözesansynoden durchzuführen. Angesichts der vielen gesellschaftlichen Veränderungen jener Jahre sollte auch die römisch-katholische Kirche in der Schweiz an dieser *Synode 72* ihre Aufgabe und Sendung neu definieren[4]. Die zu behandelnden Themen wurden in einen Fragenkatalog mit 12 Kapiteln gegliedert; das 9. Kapitel handelte von den Beziehungen zwischen der Kirche und den politischen Gemeinschaften. Darin wurde auch die Frage gestellt, ob die heutige Gesellschaftssituation eine Neuregelung des Verhältnisses der Kirche zum Staat erfordere. Eine interdiözesane Vorbereitungskommission erstellte zu dieser Frage ein Arbeitspapier, welches als Diskussionsgrundlage der Diözesansynoden dienen sollte. In ihrem Papier formulierte die Kommission unter anderem das Postulat, das Kirchenrecht und Staatskirchenrecht der Schweiz müsse gesichtet, überprüft und weiterentwickelt werden.

Noch vor Beendigung der Synode 72 im Jahr 1975[5] bildete sich aus Mitgliedern der interdiözesanen Kommission eine Gruppe[6], welche sich mit der Verwirklichung des Postulates befasste. Als gangbaren Weg dazu sah die Gruppe die Schaffung einer wissenschaftlichen Institution, welche in enger Verbindung zur Praxis stehen sollte und ihren Platz an der Universität Freiburg haben könnte. Man wandte sich in der Folge an die Rechts-, Wirtschafts- und Sozialwissenschaftliche Fakultät, welche sich

4 Vgl. die Broschüre Synode 72, Ziele, Themen, Rechtsordnungen, o.O. u.J., S. 7.

5 Die Synode 72 wurde in der Schweiz zentral organisiert, aber anders als etwa in Deutschland dezentral in den Bistümern durchgeführt; sie wurde am 23. September 1972 eröffnet und am 30. November 1975 beschlossen; vgl. *Rolf Weibel*, Die Kirche Schweiz seit dem Konzil, in: Joachim Müller (Hg.), Katholische Kirche Schweiz heute, Freiburg i.Ü. 1981, S. 11.

6 Diese Gruppe bestand aus Generalvikar Dr. Alois Rudolf von Rohr, Dr. Hermann Renner, Dr. Max Gressly, Dr. Hans Beat Noser, lic.iur. Werner Huber, Dr. Urs Josef Cavelti, später Prof. Dr. Louis Carlen und Moritz Amherd.

im Herbst 1975 positiv und zustimmend zur Schaffung eines solchen Institutes äusserte. Um die Unterstützung in den interessierten Kreisen zu erhalten, nahm die Gruppe auch Kontakt auf mit dem Hochschulrat der Universität, der SBK und der RKZ. Eine Verzögerung erlitt das Projekt dann aber durch die anfängliche Opposition der theologischen Fakultät. Nach einer intensiven Diskussion anlässlich der Sitzung des Senates im März 1978 wurde die Institutsgründung mit einer Reihe von Enthaltungen auch von diesem Universitätsgremium genehmigt[7].

Damit war der Weg frei für die Errichtung des Institutes. Der vom Kuratorium ernannte Institutsdirektor, Prof. Dr. Louis Carlen, seit 1971 Inhaber des Lehrstuhles für Rechtsgeschichte und Kirchenrecht, und der erste Institutsassistent, Peter Margelist, gingen sogleich an die Arbeit, allerdings mit bescheidensten finanziellen Mitteln. Die Universität stellte die Räumlichkeiten für das Institut zur Verfügung, ebenso einen Bücherkredit. Alles andere musste mit Drittmitteln aus dem kirchlichen Bereich finanziert werden. In seinem Referat anlässlich der konstituierenden Sitzung des Kuratoriums im April 1979 hielt Dr. Urs J. Cavelti, Mitglied der Vorbereitungsgruppe, fest: „Das Institut wird vermutlich in personeller Hinsicht kaum je allzu grosszügig dotiert werden können“. Das hat sich rückblickend als völlig zutreffend erwiesen. Öffentliche und private Gelder liessen und lassen sich in diesem von kommerziellen Interessen völlig freien Randgebiet der Rechtsordnung kaum beibringen. Bei seiner Gründung wurde das Institut einmalig mit einer Starthilfe des Hochschulrates der Universität bedacht. Nachhaltiger war die Unterstützung seitens der RKZ: in bemerkens- und verdankenswerter Treue hat dieses Gremium, im Kuratorium langjährig vertreten durch Moritz Amherd und Dr. Peter Platter, das Institut Jahr für Jahr unterstützt.

Die Errichtung eines Institutes für Kirchen- und Staatskirchenrecht war damit eines der sichtbaren Resultate der Synode 72. Zugleich war sie ein sprechendes Beispiel für das Engagement der katholischen Laien im Gefolge des Zweiten Vatikanischen Konzils. Bei der Mehrzahl der Mitglieder der Vorbereitungsgruppe handelte es sich um Juristen, die sich ehren-

7 Siehe das Protokoll der Senatssitzung vom 15. März 1978, S. 5-9. Es bestanden namentlich Vorbehalte des Kanonisten der Theologischen Fakultät, Prof. Dr. Eugenio Corecco. Was Corecco an der Schaffung eines solchen Institutes störte, ist nicht ganz nachvollziehbar. *U. Cavelti*, Manuskript (Anm. 1), S. 3, dazu: „Es zeigte sich immer mehr, dass der juristischen Abteilung eine grundsätzliche Berechtigung für ein kirchenrechtliches Institut abgesprochen werden sollte.“

amtlich für die Kirche engagierten. Die Institutsgründung passte aber auch in das Konzept der Universität Freiburg als die Universität der Katholiken. Dass der konfessionelle Hintergrund eine interkonfessionelle Gesinnung nicht ausschloss, zeigt das gleich zu Beginn entwickelte Projekt einer Zusammenarbeit mit der damals in Zürich geplanten Evangelischen Arbeitsstelle für Staatskirchenrecht. Letztere ging aus vom juristischen Sekretär der evangelisch-reformierten Landeskirche Zürich, Dr. Werner Bräm. Es war beabsichtigt, dass die Evangelische Arbeitsstelle das evangelische Kirchenrecht, das Freiburger Institut das kanonische Recht und beide das Staatskirchenrecht sammeln und wissenschaftlich bearbeiten sollten. Auf diese Weise sollte eine Interkonfessionelle Arbeitsgemeinschaft entstehen. Aus Gründen der Arbeitsüberlastung kam das Projekt der Zürcher Arbeitsstelle, und damit die Zusammenarbeit mit Freiburg, leider nie über die Projektphase hinaus[8].

II. Aufgaben und Aktivitäten des Institutes

Nach Art. 1 der ersten Statuten des Institutes[9] bezweckt das Institut die Forschung auf dem Gebiet des Kirchenrechts und des Staatskirchenrechts, sowie die Auswertung der Ergebnisse für die Praxis. Das Institut will die zeitgemässe Weiterentwicklung des Verhältnisses von Staat und Kirche fördern. Mittel zur Erreichung dieser Zwecke sind gemäss Art. 2 der Statuten die Auskunfterteilung, Beratung und Erstellung von Gutachten, die Veranstaltung von Vorlesungen, Seminarien, Vorträgen, Tagungen und Kursen, die Führung einer Dokumentation, die Bearbeitung einzelner Fragen und Sachgebiete, Informationen und Publikationen.

Die Visitenkarte des Institutes war und ist die *Institutstagung*, die erstmals 1983 und seither ein Dutzend Mal durchgeführt wurde. Im Vordergrund stand und steht jeweils ein aktuelles Thema an der Schnittstelle zwischen Staat und Kirchen. Im Rückblick auf die Tagungsthemen erkennt man recht deutlich, was in diesem Bereich jeweils die Gemüter bewegte, angefangen vom neuen katholischen Kirchenrecht (1983) über

8 Das vorliegende SJKR mit seinen Berichten, Dokumentationen und Beiheften ist gewissermassen die geglückte Realisierung derselben Idee in einer anderen Form.

9 Statut des Institutes für Kirchenrecht an der Rechts-, Wirtschafts- und Sozialwissenschaftlichen Fakultät der Universität Freiburg i.Ü. vom 15. März 1978.

die Kirchensteuer juristischer Personen (1988), die Trennung von Kirchen und Staat (1994), die religiösen Minderheiten (1997), die Zukunft der öffentlichrechtlichen Anerkennung von Religionsgemeinschaften (1999), der Islam in der Schweiz (2001) bis zur Kooperation von Staat und Religionsgemeinschaften (2003). Das Institut verstand sich hier jeweils als Forum zum Meinungsaustausch und zur Meinungsbildung. Durch die Auswahl der Referenten versuchte es verschiedene, auch divergierende Stimmen aus Wissenschaft, Kirchen und Politik zu Gehör zu bringen. Die Tagungen sollten keine reinen Fachtagungen sein, sondern richteten sich stets an ein interessiertes breiteres Publikum. Letzteres bestand in der Mehrzahl aus Personen, die in irgendeiner Weise für kirchliche Behörden tätig waren sowie aus interessierten Juristinnen und Juristen, in den letzten Jahren vermehrt auch aus Vertretern staatlicher Stellen und Behörden.

Was man gehört hat, möchte man oft noch einmal in Ruhe nachlesen. Von daher fand manches Tagungsreferat seinen Weg in die mit dem Institut faktisch verknüpfte, vom Lehrstuhlinhaber herausgegebene Buchreihe. Das waren bis 1997 die *Freiburger Veröffentlichungen aus dem Gebiete von Staat und Kirche*, die schon 1931 von Ulrich Lampert begründet worden waren und 53 Bände erreichten und seit 1998 die *Freiburger Veröffentlichungen zum Religionsrecht* mit bis dato 14 Bänden. Neben Tagungsbänden finden sich in den beiden Reihen auch kirchen- und staatskirchenrechtliche Doktorarbeiten und andere Monographien. Die Reihen wurden bis 2003 vom Universitätsverlag Freiburg betreut. Nachdem dieser seine Aktivitäten einstellen musste, wechselte die FVRR im Windschatten ihrer grossen Schwester, der AISUF[10], zum renommierten Verlag Schulthess in Zürich. In Kenntnis des Büchermarktes erscheint es fast als ein kleines Wunder, dass es die Reihe mit ihren Maximalauflagen von 400 Stück noch gibt.

Seit je war das Institut auch *beratend* tätig. Für manche juristische Frage im Leben der Kirchen und Religionsgemeinschaften wird akademischer Beistand gewünscht. Von daher wirkten und wirken die Institutsmitglieder gemäss ihren Möglichkeiten mit, etwa indem sie in Fachkommissionen mitarbeiten oder Studien und Gutachten erstellen. So absorbierte gleich in den ersten Jahren die Einführung des neuen Codex Iuris Canonici von 1983 in der Schweiz viel Institutsenergie, ebenso Anpassungen, die im Bereich der kantonalen staatskirchenrechtlichen Körper-

10 Arbeiten aus dem juristischen Seminar der Universität Freiburg.

schaften fällig wurden. Dauerthemen bis heute sind die juristischen Personen im Bereich der Kirchen geblieben, aber auch das Verhältnis zwischen den diözesanen und den staatskirchenrechtlichen Strukturen in der katholischen Kirche, die Kirchensteuern und die kirchliche Mitgliedschaft. Es ist für die heutigen Bearbeiter fast tröstlich zu sehen, dass sich ihre Vorgänger bereits vor 25 Jahren mit dem Kirchenaustritt und allen damit verknüpften Fragen abmühten! „Moderne Klassiker" sind inzwischen etwa der Religionsunterricht, ja überhaupt die Frage nach der Religion in der Schule geworden, die Amtshandlungen an Nichtmitgliedern und der Datenschutz. Eine noch neuere Themengeneration verlangt Expertenwissen im Bereich aller mit dem Islam und anderer nichtchristlicher „Minderheitsreligionen" verbundenen Fragen. Stark in den Vordergrund gerückt ist die Frage nach der rechtsgleichen Behandlung von Religionsgemeinschaften, dies im Gleichschritt mit der verfassungsrechtlichen Entwicklung in diesem Bereich. Verlangt sind neben dem Verfassungsrecht im Prinzip Kenntnisse in den unterschiedlichsten Bereichen des staatlichen wie des kirchlichen Rechts. Das macht die Schwierigkeit, zugleich die Faszination für diejenigen aus, die auf diese Weise im Kirchen- und Staatskirchenrecht arbeiten.

Ein wichtiger Bereich im Alltag des Institutes war und ist die *Erteilung von Auskünften* an kirchliche und staatliche Stellen sowie an Privatpersonen. Auch hier geht es um unterschiedlichste Fragen, auf die eine Antwort von einem universitären „Experten" erwartet wird. Das Institut ist also zu einem grossen Teil seiner Arbeit ein universitäter Dienstleister für die interessierte Öffentlichkeit. Von zunehmender Bedeutung ist in den letzten Jahren die Medienarbeit geworden. Medienschaffende, chronisch in Zeitnot, sind dankbar für Hintergrundwissen zur Tagesaktualität. Das Institut versteht seine Aufgabe hier wie auch sonst darin, Informationen und nicht vorgefertigte Meinungen zu liefern.

Das Rückgrat all dieser nach aussen gerichteten Aktivität ist die *Dokumentation* des Institutes. In einer Bücherwand voller Ordner, von den Institutsmitarbeitern Jahr für Jahr mühsam à jour geführt, lagert das gesamte Recht des Bundes und der Kantone, welches im weitesten Sinne mit Religionsgemeinschaften und Religionsausübung zu tun hat. Die Sammlung ermöglicht es, sich rasch in einer Materie zu orientieren und namentlich, einen Überblick zu gewinnen über die Regelung einer Frage in den verschiedenen Kantonen. Die RKZ als überkuppelndes Organ der kantonalen katholischen Körperschaften hat bei ihrer Unterstützung stets Wert gelegt auf die Fortführung dieser Dokumentation. Tatsächlich ist sie schweizweit singulär. Wünschbar wäre es zweifelsohne, die Dokumentation im Internet zur Verfügung zu stellen. Das Führen einer on-line-Dokumentation übersteigt allerdings die gegenwärtigen personellen Ressourcen des Institutes. Ein Teil der Sammlung, unter anderem die Gerichtsentscheide, ist immerhin auf der *Homepage* des Institutes einsehbar[11]. Letztere hat als Medium nach aussen in den letzten Jahren zunehmende Bedeutung gewonnen. Bei mancher Anfrage, manchmal auch aus entfernten Teilen Europas oder aus anderen Kontinenten, ist offenkundig die Homepage ein erster Kontakt zum Institut gewesen.

Das Institut war und ist nicht nur nach aussen, sondern auch universitätsintern ein Dienstleister. Die Rechtsfakultät Freiburg kennt seit je einen substantiellen Unterricht im Kirchenrecht. Dieser Unterricht war bis 1994 für alle Studierenden obligatorisch. Mit dem Studienreglement 1994 fiel das Kirchenrechtsobligatorium, was Institutsleitung und Kuratorium damals ganz und gar nicht gefreut hat[12]. Gleichwohl sank das Kirchenrecht nicht zum reinen Wahlfach herab. Als zusätzliche Auszeichnung zum Lizentiat bzw. heute zum Master, kann man eine *mention utriusque iuris* erwerben, indem man verschiedene Vorlesungen in diesem Bereich absolviert[13]. Zum Erwerb der mention ist auch die Abfassung einer schriftlichen Seminararbeit erforderlich. Das führt zu einer intensiven Nutzung von Institutsdokumentation und -bibliothek durch die Studierenden. Neben den Studierenden der Rechtsfakultät werden die Vorlesungen in diesem Bereich seit einigen Jahren zunehmend auch von Studierenden der Theologischen und Philosophischen Fakultät besucht, besonders von angehenden Religionswissenschaftlern. Im Rahmen einer BENEFRI-Konvention stehen die Vorlesungen zudem den Studierenden der Universitäten Bern und Neuenburg offen[14]. Auch auf der Ebene der Lehrenden ist das Institut faktisch eine wichtige Plattform: die Arbeitsthemen der Institutsmitglieder haben oft Berührungspunkte zu jenen der Theologen, Religionswissenschaftler und Historiker. Daraus ergeben sich

11 www.unifr.ch/kirchenrecht.

12 Die Protokolle der Kuratoriumssitzungen zeigen, dass sich das Kuratorium während vielen Jahren mit diesem Thema befasst hat.

13 Vgl. Reglement vom 28. September 2001 über das Lizentiat und das Doktorat Utriusque Iuris (Lizentiat/Master mit dem Zusatz „Religionsrecht“). Die Kandidaten müssen die Vorlesungen „Einführung in das Religionsrecht“ und „Kanonisches Recht“ ablegen.

14 Diese Konvention ist abgedruckt in: SJKR/ASDE 6 (2001), S. 279 ff.

interessante Gespräche und manche wechselseitige Einladung zur Mitwirkung an Tagungen oder Projekten.

III. Die Institutsmitglieder

Die *Leitung* des Institutes oblag, wie eingangs dargestellt, seit der Gründung im Jahr 1979 Prof. Dr. Louis Carlen. Er versah dieses Amt neben seiner Tätigkeit als Lehrstuhlinhaber bis zu seiner Emeritierung 1994. Wie die Jahresberichte und Publikationen des Instituts zeigen, griff er manche aktuelle und wichtige Frage auf, wodurch sich das Institut als wissenschaftliche Institution und als Ort des Gedankensaustausches und der Meinungsbildung etablieren konnte.

Von 1995 bis 1997 wurde die Direktion von einem „Triumvirat" ausgeübt, bestehend aus den Professoren Nicolas Michel (Vorsitz), Pier V. Aimone und dem Schreibenden. Da sich dies angesichts der doch eher bescheidenen Grösse des Instituts als wenig praktisch herausstellte, wurde die Leitung 1998 dem Letztgenannten übergeben, der als Nachfolger von Louis Carlen auf dem Lehrstuhl für Rechtsgeschichte und Kirchenrecht dem Fach am nächsten steht.

Bis 1995 wurde die Stelle eines *wissenschaftlichen Mitarbeiters* von der RKZ finanziert, seither von der Universität. Dieser hat gemäss den neuen Institutsstatuten vom Februar 2004 die institutsinterne Stellung eines Sekretärs; es obliegt ihm (oder ihr) die Geschäftsführung ebenso wie die Beteiligung an den wissenschaftlichen Projekten des Instituts. Das Institut hat in den 25 Jahren seines Bestehens 9 wissenschaftliche Mitarbeiter gehabt[15]. Jeder der 9 Mitarbeiter/Sekretäre hat das Institut mit seinem Engagement ebenso wie mit seiner Persönlichkeit geprägt. Seit 1999 wird der Sekretär durch einen Unterassistenten bzw. eine Unterassistentin unterstützt, denen primär die Aktualisierung der Institutsdokumentation obliegt. Nicht zu vergessen ist die tatkräftige Unterstützung bei mancher Institutsaufgabe durch die Mitarbeiterinnen und Mitarbeiter des Lehrstuhls für Rechtsgeschichte und Kirchenrecht. Erst durch das Zusammenwirken

15 Dies waren in zeitlicher Reihenfolge Peter Margelist, Hermann Bischofberger, Niklaus Herzog, Franz-Xaver von Weber, Johannes Theler, Daniel Meyer und Antoine Frank (je zu 50 %), Gregor A. Rutz und seit 2001 Erwin Tanner. Die Anstellung als wissenschaftlicher Mitarbeiter an der Universität Freiburg ist auf fünf Jahre begrenzt.

vieler Köpfe und Hände können so einerseits die laufenden Aufgaben erledigt und andrerseits ad-hoc-Mandate erfüllt werden.

Eine wichtige Begleit- und Unterstützungsfunktion hat sodann das *Kuratorium* des Institutes[16]. An regelmässigen Sitzungen werden zusammen mit der Institutsleitung Kurs und Aktivitäten des Institutes bestimmt. In diesem Gremium sind seit je die Rechtsfakultät und die katholische Kirche repräsentiert. Lange bestand der Institutsrat ausschliesslich aus Persönlichkeiten des öffentlichen Lebens katholischer Konfession. Seit 2003 haben zwei Vertreter der evangelisch-reformierten Kirche Einsitz[17]. Manches Kuratoriumsmitglied hat auf Institutstagungen mitgewirkt oder die Institutsmitarbeiter bei anderen Gelegenheiten tatkräftig unterstützt.

IV. Vom Staatskirchenrecht zum Religionsrecht

Im Rückblick auf 25 Jahre Institutsgeschichte wird deutlich, dass die Veränderung der religiösen Landschaft in der Schweiz nicht spurlos am Institut vorbeigegangen ist. 1979 konnte dieses noch als konfessionell geprägtes Institut an einer staatlichen Universität errichtet werden. Das war, wie Eingangs erwähnt, nicht Zeichen konfessionalistischer Engstirnigkeit, sondern eine übliche Organisationsform in der Spätphase der „konfessionellen Subgesellschaften"[18]. Im Gefolge der zunehmenden, in den letzten Jahrzehnten noch beschleunigten Säkularisierung hat sich auch das Institut geöffnet und seinen thematischen Horizont erweitert. Die Gespräche, die im Kuratorium Mitte der neunziger Jahre geführt wurden, zeigen dies deutlich. Welche Richtung eingeschlagen werden könnte, formulierte Nicolas Michel, damals primus inter pares in der Ins-

16 Dazu gehörten in zeitlicher Reihenfolge Dr. Max Aebischer, Dr. Bernhard de Torrenté, Moritz Amherd, Dr. Urs. J. Cavelti, Msgr. Dr. Anton Cadotsch, Dr. Walter Gut, Prof. Dr. Thomas Fleiner, Dr. Paul Zbinden, Bundesrichter Dr. Louis Bourgknecht, Prof. Dr. Augustin Macheret, Dr. Peter Burri, Prof. Yves Le Roy, Jacques Ducarroz, Hans Ambühl, Prof. Dr. Nicolas Michel. Gegenwärtig gehören dem Kuratorium an Dr. Peter Plattner (Präsident), Prof. Dr. Adrian Loretan, Kantonsrichter Dr. Philippe Gardaz, Prof. Dr. Astrid Epiney, Prof. Dr. Pier Virginio Aimone, PD Dr. Christoph Winzeler, Pfr. Markus Sahli und Generalvikar P. Dr. Roland B. Trauffer OP.

17 Dies sind Pfr. Markus Sahli und PD Dr. Christoph Winzeler.

18 Vgl. zu dazu *Urs Altermatt*, Katholizismus und Moderne. Zur Sozial- und Mentalitätsgeschichte der Katholiken im 19. und 20. Jh., Zürich 1989, S. 97 ff.

titutsleitung, anlässlich einer Kuratoriumssitzung 1997 wie folgt: „Tout en gardant sa tâche de centre de documentation et de service dans le domaine du droit ecclésiastique et du droit canonique, l'Institut pourrait envisager d'étendre son champ d'activité dans une perspective de dialogue interreligieux. Il s'agirait avant tout de s'intéresser aux problèmes liés à l'expression du sentiment religieux au sein de la société pluraliste, de l'intégration des différentes minorités religieuses. Il serait également judicieux d'analyser les nouveaux mouvements religieux et sectes [...]. Un tel élargissement du rôle de l'Institut irait de pair avec la réinterprétation du sens et de la vocation de l'Université de Fribourg à l'aube du 21e siècle, l'identité étant vécue dans le dialogue et non dans la contradiction."[19] Oder um es noch einmal anders zu sagen: trotz früheren, oft anderslautenden Prognosen stirbt die Religion und die Religiösität der Menschen nicht aus. Sie wird heute in veränderter Form, konkret: weniger in feste soziale Strukturen eingebunden gelebt als früher. Die Kirchen und anderen Religionsgemeinschaften sterben deswegen nicht aus. Manche werden kleiner, andere grösser, alle verändern sich. Die Rechtsordnung ist mit zunehmender religiöser Heterogenität, mit neuen Forderungen und Ansprüchen konfrontiert. Änderungen und Anpassungen des überkommenen, auf die beiden grossen Landeskirchen ausgerichteten Staatskirchenrechts werden erforderlich. Das Staatskirchenrecht der Schweiz ist heute in einer Phase des Übergangs. Das bedeutet für das Institut: viel spannende Arbeit. Denn alles will wissenschaftlich begleitet und reflektiert sein. Das grosse Echo etwa auf die Institutstagungen zu den religiösen Minderheiten (1997) und zum Islam in der Schweiz (2001) bestätigten Institutsleitung und Kuratorium, inskünftig neben den traditionellen Themen auch solche aufzugreifen, die bis dato nicht im Vordergrund standen.

Nun gibt es hier freilich ein terminologisches Problem. Der Ausdruck *Staatskirchenrecht* passt nicht mehr. Er wurde als Bezeichnung für ein Rechtsgebiet geformt, welches die Beziehungen zwischen dem Staat und den Staatskirchen regelt. Letztere gibt es in der Schweiz indessen nicht mehr, auch nicht in den ursprünglich reformierten Kantonen. Die öffentlichrechtlich anerkannten Landeskirchen sind einander in den Kantonen weitgehend gleichgestellt. Der öffentlichrechtliche Status wird auch anderen Religionsgemeinschaften zugänglich gemacht, wenn auch in langsamem Tempo. Es wird also nicht mehr eine Kirche exklusiv durch den

19 Vgl. Procès-verbal de la séance du Curatorium du 20 février 1997, S. 3.

Staat privilegiert, was der Ausdruck Staatskirchentum suggeriert. Überhaupt macht das staatliche Recht im Grundsatz keine Unterscheidung zwischen Kirchen und anderen Religionsgemeinschaft. Von daher sucht die Wissenschaft seit einigen Jahren nach einem Ersatzterminus und es scheint sich hier sukzessive der Ausdruck Religionsrecht durchzusetzen. *Religionsrecht* ist als jenes Gebiet der Rechtsordnung zu verstehen, das sich im weitesten Sinne mit Religion beschäftigt. Dieses hat zwei Teile:

– Es gibt ein *internes* Religionsrecht der Kirchen und anderen Religionsgemeinschaften, also die Kirchenrechte der verschiedenen Konfessionen, das jüdische Recht, das islamische Recht usw.
– Und es gibt das *staatliche* Recht, das sich mit Religionsausübung und Religionsgemeinschaften befasst. Dieses findet sich in der Verfassung und in zahlreichen anderen Gebieten der Rechtsordnung[20].

Die Verantwortlichen des Institutes haben diesen terminologischen Wandel seit einigen Jahren unterstützt, wenn nicht gar forciert. Aus den „Veröffentlichungen aus dem Gebiete von Kirche und Staat" wurden die „Veröffentlichungen zum Religionsrecht". Aus der Vorlesung „Einführung ins Kirchenrecht" wurde die „Einführung ins Religionsrecht". Nun ist der Institutsname an der Reihe. Im Kuratorium wurde lange nach einem Namen gesucht, der zugleich die Öffnung wie auch den Traditionsanschluss verdeutlicht, denn er soll ja Sinnbild einer thematischen Öffnung sein, nicht einer Abkehr von den bisherigen Tätigkeiten. Da es keinen Namen gibt, der allen Aspekten gerecht wird, in beiden Arbeitssprachen des Institutes gleich gut passt und erst noch kurz und prägnant ist, wurde der etwas grössere Schritt gewagt. Am 19. März 2004 hat die kantonale Erziehungsdirektion die neuen Institutsstatuten[21] und zugleich den neuen Institutsnamen genehmigt. Aus dem Institut für Kirchenrecht und Staatskirchenrecht ist das *Institut für Religionsrecht*[22] geworden. Dieser Name wurde an der Jubiläumsfeier des Institutes offiziell in Gebrauch genommen.

René Pahud de Mortanges

20 Vgl. die Beihefte 2 (Kantonales Recht, hg. von Jakob Frey), 3 (Religionsrecht des Bundes, hg. von Jakob Frey und Peter Karlen) und 5 (Konkordate und weitere Verträge, hg. von Christoph Winzeler) des SJKR.

21 Statuten vom 4. Februar 2004 des Instituts für Religionsrecht der Rechtswissenschaftlichen Fakultät der Universität Freiburg i.Ü.

22 Auf französisch: Institut de droit des religions.

SJKR/ASDE 9 (2004), S. 235-244

Rezensionen und Buchanzeigen

Sahlfeld, Konrad: Aspekte der Religionsfreiheit im Lichte der Rechtsprechung der EMRK-Organe, des UNO-Menschenrechtsausschusses und nationaler Gerichte, Zürich: Schulthess 2004. XLV und 406 S. (Luzerner Beiträge zur Rechtswissenschaft, hg. von Jörg Schmid im Auftrag der Rechtswissenschaftlichen Fakultät der Universität Luzern, Bd. 3).

Herausgefordert u.a. durch zugewanderte Menschen anderer religiöser Herkunft, hat die Diskussion um Bedeutung und Tragweite der Religionsfreiheit in den vergangenen Jahren auch auf europäischer Ebene eine eigentliche Renaissance erlebt. Nach einer alles in allem eher ruhigen Epoche hatten sich die bis 1999 aktive Strassburger Kommission für Menschenrechte und der Gerichtshof für Menschenrechte in den neunziger Jahren vermehrt in grundsätzlicher Weise mit der Religionsfreiheit nach Art. 9 der Menschenrechtskonvention vom 4. November 1950 (EMRK)[1] zu befassen. Vorab diese Tatsache hat *Konrad Sahlfeld* nach seinen einleitenden Bemerkungen dazu bewogen, mit seiner 2003 in Luzern eingereichten Dissertation einen „Neuanlauf in Sachen Art. 9 EMRK" zu unternehmen. An der Schweizer Literatur zur Religionsfreiheit bemängelt der Autor, sie habe „die Menschenrechtskonvention nur als Nebenaspekt betrachtet und zu einem grossen Teil lediglich für gewisse Forderungen instrumentalisiert"; sie lasse „eine wirkliche Auseinandersetzung mit den Entscheidungen" vermissen (S. 4)[2].

1 Europäische Konvention vom 4. November 1950 zum Schutze der Menschenrechte und Grundfreiheiten; SR 0.101.

2 *Sahlfeld* denkt in diesem Zusammenhang offenbar vorab an die korporative Religionsfreiheit und die Abschaffung des „Bistumsartikels" in der Bundesverfassung. Die zum ersten Thema weiter hinten auf S. 168 ff. vorgetragene Kritik an der – nach Ansicht des Schreibenden solid begründeten und auch heute noch massgebenden – Arbeit von *Peter Karlen*, Das Grundrecht der Religionsfreiheit in der Schweiz, Zürich 1988, vermag dieses pauschale Urteil allerdings kaum begründen. Dasselbe gilt für die in der Sache durchaus beachtliche Argumentation zur Kontroverse um die Streichung des „Bistumsartikels" und zu den in diesem Zusammenhang unternommenen Versuchen, die Verfassungsbestimmung als

Die Arbeit gliedert sich in vier Teile. In einem ersten, mit „Grundlagen" überschriebenen Teil stellt *Sahlfeld* zunächst in konzentrierter Form die Staat-Kirche-Beziehungen in ausgewählten europäischen Ländern, darunter die Schweiz, und in den USA dar (S. 1 ff.), bevor er Vergleiche zwischen der EMRK und dem Recht der Europäischen Union anstellt (S. 53 ff.). Der Autor erläutert anschliessend verschiedene geschichtlich gewachsene Menschenrechtskonzepte als „Begrenzung des Anwendungsbereiches der EMRK" (S. 69 ff.) und gelangt zum Ergebnis, dass zwar „unterschiedliche Grundrechtskonzepte die Ausgestaltung eines Grundrechts, hier der Religionsfreiheit, zu einem grossen Teil (mit)bestimmen", aber durchaus auch „Bestandteile und Wesenszüge" eines „europäischen *ordre public* in Bezug auf die Religionsfreiheit" auszumachen sind (S. 74). Es folgen Hinweise zur Funktionsweise und Stellung der EMRK im System des Menschenrechtsschutzes (S. 76 ff.) sowie zu den Beschwerdeformen im Rahmen der EMRK (S. 85 ff.). Der ausführlichste, mit „Religionsfreiheit" überschriebene zweite Teil der Arbeit widmet sich dem Grundrecht und dessen Auslegung im Allgemeinen (S. 93 ff.), dem Schutzbereich (S. 129 ff.) und zulässigen Einschränkungen (S. 204 ff.) sowie der Gewissenfreiheit (S. 253 ff.) und der Gedanken- und Weltanschauungsfreiheit (S. 263 ff.) als besonderen Ausprägungen der Religionsfreiheit[3]. Der dritte Teil stellt einige ausgewählte Problembereiche dar, nämlich „positive obligations" der EMRK-Staaten als „staatliche Verpflichtung, Religionen vor anderen zu schützen" (S. 267 ff.), das Verhältnis von Art. 9 zu Art. 14 EMRK (S. 282 ff.), die Kriegsdienstverweigerung aus Gewissengründen (S. 293 ff.), die Kontroverse um das Schächtverbot (S. 310 ff.), Fragen der Moral (S. 322 ff.), die Religionsfreiheit in Schulen (S. 330 ff.) und in diesem Zusammenhang das Tragen des Kopftuchs (S. 353 ff.), schliesslich Rechte von Ge-

---

völkerrechtswidrig, weil nicht EMRK-konform, darzustellen. Die einzige Lehrmeinung, die *Sahlfeld* in diesem Zusammenhang erwähnt, ist diejenige von *Walter Gut*, welchem der Autor vorwirft, er „türme" in einem Zeitungsartikel „die Verstösse des Bistumsartikels gegen Menschen- und Grundrechte auf, ohne auch nur einen davon zu belegen" (S. 183). Gerade von einem „grossen Teil der Schweizer Literatur zur Religionsfreiheit" kann in diesem Zusammenhang auch nicht gesprochen werden.

3 Art. 9 EMRK gewährleistet das „Recht auf Gedanken-, Gewissens- und Religionsfreiheit" und schützt im Besonderen den Wechsel der „Religion oder Weltanschauung".

fangenen (S. 372 ff.). In einem vierten Teil fasst der Autor seine Schlussfolgerungen in konzentrierter, thesenartiger Form zusammen.

Wie schon im Titel angedeutet, erhebt die Arbeit nicht den Anspruch, die Religionsfreiheit umfassend darzustellen. *Sahlfeld* bemerkt, dass jeweils „nur ein kleiner Aspekt derjenigen Fragen beleuchtet werden" kann, „welche sich bei der Behandlung der verschiedensten Fälle – und sei es auch nur en passant – geradezu aufdrängen" (S. 3), wobei auch „die persönliche Überzeugung des Verfassers [...] argumentativ eingeflochten" werden soll (S. 6). Dieses „fallbezogene Herangehen an die Religionsfreiheit" soll „menschliches Erleben in diese Abhandlung" bringen, aber gleichzeitig „dazu dienen, herauszuarbeiten, was denn die Religionsfreiheit ausmacht" (S. 3 f.). Tatsächlich präsentiert sich die Arbeit vorab als Kasuistik zur Rechtsprechung der Strassburger Organe und nationaler Gerichte. Die Entscheidungen werden, jeweils in der Originalsprache, teilweise ausführlich im Wortlaut zitiert. Wer sich, wie der Schreibende, nicht zu Experten des europäischen Rechts zählen darf, wird in *Sahlfelds* Darstellung bemerkenswerte Entdeckungen machen – bis hin zur Erkenntnis, dass Griechen nicht-orthodoxen Glaubens noch nach einem Urteil des griechischen Obersten Gerichts von 1998 von der Berufsfeuerwehr ausgeschlossen werden durften, weil sie „nicht die rechte orthodoxe Löschgesinnung mitbringen" (S. 30)[4]. Durchaus anregend ist über weite Strecken auch die Kritik an einzelnen Entscheidungen und an den Vorstellungen und Wertungen, die offenbar dahinter gestanden haben. Zu vielen Aspekten religiöser Freiheit und Betätigung, etwa zur Kontroverse um die „Kopftuch-Entscheidungen" oder zum unterdessen aus der Bundesverfassung vom 18. April 1999 gestrichenen „Bistumsartikel"[5], trägt *Sahlfeld* Argumente vor, von denen zu hoffen ist, dass sie im Rahmen der Weiterentwicklung des Rechts gebührende Beachtung finden.

Die erklärtermassen subjektive und durch *Sahlfeld* selbst als „wertende Rechtsvergleichung" (S. 5 und 8) bezeichnete Betrachtungsweise äussert sich auch im Ton der Ausführungen, der einer gewissen Polemik jedenfalls nicht abhold ist[6]. Seine Kritik trägt der Autor allerdings zuweilen

4 *Sahlfeld* zitiert das Urteil aus der Berichterstattung in der Tagespresse, z.B. in der NZZ vom 19. Mai 2000 und im „Bund" vom 16. Juni 2000.

5 Art. 72 Abs. 3 BV ist in der Volksabstimmung vom 10. Juni 2001 aufgehoben worden.

6 Als Beispiele unter vielen: *Sahlfeld* spricht in Zusammenhang mit dem in JZ 1962, S. 767 ff., abgedruckten Entscheid des Oberverwaltungsgerichts Münster von einem „hervorragend an der Sache vorbei geschriebenen Urteil" (S. 190).

verhältnismässig pauschal vor. So findet sich im Schlusskapitel über die Rechte Gefangener (S. 372 ff.) nach einer gedrängten Darstellung auf knapp vier Seiten das doch einigermassen anspruchsvolle Urteil, das „Hauptmerkmal von Entscheidungen der EKMR bezüglich religiöser Rechte von Gefangenen" scheine „die schlechte Begründung zu sein" (S. 374). Mitunter hinterlässt die streitbare Art der Auseinandersetzung auch eine gewisse Ratlosigkeit. So ist zwar die Kritik am Vorschlag einer Expertengruppe des Schweizerischen Evangelischen Kirchenbunds betreffend eine bundesrechtliche Anerkennung von Religionsgemeinschaften von gesamtschweizerischer Bedeutung durchaus ernst zu nehmen[7]. Indes lässt der Vorwurf, die Expertengruppe gehe mit ihren Vorschlägen de constitutione ferenda „souverän an geschichtlich gewachsenem Recht vorbei" und wolle „die wahren Probleme des religiösen Miteinanders nicht angehen" (S. 43), die Frage unbeantwortet, was denn – nach dem Urteil des Autors – die übergangenen wahren Probleme des religiösen Miteinanders sind. Auch zu *Sahlfelds* Wertungen und Beurteilungen selbst dürfen Fragen gestellt werden, etwa die, ob das Problem des Ausländerstimmrechts wirklich nur für privatrechtlich organisierte Gemeinschaften ein Problem darstellt und für die öffentlichrechtlich verfassten Kirchen „nicht grösser oder kleiner" ist als für den Staat (S. 174).

Gerhard Besier wirft er S. 15 vor, er blende „souverän die jeweiligen Hintergründe aus", um „eine Verletzung der Religionsfreiheit in Deutschland" zu „insinuieren". Zu *Peter Karlen* bemerkt er auf S. 168, dass dieser „eine Religionsausübungsfreiheit von Religionsgemeinschaften aus der Religionsfreiheit ableitet und dieses Verbandsgrundrecht als Fortschritt feiert". Auf S. 176 kritisiert er in Anm. 987 das Argumentarium, welches *Albert Bleckmann* in einem – weder an dieser Stelle noch im Inhaltsverzeichnis näher bezeichneten – „Büchlein" zusammengetragen hat.

7 Die Expertengruppe, welcher der Schreibende angehört hat, war sich der Problematik einer Anerkennung auf Bundesebene durchaus bewusst. Sie hat deshalb eine Variante 2 für einen neu gefassten Art. 72 BV vorgeschlagen, der keine solche Anerkennung vorsieht. Vgl. die Begründung der Expertenkommission dazu in: *Bundesstaat und Religionsgemeinschaften. Überlegungen und Vorschläge für ein zeitgemässes Religionsrecht in der Schweizerischen Bundesverfassung*, Bern 2003, S. 105 f. (SJKR Beiheft 4). Die auf S. 49 ff. in dieser Publikation durch *René Pahud de Mortanges* zur Diskussion gestellte und einlässlich erläuterte Anerkennung durch den Bund ist indessen auf jeden Fall nicht, wie *Sahlfeld* offenbar annimmt, mit der herkömmlichen öffentlichrechtlichen Anerkennung durch die Kantone zu vergleichen, welche die anerkannte Gemeinschaft zu einer Körperschaft des öffentlichen Rechts „erhebt".

Jedenfalls durch die Landeskirchen selbst würde diese Sicht kaum geteilt[8]. Auch die Behauptung, die römisch-katholische Kirche selbst räume dem staatlichen Recht in Fragen der kirchlichen Organisation den Vorrang ein (S. 168), dürfte nicht unwidersprochen bleiben.

Ein grundsätzliches Dilemma ist bereits in der Grundkonzeption der Arbeit angelegt: Das „Hin- und Herwandern" zwischen der EMRK und innerstaatlichen Gewährleistungen lässt auf der einen Seite durchaus anregende Vergleiche zu, mag aber gelegentlich auch den Blick darauf verstellen, dass es, juristisch betrachtet, nicht einfach „die" Religionsfreiheit, sondern bestimmte, im Einzelnen weiter oder weniger weit reichende Gewährleistungen religiöser Freiheit des internationalen bzw. staatlichen Rechts gibt und dass innerstaatliche Garantien durchaus weiter gehen können als der mit der EMRK gesetzte europäische „minimal standard". Zuweilen hätte man sich auch etwas vertiefende dogmatische Auseinandersetzungen und rechtsvergleichende Hinweise gewünscht, etwa im Zusammenhang mit der in einem besonderen Unterkapitel (S. 246 ff.) abgehandelten Frage der Verhältnismässigkeit von Eingriffen in die Religionsfreiheit. Eine Würdigung der Strassburger Rechtsprechung im Licht der Lehre und Judikatur zu Art. 5 Abs. 2 BV und des Verhältnismässigkeitsbegriffs der allgemeinen Staats- oder Verwaltungsrechtslehre[9] wäre da, etwa im Hinblick auf die durch den Autor erörterte „Notwendigkeit in einer demokratischen Gesellschaft" (S. 248), durchaus reizvoll gewesen[10].

In wissenschaftlicher und methodischer Hinsicht wirkt die Arbeit teilweise ungenau und wenig überzeugend. So bezeichnet der Autor z.B. die am Wortlaut von Art. 4 EMRK orientierte Praxis des Gerichtshofs, mithin das Ergebnis einer grammatikalischen Auslegung, kurzerhand und ohne nähere Begründung als „historische Auslegungsmethode" (S. 300)[11]

8 Vgl. dazu neben neueren landeskirchlichen Stellungnahmen etwa die Hinweise zur Diskussion um die Revision der zürcherischen Gesetzgebung über die Landeskirchen von 1963 bei *Johannes Georg Fuchs*, Aus der Praxis eines Kirchenjuristen in der Zeit ökumenischer Begegnung, Basel 1979, S. 124 ff.

9 Für die Schweiz immer nach massgebend *Ulrich Zimmerli*, Der Grundsatz der Verhältnismässigkeit im öffentlichen Recht, in: ZSR 1978 II, S. 1 ff.

10 Die Notwendigkeit einer Massnahme ist, neben der Geeignetheit und der so genannten Verhältnismässigkeit im engen Sinn, Teilgehalt der Verhältnismässigkeit; vgl. *U. Zimmerli*, Grundsatz der Verhältnismässigkeit (Anm. 9), S. 13 ff.

11 Zu den Methoden juristischer Auslegung statt vieler *Arthur Meier-Hayoz*, Berner Kommentar, Einleitungsband, Bern 1962/1966, Kommentar zu Art. 1 N. 132 ff.;

oder führt aus, die „Feststellung einer Kerngehaltsverletzung" stelle „nichts anderes [...] als eine Güterabwägung" dar (S. 249) – obwohl nach sonst wohl einhelliger Lehre jede Verhältnismässigkeitsprüfung beim Kerngehalt gerade aufhören muss[12]. Offenkundig im Widerspruch zum Stand der bundesgerichtlichen Rechtsprechung[13] steht die Feststellung bzw. Behauptung auf S. 282, im Gegensatz zu Art. 14 EMRK gewährleiste Art. 9 BV in der Schweiz die „willkürliche Behandlung als solche als einklagbares Recht"[14]. An diesem Beispiel wird nicht nur deutlich,

---

Max Imboden/René A. Rhinow, Schweizerische Verwaltungsrechtsprechung, 5. Aufl. Basel/Stuttgart 1976, S. 130 ff.; *Fritz Gygi*, Verwaltungsrecht, Bern 1986, S. 133 ff.; *Ernst Höhn*, Praktische Methodik der Gesetzesauslegung, Zürich 1993. Zwei Seiten später kritisiert *Sahlfeld* auf S. 302 selbst „die strikt am Wortlaut ausgerichtete Auslegung von Art. 4 Abs. 3 EMRK".

12 Die Anerkennung eines Kerngehalts besagt, „dass die Abwägung im Rahmen der Verhältnismässigkeit an einem bestimmten Punkt aufhören muss und jede weitere Einschränkung – [...] ungeachtet der Verhältnismässigkeit des gewählten Mittels – zu unterbleiben hat" (*Jörg Paul Müller*, Allgemeine Bemerkungen zu den Grundrechten, in: Daniel Thürer/Jean-François Aubert/Jörg Paul Müller [Hg.], Verfassungsrecht der Schweiz, Zürich 2001, S. 621 ff., 643). Vgl. auch *Rainer J. Schweizer*, Die Schweizerische Bundesverfassung. Kommentar, hg. von Bernhard Ehrenzeller, Philippe Mastronardi, Rainer J. Schweizer und Klaus Vallender, Zürich/Basel/Genf 2002, Kommentar zu Art. 36 N. 28.

13 Dass *Sahlfeld* mit seiner Feststellung die – durch ihn auf S. 282 ausdrücklich zitierte – bundesgerichtliche Rechtsprechung schlichtweg übergeht, erscheint umso bemerkenswerter, als er auf S. 3 unter Bezugnahme auf *Rudolf Smend* ausführt, die EMRK und die mit dieser garantierte Religionsfreiheit gelte „so, wie sie der Gerichtshof auslegt".

14 Vgl. BGE 126 I 81. Das Bundesgericht verweist zunächst auf seine bisherige Rechtsprechung, wonach „das allgemeine Willkürverbot für sich allein keine geschützte Rechtsstellung" begründet, „welche zur Erhebung der staatsrechtlichen Beschwerde berechtigt", und hält fest, dass „das in Art. 9 BV statuierte Willkürverbot [...] nicht zu einer Änderung dieser Rechtsprechung" führt (Regeste). Trotz massiver Kritik an dieser Haltung anerkennt die Lehre, dass das Willkürverbot als solches nach heutigem Stand der Rechtsprechung damit nicht als selbständiges verfassungsmässiges Recht im Sinn von Art. 189 Abs. 1 Bst. a BV zu qualifizieren ist; vgl. *Christoph Rohner*, Die Schweizerische Bundesverfassung. Kommentar, hg. von Bernhard Ehrenzeller, Philippe Mastronardi, Rainer J. Schweizer und Klaus Vallender, Zürich/Basel/Genf 2002, Kommentar zu Art. 9 N. 25 ff. Im Übrigen dürfte das innerstaatliche Pendent zum Diskriminierungsverbot nach Art. 14 EMRK vorab Art. 8 BV (Rechtsgleichheit) und namentlich dessen Abs. 2 („Niemand darf diskriminiert werden [...]") und nicht Art. 9 BV (Schutz vor Willkür und Wahrung von Treu und Glauben) darstellen.

dass rechtspolitische Postulate und Hinweise zum Stand der aktuellen Rechtslage gelegentlich nicht mit der nötigen Klarheit auseinander gehalten werden. Die verunglückte Formulierung – der Autor meinte offensichtlich nicht die willkürliche Behandlung selbst, sondern den Schutz vor ihr – weckt auch den Verdacht, dass die Arbeit zumindest in einzelnen Teilen etwas schnell geschrieben worden ist. Darauf deuten neben grammatikalischen Unstimmigkeiten (z.B. falsche Subjekte), einer gelegentlich inkonsequenten Begrifflichkeit[15] und mitunter sprunghaften, nicht immer leicht nachvollziehbaren Gedankengängen auch Wiederholungen ausführlicher Zitate aus einem Urteil (z.B. S. 219 f. und 229) oder wörtlich gleich lautender Sätze des Autors mit identischen Verweisungen (z.B. S. 234 und 247) innerhalb weniger Seiten hin, was den Eindruck erweckt, der Autor habe bereits vergessen, was er kurz zuvor ausgeführt hat.

Sahlfelds Darstellung bietet, wie erwähnt, sowohl zahlreiche Einblicke in die Praxis der EMRK-Organe und nationaler Gerichte als auch durchaus anregende Kritik an herkömmlichen Positionen. Zu schätzen ist im Besonderen das erkennbare Bemühen, mit der Religionsfreiheit gerade auch zu Gunsten kleinerer, unbekannter und „unorthodoxer“ Gemeinschaften Ernst zu machen. Damit liegt der Autor – sehr mit Recht – auf der Linie der frühen bundesgerichtlichen Rechtsprechung, wonach die Religionsfreiheit „auch und gerade dann ihre Wirksamkeit äussern“ muss, „wenn es sich um Vereine oder Versammlungen handelt, welche dem Publikum in seiner Majorität oder der Regierungsgewalt nicht sympathisch sind“, weil sich „gerade in solchen Fällen [...] die verfassungsmässige Garantie [...] praktisch zu bewähren hat“[16]. Wissenschaftliche Präzision ist dagegen nicht die Stärke der Abhandlung. So erfrischend etwas polemische Farbe in der üblicherweise sehr biederen Auseinandersetzung in der Schweiz auch ist: Gewisse Kritikpunkte hätten etwas fundierter vorgetragen werden dürfen. Einer Arbeit, die nach dem Anspruch des Autors (ganz) „gelesen werden will“ (S. 9), hätte zudem etwas mehr Sorgfalt in sprachlicher und methodischer Hinsicht gut angestanden.

Ueli Friederich

15 Vgl. etwa die Bezeichnung der beiden Abschnitte von Art. 9 EMRK als Absätze (z.B. S. 204) bzw. als Paragraphen (z.B. S. 94).

16 BGE 12 93 ff., S. 108 f. Gegenstand der Beurteilung war eine Versammlung der zu dieser Zeit oft praktisch geächteten Heilsarmee.

Weibel, Paul: Das Selbstbestimmungsrecht der Römisch-Katholischen Kirche. Eine staatskirchenrechtliche Studie am Beispiel des Kantons Schwyz, Frankfurt/M. u.a.: Lang 2003. XLIX & 536 S. (Adnotationes in ius canonicum, 17).

Bei der hier vorzustellenden Studie handelt es sich um die Druckfassung einer der rechtswissenschaftlichen Fakultät der Universität Freiburg i.Ü. vorgelegten und im Jahre 2000 angenommenen Dissertation.

Sie befasst sich mit einem interessanten Thema, da nach schweizerischem Religionsverfassungsrecht das kantonale Recht im Rahmen der bundesrechtlichen Vorgaben die massgeblichen Regelungen für die öffentlichrechtliche Anerkennung und die damit verbundenen kirchlichen Organisationsstrukturen enthält, so dass es sich durchaus anbietet, das kirchliche Selbstbestimmungsrecht auf kantonaler Ebene zu untersuchen. Das gilt gerade auch für die rechtliche Stellung einer Kirche in einem Kanton, dessen staatskirchenrechtliche Entwicklung vor allem durch die Zugehörigkeit der grossen Mehrheit der Bevölkerung zu dieser Kirche geprägt wurde, wie dies für die römisch-katholische Kirche im Kanton Schwyz der Fall ist.

Die Arbeit gliedert sich in zwei grosse Teile. Teil 1 ist mit „Religionsverfassungsrechtliche Vorgaben des Bundes" betitelt (S. 1-291), Teil 2 erörtert sodann „Grundzüge des Selbstbestimmungsrechts der römisch-katholischen Kirche im Kanton Schwyz" (S. 293-517).

Bei der Lektüre des ersten Teils wird rasch deutlich, dass er unter der alten Bundesverfassung (1874) entstand und die Hinweise auf die neue Bundesverfassung (1999) oftmals den Charakter später angefügter Zusätze tragen. Darüber hinaus ist dem Vorwort zu entnehmen, dass Rechtsprechung und Lehre bis zum 31. August 1999 berücksichtigt sind. Für ein im Jahre 2003 veröffentlichtes Buch ist das entschieden zu wenig.

Der dem kantonalen Recht gewidmete zweite Teil der Arbeit geht zunächst auf „Grundsätzliche Aspekte zur verfassungsrechtlichen Stellung der römisch-katholischen Kirche im Kanton Schwyz unter besonderer Berücksichtigung der Kantonsverfassung 1898" ein (S. 295-451), um sich anschliessend der „veränderten verfassungsrechtlichen Stellung der römisch-katholischen Kirche nach der Partialrevision der Kantonsverfassung im Jahr 1992" zuzuwenden (S. 453-517).

Die staatskirchenrechtliche Situation vor der Partialrevision der Kantonsverfassung sieht der Verf. grundsätzlich positiv. Der Kanton Schwyz habe die römisch-katholische Kirche in ihren rechtspersönlichen Ausprägungen mit den Mitteln seines kantonalen Rechts unter dem verbindlichen Vorbehalt der kirchlichen Ordnung öffentlichrechtlich anerkannt und geschützt. Demgegenüber trifft die Neureglung des Verhältnisses von Kirche und Staat infolge der Partialrevision der Kantonsverfassung auf heftige Kritik. Sie habe die römisch-katholische Kirche aus dem öffentlichrechtlichen Rechtsbereich „entfernt" (S. 483), dadurch dass der Kanton für die beiden grossen Konfessionen kantonalkirchliche Körperschaften schuf und zu ihnen in ein näheres Verhältnis trat. Die diesbezüglichen Ausführungen des Verf. sind stark von dessen kirchenpolitischen Grundannahmen geprägt, die der Rezensent nicht teilt, worüber an dieser Stelle aber nicht zu rechten ist[1]. Gleichwohl führt die Ideologielastigkeit des Buches dazu, dass manche der verfassungsrechtlichen Fragen der öffentlichrechtlichen Organisation der römisch-katholischen Kirche im Kanton Schwyz nach der Partialrevision 1992 zu kurz kommen. So hätte man sich eine intensive Auseinandersetzung mit der ganz unüblichen Verfahrensweise bei Erlass des Organisationsstatuts für die römisch-katholische Kantonalkirche gewünscht. Wie erinnerlich, hatte der Kantonsrat, nachdem die Gründung der römisch-katholischen Kantonalkirche durch die Konfessionsangehörigen innert der von der Kantonsverfassung gesetzten Frist misslungen war, gemäss Kantonsverfassung das Organisationsstatut im Jahr 1998 selbst erlassen und hatte diese Ersatzvornahme der verfassungsrechtlichen Prüfung durch das Bundesgericht standgehalten[2].

Abgesehen davon ist das Buch über weite Strecken nur schwer zu lesen, da der Verf. zu langen Sätzen neigt, deren Verständlichkeit häufig durch noch längere Fussnoten mit Exkursen zu den verschiedensten Themen leidet. So erfährt man etwa zu Beginn des ersten Teils: „Als Traktanden werden die formale Stellung der römisch-katholischen Kirche bzw. der entsprechenden staatskirchenrechtlichen Gefässe im bundesstaatlich-föderalen Normengefüge in bezug auf Lokalisation und Qualität

1 Vgl. *Dieter Kraus*, Kirche und Demokratie im schweizerischen Staatskirchenrecht. Zum Verhältnis kanonischer und kantonaler Prinzipien in der römisch-katholischen Kirchenorganisation in der Schweiz, in: IKZ [Internationale Katholische Zeitschrift] Communio 25 (1996), S. 169 ff.; *ders.*, Das Verhältnis von Staat und Kirche bzw. Religionsgemeinschaften in der Schweiz, in: Religionsfreiheit als Leitbild, hg. von Hartmut Kress, Münster u.a. 2004, S. 257 ff.

2 Nicht veröffentlichter Entscheid vom 19. November 1998, 1P.269/1998. Dazu *Peter Karlen*, Jüngste Entwicklung der Rechtsprechung zum Staatskirchenrecht, in: SJKR/ASDE 4 (1999), S. 81 ff. (82 f.).

erarbeitet, die grundfreiheitliche Legitimationsbasis der staatskirchenrechtlichen Ordnungen untersucht sowie die Frage nach der freiheitsrechtlichen Regularität saekular verordneter Rechtsingerenzen mitsamt der Legitimität fremddeterminierter materieller Obliegenheiten zulasten des konfessionellen Verbandes geprüft." (S. 2).

Wer sich gleichwohl der Mühe der Lektüre unterzieht, erfährt im Gegenzug viel über die katholisch-konservative Position zur öffentlichrechtlichen Stellung der römisch-katholischen Kirche im Schwyzer Staatskirchenrecht.

Dieter Kraus

SJKR/ASDE 9 (2004), S. 245-249

Bibliografie 2003 – 2004*

I. Bücher (einschliesslich Festschriften und Sammelbände)

Baumann, Maurice/Grädel, Rosa/Probst, Daniel/Schuppli, Gilbert (Hg.), Baustelle Religion. Eine empirische Untersuchung zum schulischen Religionsunterricht im Kanton Bern, Bern, Berlin, Bruxelles, Frankfurt a.M., New York, Oxford und Wien: Peter Lang 2004, 176 S.

Cattacin, Sandro/Famos, Cla Reto/Duttwiler, Michael/Mahnig, Hans: Staat und Religion in der Schweiz. Anerkennungskämpfe, Anerkennungsformen. Eine Studie des Schweizerischen Forums für Migrations- und Bevölkerungsstudien (SFM) im Auftrag der Eidgenössischen Kommission gegen Rassismus (EKR), Bern: EKR 2003, 111 S. – Auch erschienen als: *Cattacin, Sandro/Famos, Cla Reto/Duttwiler, Michael/ Mahnig, Hans:* Etat et religion en Suisse. Luttes pour la reconnaissance, formes de la reconnaissance. Etude du forum suisse pour l'étude des migrations et de la population (SFM) mandatée par la Commission fédérale contre le racisme, Bern: CFR 2003, 113 p. (im Internet unter: http://www.ekr-cfr.ch/studien/staat_religion_gesamt_def-d.pdf [dt.], http://www.ekr-cfr.ch/studien/staat_religion_gesamt_def-f.pdf [frz.]).

Sahlfeld, Konrad: Aspekte der Religionsfreiheit im Lichte der Rechtsprechung der EMRK-Organe, des UNO-Menschenrechtsausschusses und nationaler Gerichte, Zürich: Schulthess 2004, 451 S. (Luzerner Beiträge zur Rechtswissenschaft 3).

Vaccaro, Luciano/Chiesi, Giuseppe/Panzera, Fabrizio (Hg.): Terre del Ticino – Diocesi di Lugano, Brescia: La Scuola 2003, 552 S.

Winzeler, Christoph (Hg., i.V.m. dem Institut für Kirchenrecht und Staatskirchenrecht der Universität Freiburg [Schweiz]): Schweizerische Kirchenrechtsquellen III: Konkordate und weitere Verträge/Sources du droit ecclésial suisse III: Concordats et autres accords. SJKR-

* Vgl. zu den Kriterien dieser jährlich erscheinenden Bibliografie die Vorbemerkungen in: SJKR/ASDE 2 (1997), S. 203.

Beiheft/ASDE Cahier 5 (2004), Bern, Berlin, Bruxelles, Frankfurt a.M., New York, Oxford und Wien: Peter Lang 2004, 340 S.

II. Aufsätze (in Zeitschriften, Jahrbüchern, Festschriften und Sammelbänden)

A. Bundes- und Völkerrecht

Kraus, Dieter: Das Verhältnis von Staat und Kirche bzw. Religionsgemeinschaften in der Schweiz, in: Hartmut Kress (Hg.), Religionsfreiheit als Leitbild. Staatskirchenrecht in Deutschland und Europa im Prozess der Reform, Münster, Hamburg und London 2004, S. 257-273.

Kraus, Dieter: Religionsrechtlich bedeutsame Entscheide des Bundesgerichts in den Jahren 2002–2003, in: SJKR/ASDE 8 (2003), S. 145-183.

Pahud de Mortanges, René: Die Erklärung des Austritts aus der römisch-katholischen Kirche, Kirchenrechtliche und staatskirchenrechtliche Konsequenzen, in: SJKR/ASDE 8 (2003), S. 103-143.

Sahli, Markus: Laizität und Religion – Welche Akzente die Kirche setzen kann, in: Bulletin SEK/FEPS Nr. 1 (2004), S. 16-19.

Wenzel, Uwe Justus: „Gott oder eine andere Quelle ...". Der säkulare Staat und seine Voraussetzungen, in: Neue Zürcher Zeitung vom 14. April 2004, S. 41.

Winzeler, Christoph: Verträge der Kantone mit Religionsgemeinschaften, in: SJKR-Beiheft/ASDE Cahier 5 (2004) (vorn I.), S. 31-48.

Winzeler, Christoph: Religionsunterricht in der Schweiz und in Liechtenstein, in: Alfred Rinnerthaler (Hg.), Historische und rechtliche Aspekte des Religionsunterrichtes, Frankfurt a.M. 2004, S. 481-502.

B. Kantonales Recht

Conod, Philippe: Liberté de croyance, Etat, Eglises et communautés religieuses, in: Pierre Moor (Hg.), La Constitution vaudoise du 14 avril 2003, Bern 2004, S. 331-355.

Frey, Jakob: Vereinbarung zwischen der Berner Kirche und dem Missionswerk „mission 21", in: SJKR/ASDE 8 (2003), S. 218-219.

Frey, Jakob: „Solidarität untereinander, Verantwortung füreinander, respektvoller Umgang miteinander" – Bettagsmandate 2003 kantonaler Regierungen, in: SJKR/ASDE 8 (2003), S. 252-270.

Grichting, Martin: Ausbau des Zürcher Staatskirchentums vom Volk gestoppt, in: Libertas Ecclesiae vom 30. November 2003 (im Internet: http://mypage.bluewin.ch/libertas-ecclesiae/kom_10.htm).

Henrici, Peter: Kirche und Staat in der Schweiz, in: SKZ 172 (2004), S. 177-180.

Kraus, Dieter: Das Verhältnis von Staat und Kirche bzw. Religionsgemeinschaften in der Schweiz, in: Hartmut Kress (Hg.), Religionsfreiheit als Leitbild. Staatskirchenrecht in Deutschland und Europa im Prozess der Reform, Münster, Hamburg und London 2004, S. 257-273.

Lienemann, Wolfgang: Probleme der Stellung der theologischen Fakultäten im modernen Staat. Ekklesiologische und rechtspolitische Aspekte, in: SJKR/ASDE 8 (2003), S. 11-43.

Loretan, Adrian: Theologische Fakultäten in der Universität von morgen, in: SJKR/ASDE 8 (2003), S. 77-101.

Pahud de Mortanges, René: Die Erklärung des Austritts aus der römisch-katholischen Kirche. Kirchenrechtliche und staatskirchenrechtliche Konsequenzen, in: SJKR/ASDE 8 (2003), S. 103-143.

Röhl, Martin: Neuregelung des Verhältnisses zwischen Kirchen und Staat im Kanton Zürich – Standortbestimmung nach der Volksabstimmung vom 30. November 2003, in: SJKR/ASDE 8 (2003), S. 241-251.

Sahli, Markus: Laizität und Religion – Welche Akzente die Kirche setzen kann, in: Bulletin SEK/FEPS Nr. 1 (2004), S. 16-19.

Schaad, Pierluigi: Das Verhältnis zwischen Staat und Kirchen in der neuen Verfassung des Kantons Graubünden vom 18. Mai 2003, in: SJKR/ASDE 8 (2003), S. 220-223.

Tappenbeck, Christian R.: Die Übereinkunft zwischen Bern und Freiburg von 1889, Archivreifes Konkordat – oder Ideenlieferant für einen espace réformé? in: SJKR/ASDE 8 (2003), S. 45-75.

Vögtli, Jürg: Zur Neuorganisation des Rechtsschutzes in der Aargauer evangelisch-reformierten Landeskirche, in: SJKR/ASDE 8 (2003), S. 209-217.

Wenzel, Uwe Justus: „Gott oder eine andere Quelle ...". Der säkulare Staat und seine Voraussetzungen, in: Neue Zürcher Zeitung vom 14. April 2004, S. 41.

Winzeler, Christoph: Verträge der Kantone mit Religionsgemeinschaften, in: SJKR-Beiheft/ASDE Cahier 5 (2004) (vorn I.), S. 31-48.

Winzeler, Christoph: Religionsunterricht in der Schweiz und in Liechtenstein, in: Alfred Rinnerthaler (Hg.), Historische und rechtliche Aspekte des Religionsunterrichtes, Frankfurt a.M. 2004, S. 481-502.

C. Kirchenrecht

Frey, Jakob: EKZ-Schlussbericht 2002: „Zentralschweizer Kirchen zwischen regionaler Solidarität und kantonaler Identität", in: SJKR/ASDE 8 (2003), S. 235-240.

Gloor, Fritz: Revision der Verfassung der evangelisch-reformierten Kirche Nidwalden, in: SJKR/ASDE 8 (2003), S. 230-234.

Grichting, Martin: Nicht-Zahler exkommuniziert: Muss der Kirchenaustritt sein? in: kath.net vom 22. Dezember 2003 (im Internet unter: http://www.kath.net/detail.php?id=6685).

Henrici, Peter: Kirche und Staat in der Schweiz, in: SKZ 172 (2004), S. 177-180.

Koch, Kurt: Gibt es die Universalkirche? in: SKZ 172 (2004), S. 153-162.

Lienemann, Wolfgang: Probleme der Stellung der theologischen Fakultäten im modernen Staat. Ekklesiologische und rechtspolitische Aspekte, in: SJKR/ASDE 8 (2003), S. 11-43.

Loretan, Adrian: Theologische Fakultäten in der Universität von morgen, in: SJKR/ASDE 8 (2003), S. 77-101.

Loretan, Adrian: Gleiche Rechte für Frau und Mann, in: SKZ 172 (2004), S. 259-264.

Möri, Peter: Leitung von Gottesdiensten durch Personen, die nicht zum Pfarramt ordiniert sind [in der Evangelisch-reformierten Kirche Luzern], in: SJKR/ASDE 8 (2003), S. 224-226.

Möri, Peter: Weiterbildung und Studienurlaub für die Pfarrerinnen und Pfarrer der Evangelisch-Reformierten Kirche des Kantons Luzern, in: SJKR/ASDE 8 (2003), S. 227-229.

Pahud de Mortanges, René: Die Erklärung des Austritts aus der römisch-katholischen Kirche. Kirchenrechtliche und staatskirchenrechtliche Konsequenzen, in: SJKR/ASDE 8 (2003), S. 103-143.

Red.: Neues Konkordat für die Ausbildung von evangelisch-reformierten Pfarrerinnen und Pfarrern, in: SJKR/ASDE 8 (2003), S. 271-274.

Schubert, Benedict: Transformation ohne Demission – am Beispiel von mission 21, dem evangelischen Missionswerk Basel, in: ZMiss 30 (2004), S. 148-167.

Weibel, Rolf: Chur und Vaduz ganz getrennt, in: SKZ 172 (2004), S. 9.

Weibel, Rolf: Religiös pluralistische Schweiz, in: SKZ 172 (2004), S. 116-120.

Weibel, Rolf: Ökumene in der Schweiz (I), in: SKZ 172 (2004), S. 478-484 und 502-513.

D. Recht anderer Religionsgemeinschaften

Wenzel, Uwe Justus: Bündnisse und Dialoge, Religionen im Kraftfeld politischer Selbstbehauptung, in: Neue Zürcher Zeitung vom 19./20. Juni 2004, S. 45.

E. Verschiedenes

Conzemius, Victor: Solidarität mit dem Papst. Der Schweizer Ultramontanismus als Bewegung „von unten", in: Neue Zürcher Zeitung vom 29./30. Mai 2004, S. 64.

Frey, Jakob: Dr. iur. Eduard Rübel (1911-2003), in: SJKR/ASDE 8 (2003), S. 203-205.

Pahud de Mortanges, René: Dr. iur. Urs Josef Cavelti (1927-2003), in: SJKR/ASDE 8 (2003), S. 201-202.

SJKR/ASDE 9 (2004), S. 251-268

Textdokumentation

Constitution du canton de Fribourg, du 16 mai 2004

Nous, peuple du canton de Fribourg,
Croyant en Dieu ou puisant nos valeurs à d'autres sources,
Conscients de notre responsabilité envers les générations futures,
Désireux de vivre notre diversité culturelle dans la compréhension mutuelle,
Déterminés à bâtir une société ouverte, prospère et solidaire, garante des droits fondamentaux et respectueuse de l'environnement,
Nous nous donnons la présente Constitution: [...]

Titre II: Droits fondamentaux et droits sociaux

Chapitre premier: Droits fondamentaux

Art. 15. Conscience et croyance. (1) La liberté de conscience et de croyance est garantie.
(2) Toute personne a le droit de choisir librement sa religion et de se forger des convictions philosophiques ainsi que de les professer individuellement ou en communauté.
(3) Toute personne a le droit d'adhérer à une communauté religieuse, d'y appartenir ou de la quitter, et de suivre un renseignement religieux.
(4) Toute contrainte, tout abus de pouvoir et toute manipulation sont interdits.

Titre IV: Tâches publiques

Art. 64. Formation. c) Enseignement de base. [...] (4) L'enseignement respecte la neutralité confessionnelle et politique. Les Eglises et les communautés religieuses reconnues ont le droit d'organiser un enseignement religieux dans le cadre de l'école obligatoire.

Titre IX : Eglises et communautés religieuses

Art. 140. Principes. (1) L'Etat et les communes reconnaissent le rôle important des Eglises et des communautés religieuses dans la société.
(2) Les Eglises et les communautés religieuses s'organisent librement dans le respect de l'ordre juridique.

Art. 141. Eglises reconnues. (1) L'Etat accorde un statut de droit public aux Eglises catholique-romaine et évangélique-réformée.
(2) Les Eglises reconnues sont autonomes. Leur organisation est soumise à l'approbation de l'Etat.

Art. 142. Autres Eglises et communautés religieuses. (1) Les autres Eglises et communautés religieuses sont régies par le droit privé.
(2) Si leur importance sociale le justifie et si elles respectent les droits fondamentaux, elles peuvent obtenir des prérogatives de droit public ou être dotées d'un statut de droit public.

Art. 143. Impôts. La perception des impôts ecclésiastiques est réglée par la loi.

Verfassung des Kantons Freiburg vom 16. Mai 2004

Wir, das Volk des Kantons Freiburg,
die wir an Gott glauben oder unsere Werte aus anderen Quellen schöpfen,
im Bewusstsein unserer Verantwortung gegenüber den zukünftigen Generationen,
im Willen, unsere kulturelle Vielfalt im gegenseitigen Verständnis zu leben,
im Bestreben, an einer offenen, dem Wohlergehen und der Solidarität verpflichteten Gesellschaft zu bauen, welche die Grundrechte garantiert und die Umwelt achtet,
geben uns folgende Verfassung: […]

II. Titel: Grundrechte und Sozialrechte

Erstes Kapitel: Grundrechte

Art. 15. Glauben und Gewissen. (1) Die Glaubens- und Gewissensfreiheit ist gewährleistet.
(2) Jede Person hat das Recht, ihre Religion und ihre weltanschauliche Überzeugung frei zu wählen und allein oder in Gemeinschaft mit anderen zu bekennen.
(3) Jede Person hat das Recht, einer Religionsgemeinschaft beizutreten, ihr anzugehören oder sie zu verlassen, und religiösem Unterricht zu folgen.
(4) Zwang, Machtmissbrauch und Manipulation sind verboten.

IV. Titel: Öffentliche Aufgaben

Art. 64. Bildung. c) Grundschulunterricht. [...] (4) Der Unterricht achtet die konfessionelle und politische Neutralität. Die anerkannten Kirchen und Religionsgemeinschaften können im Rahmen der obligatorischen Schulzeit Religionsunterricht erteilen.

IX. Titel: Kirchen und Religionsgemeinschaften

Art. 140. Grundsätze. (1) Staat und Gemeinden anerkennen die gesellschaftliche Bedeutung der Kirchen und Religionsgemeinschaften.
(2) Die Kirchen und Religionsgemeinschaften organisieren sich innerhalb der Grenzen der Rechtsordnung frei.

Art. 141. Anerkannte Kirchen. (1) Die römisch-katholische und die evangelisch-reformierte Kirche sind öffentlichrechtlich anerkannt.
(2) Die anerkannten Kirchen sind autonom. Ihr Statut untersteht der staatlichen Genehmigung.

Art. 142. Andere Kirchen und Religionsgemeinschaften. (1) Die anderen Kirchen und Religionsgemeinschaften unterstehen dem Privatrecht.
(2) Sie können öffentlichrechtliche Befugnisse erhalten oder öffentlichrechtlich anerkannt werden, wenn ihre gesellschaftliche Bedeutung es rechtfertigt und wenn sie die Grundrechte beachten.

Art. 143. Steuern. Die Erhebung von Kirchensteuern wird durch das Gesetz geregelt.

Constitution du canton de Fribourg: rapport final du décembre 2001 de la Commission 8*

[…]

I. Organisation

[…]

B. Mandat

La Commission 8 a été chargée de s'occuper des domaines suivants:
- Eglises reconnues: autonomie, paroisses, finances, appartenance
- Autres communautés religieuses
- […]

C. Organisation et auditions

La commission a structuré les questions de la manière suivante: […]
a) Reconnaissance du rôle des Eglises avec différents modèles de rapports entre les communautés religieuses et l'Etat
b) Financement (impôt sur les personnes physiques et morales, subventions, impôt de mandat, dédommagement des prestations)
c) Reconnaissance de communautés religieuses comme corporations de droit public (quelles communautés, conditions)
d) Octroi de prérogatives de droit public (quelles communautés, conditions)

Experts

MM. Philippe Gardaz, juge au Tribunal cantonal vaudois et spécialiste des relations Eglises-Etat, Charles Landert, auteur de recherches effectuées pour les cantons de Berne et de Zurich sur le bilan social des Eglises et Erwin Tanner, collaborateur à l'Institut de droit ecclésiastique et canonique de l'Université de Fribourg ont apporté à la commission leurs connaissances en matière de relations Eglises-Etat.

* Siehe dazu den Bericht oben S. 171 ff.

II. Considérations générales

[…].

III. Présentation des thèses

[A.-C.].

D. Rapports Eglises-Etat

1. Relations Eglises-Etat au fil de la législation fribourgeoise

La Constitution de 1831, adoptée à la suite de la Journée des bâtons (2 décembre 1830), met fin au régime patricien. En ce qui concerne les Eglises, elle se limite à maintenir le Conseil ecclésiastique et les consistoires du district de Morat (art. 96) sans autre précision. Toute autre est la constitution radicale du 4 mars 1848 qui fait suite à la défaite du Sonderbund. Après avoir affirmé dans un titre premier la liberté du culte catholique et réformé, elle consacre le titre VI à diverses dispositions dont des mesures anticléricales assez virulentes telles que l'administration civile des biens de l'Eglise, l'interdiction d'enseignement faite aux congrégations.

La Constitution libérale-conservatrice de 1857 reprend de nombreuses dispositions de 1848 mais fait disparaître les mesures du titre VI limitant le pouvoir des Eglises. Cette constitution restitue au clergé un „concours efficace" en matière scolaire.

A la fin du XIX^{è} siècle, la loi reconnaît officiellement l'Eglise évangélique réformée.

Le 7.3.1982, le peuple accepte une modification de la Constitution de 1857 portant notamment sur les relations entre les Eglises et l'Etat. Il s'agit de la modification de l'article 2 et de l'abrogation de l'article 20, modifications qui donnent aux Eglises reconnues (catholique-romaine et évangélique réformée) la faculté de s'organiser de manière autonome tout en bénéficiant d'un statut de droit public qui leur permet entre autre de prélever des impôts.

La communauté israélite reçoit la reconnaissance de droit public par une loi de 1990.

D'après les recensements fédéraux de 1980 et 1990, la population résidante se répartit de la façon suivante dans le canton de Fribourg:

2. Statistique

[…].

3. Rôle des Eglises et communautés religieuses

(17)
La reconnaissance du rôle important des Eglises et autres communautés religieuses dans la société ne pose pas de problèmes à la commission. Les discussions qui ont lieu portent sur la description de ce rôle.

> Thèse 17
> L'Etat reconnaît le rôle important des Eglises et communautés religieuses dans la société (10 oui – 3 non).
> Thèse 17 (minorité)
> L'Etat reconnaît le rôle important des Eglises et communautés religieuses dans les domaines culturel, social, spirituel et cultuel.

4. Statut des Eglises

(18)
Le cadre juridique des relations entre les Eglises et communautés religieuses et l'Etat se situe dans les limites imposées par le droit fédéral: l'art. 72 de la Constitution fédérale stipule que la réglementation des relations Eglises-Etat relève exclusivement du droit cantonal et l'art. 15 Cst. impose la liberté de croyance.
Les Eglises et communautés religieuses peuvent avoir différents statuts qui déterminent leur type de relation avec l'Etat.
Trois systèmes juridiques sont possibles:

1. celui de la séparation quasi totale entre les Eglises et l'Etat, telle qu'il existe dans les cantons de Neuchâtel et de Genève; les Eglises sont alors reconnues comme des associations d'intérêt public, avec lesquelles l'Etat conclut des concordats; le canton de Genève a adopté un arrêté de reconnaissance des trois Eglises chrétiennes, par lequel il accepte de prélever à titre onéreux les contributions ecclésiastiques. Le canton de Neuchâtel a conclu le 10 mai 2001 un concordat avec les trois Eglises chrétiennes, par lequel il s'engage à leur verser des prestations en espèces de 1.5 mio. de francs par an (pour les 3 communautés) et à fournir certaines prestations en nature (locaux, contrôle des habitants, aumôneries, etc.).
2. le système de la reconnaissance, dit régime d'autonomie, est le plus répandu; les Eglises officielles disposent d'un statut de droit public et les autres religions, pour autant qu'elles s'organisent conformément aux prescriptions de la loi, peuvent demander également cette reconnaissance. Les Eglises peuvent alors percevoir un impôt ecclésiastique général. L'Etat, en accordant sa reconnaissance aux Eglises, se réserve le

droit d'approuver leurs statuts qui doivent entre autre prévoir le droit de sortir de l'Eglise.

3. l'„union", comme dans le canton de Vaud, où l'Etat prend à sa charge, sans prélever d'impôts supplémentaires, les frais des Eglises reconnues.

Ces trois systèmes peuvent connaître des variantes. Car même si la perception des impôts ecclésiastiques est liée à la reconnaissance de l'Etat, la reconnaissance n'entraîne pas nécessairement la souveraineté fiscale. La séparation n'aboutit pas non plus nécessairement à l'absence de financement étatique, puisque même en cas de séparation totale des Eglises et de l'Etat, ce dernier finance le plus souvent celles-ci pour l'accomplissement des tâches d'intérêt public qu'elles exercent. En principe, ce sont les lois fiscales cantonales qui déterminent qui sont les contribuables des impôts ecclésiastiques, sauf certaines dispositions expresses (rares) constitutionnelles.

Les arguments en faveur de la séparation des Eglises et de l'Etat sont la non-discrimination d'une religion par rapport à une autre, ce qui évite les conflits entre religions et protège celles-ci contre les interventions de l'Etat. De plus, chaque fidèle est libre de faire une contribution volontaire à son église ou à sa communauté religieuse et l'enseignement religieux ne se déroule pas nécessairement à l'école.

Les arguments en faveur de la reconnaissance des Eglises par l'Etat sont les liens traditionnels qui existent entre eux (foi indissociable de la vie civile) et la reconnaissance du rôle des Eglises dans la vie sociale. Il ne faut pas cacher non plus un intérêt financier pour les Eglises d'être reconnues.

Quand les Eglises disposent de suffisamment de moyens financiers, elles peuvent:

– engager du personnel (un grand nombre de personnes sont engagées par l'Eglise catholique dans le canton de Fribourg), qui encadre souvent des bénévoles, ce qui conduit à une forte cohésion sociale. L'Etat ne peut pas générer un tel réseau de bénévoles. Une diminution des finances risque d'entraîner une réduction du travail social mais pas une diminution des tâches pastorales et de culte.
– entretenir leurs monuments et leurs locaux et mettre ces derniers à disposition de toutes sortes d'œuvres, voire d'organisation laïques. Elles peuvent aussi soutenir des mouvements par des contributions (St-Vincent-de-Paul, scouts, chœurs mixtes, etc.).

Actuellement à Fribourg, l'Eglise catholique et l'Eglise évangélique réformée bénéficient de la reconnaissance de l'Etat. Les autres „Eglises" ou

communautés religieuses peuvent demander à être reconnues si elles respectent un certain nombres de critères (cf. art. 28 LEE).
Le canton de Fribourg a deux traditions: le respect de l'organisation ecclésiastique préexistante (il a reconnu la personnalité juridique d'organismes d'Eglise existants comme le diocèse, le Chapitre de la cathédrale, etc.; cf. art. 4 de la loi du 26 septembre 1990 concernant les rapports entre les Eglises et l'Etat, RSF 190.1, ci-après: LEE) et le souci de réglementer les autres Eglises conformément à leurs souhaits.
La commission se détermine dans sa majorité pour le maintien du système actuel (nommé régime d'autonomie) qui donne aux Eglises la possibilité de bénéficier d'un statut de droit public. Elle ne conteste pas le privilège des Eglises reconnues à prélever des impôts. Elle pense que le prélèvement d'impôts sur les personnes physiques est conforme à la liberté de croyance, puisqu'il suffit actuellement d'une déclaration de volonté écrite à la paroisse pour sortir de la Corporation ecclésiastique ou de l'Eglise évangélique réformée et qu'il n'est pas nécessaire de renier sa religion en faisant cette démarche.
Une minorité pense qu'à l'instar des cantons de Neuchâtel et de Genève, les Eglises et communautés religieuses pourraient être séparées entièrement de l'Etat. Ainsi les relations seraient plus claires et les fidèles des religions reconnues pourraient payer volontairement leur contribution à leur Eglise. De plus, le problème de l'imposition des personnes morales serait réglé et l'on n'assisterait pas comme aujourd'hui à un prélèvement effectué auprès de toutes les personnes morales qui n'est ensuite réparti qu'entre les Eglises reconnues de droit public. De plus, ce modèle permettrait d'évoluer avec une certaine sécularisation de la société. De nombreux aspects (propriété des monuments historiques, dédommagements de prestations des Eglises ou des communautés religieuses) devraient être réglés par la loi mais ils ne sont en aucune manière impossibles à résoudre.

Thèse 18

Les Eglises et communautés religieuses sont autonomes et s'organisent librement dans le respect du droit fédéral et du droit cantonal. (7 oui – 5 non – 1 abstention)

Thèse 18 (minorité)

L'Etat est séparé des Eglises et des autres communautés religieuses.

L'indépendance des Eglises et des autres communautés religieuses est garantie, dans le respect de l'ordre public et des règles démocratiques.

(19)
Après s'être prononcée pour le maintien du régime d'autonomie, la commission continue à traiter la proposition de majorité. Elle se demande s'il faut mentionner dans la Constitution l'octroi du statut de droit public à certaines Eglises ou communautés religieuses et si oui auxquelles.
La majorité de la commission opte pour une certaine cohérence historique et décide de ne mentionner que celles qui sont reconnues par la constitution actuelle, soit les Eglises catholique et réformée. Le droit transitoire prévoira une disposition afin que la communauté israélite conserve le statut qu'elle a acquis (pas d'opposition).
Cette thèse répond à la tradition bi-confessionnelle du canton de Fribourg où deux courants historiques différents se sont développés.
La minorité ne prévoit pas de différenciation entre les différentes Eglises ou communautés religieuses qui peuvent toutes être reconnues d'intérêt public (comme à Neuchâtel) pour bénéficier de certains avantages (prélèvement d'impôts volontaires, enseignement religieux dans les plages horaires, concordats pour payer certains frais comme les prestations sociales ou l'entretien de monuments historiques, etc.) sans toutefois bénéficier du privilège réservé aux corporations de droit public, qui consiste à pouvoir prélever des impôts obligatoires pour ses membres.
Autres cantons de la Suisse romande:
A *Genève*, la loi de 1907 a décrété la séparation de l'Eglise et de l'Etat. Les temples protestants, y compris la cathédrale St-Pierre, appartiennent à l'Eglise protestante. Celle-ci a constitué une Fondation qui est propriétaire des édifices antérieurs à 1907 et qui en assume l'entretien et la restauration. Pour la restauration des monuments classés, le Conseil obtient des subventions des communes, du canton et de la Confédération. Les églises catholiques genevoises appartiennent aux paroisses, sauf Notre-Dame de Genève qui est propriété d'une fondation.
Dans le canton de *Vaud*, l'Eglise et l'Etat n'étaient pas séparés sous le régime bernois. Le nouveau canton, institué en 1803, s'est déchargé de la propriété des temples, en les remettant aux communes. Il a conservé tout de même la propriété de la cathédrale de Lausanne, des églises de Romainmôtier, de Grandson et du Pays-d'Enhaut. Actuellement, 80 % environ des temples appartiennent aux communes, les plus récents étant généralement propriété des paroisses. Le canton verse aux communes des subventions, qui oscillent entre 15 et 20 % (la loi ne prescrit aucun taux fixe).
Dans le canton du *Jura*, les églises appartiennent normalement aux paroisses.

Dans le canton de *Neuchâtel*, les églises et temples existant avant la séparation (1942) sont propriétés des communes qui doivent les entretenir. D'après le concordat, elles sont à disposition de l'ensemble des Eglises reconnues et non plus, comme jusqu'à maintenant, d'une seule des trois Eglises.

Dans le canton de Fribourg, les églises paroissiales appartiennent pratiquement toutes aux paroisses. Les chapelles appartiennent soit aux communes, soit aux paroisses, soit à des associations ou à des particuliers. Les couvents sont la propriété des communautés qui y résident. L'Etat possède un certain nombre d'édifices religieux: la cathédrale St-Nicolas, St-Michel, St-Beat, la chapelle de Pérolles, St-Maurice, Sensebrücke (Wünnewil). Les subventions octroyées par le canton pour la rénovation d'édifices ou de mobilier religieux ont été en moyenne ces trois dernières années de Fr. 212'700.–, ce qui correspond à un taux de 9% auquel s'ajoute la contribution fédérale.

> Thèse 19
>
> En raison de leur rôle dans l'histoire fribourgeoise, l'Etat accorde un statut de droit public aux Eglises catholique-romaine et évangélique réformée. (6 oui – 5 non – 2 abstentions)
>
> Thèse 19 (minorité)
>
> L'Etat peut reconnaître certaines Eglises ou communautés religieuses d'intérêt public.

[...]

(20)

La majorité pense que les autres communautés religieuses pourront, si elles remplissent certaines conditions, également être reconnues et bénéficier du même statut ou de prérogatives de droit public.

La commission est d'avis, dans sa majorité, que si une Eglise veut bénéficier d'avantages, elle soit aussi se soumettre à un certain contrôle. Les conditions de reconnaissance qui sont mentionnées dans la LEE conviennent à la commission et les termes utilisés ont été longtemps étudiés. Ces conditions sont les suivantes (art. 28 LEE):

a) se réclamer d'un mouvement religieux traditionnel en Suisse ou d'importance universelle;
b) être membre du Conseil œcuménique des Eglises ou être présente dans le canton depuis trente ans;
c) compter cent membres au moins dans le canton;
d) être organisée sous la forme d'une association ayant son siège et un lieu de culte dans le canton;

e) respecter les principes fondamentaux de l'ordre juridique suisse.

Les prérogatives mentionnées actuellement dans l'art. 29 LEE sont:

a) la communication par les communes de l'arrivée ou du départ de toute personne ayant déclaré appartenir à la confession de la communauté en cause;
b) l'utilisation des locaux scolaires pour l'instruction religieuse des membres de la communauté durant la scolarité obligatoire;
c) le droit d'exercer l'aumônerie dans les établissements de l'Etat et des communes, en particulier dans les établissements hospitaliers, scolaires et pénitentiaires, auprès des membres de la communauté;
d) l'exonération fiscale au sens de l'article 21 let. c et f de la loi sur les impôts cantonaux;
e) les mêmes exonérations que celles dont bénéficient les Eglises reconnues en matière de droits de mutation, de droits sur les gages immobiliers ainsi que de droits de succession et de donation.

Remarque à l'art. 28, let. d LEE: Il semblerait que certaines religions n'aient pas de lieu de culte à proprement parler.

Remarque à l'art. 29 LEE: A noter que la question des cimetières confessionnels (juifs, musulmans) découle du droit à une sépulture digne (droit fondamental). A partir d'un certain nombre de fidèles d'une religion, les communes prévoient ou devraient prévoir des sections particulières dans les cimetières. Par ailleurs, la communication à des tiers, dans les hôpitaux, de la présence d'une personne de telle confession, afin que celle-ci puisse recevoir la visite des membres de sa communauté, dépend de la protection des données. Actuellement, cette communication n'est plus permise qu'aux aumôniers de l'établissement. Ces deux questions ne dépendent donc pas de l'octroi de prérogatives de droit public.

> Thèse 20
> Les autres Eglises et communautés religieuses sont régies par le droit privé. Si leur importance sociale le justifie, elles peuvent obtenir des prérogatives de droit public ou être dotées par la loi d'un statut de droit public (pas d'opposition).

(21)

La commission rappelle que l'Etat a une certaine responsabilité lorsqu'il accorde des prérogatives publiques à des communautés religieuses et que c'est son devoir de vérifier si toutes les conditions sont bien remplies.

Elle souhaite donc que l'on ne discrimine pas inutilement les communautés religieuses qui demanderont un statut ou des prérogatives de droit public. Elle pense toutefois que l'on doit garantir les droits fondamentaux et se protéger contre les sectes ou les fondamentalismes. Certaines communautés sont prêtes à faire des concessions pour obtenir le statut de droit public. L'Etat peut donc avoir des exigences démocratiques (par exemple pas de restrictions des droits fondamentaux), car si on ne les demande pas, les restrictions imposées par la religion s'appliquent par défaut. (11 oui, 1 abs.)

Le droit de sortie d'une Eglise ou communauté religieuse est inclus dans la liberté de croyance.

Certaines religions ne permettent pas l'apostasie. Or, la sortie des corporations ecclésiastiques des Eglises et communautés religieuses doit être possible et facile; la question de l'appartenance à la communauté religieuse est par contre une question interne aux Eglises et communautés religieuses.

Bien que le statut de droit public entraîne obligatoirement un contrôle des statuts par l'Etat, la commission souhaite souligner cet aspect.

> Thèse 21
> Les Eglises et communautés religieuses reconnues de droit public se donnent un statut qui doit être approuvé par l'Etat (9 oui – 3 abstentions).

5. *Financement*

5.1. *Situation actuelle*

(22)

Dans le canton de Fribourg, les taux d'imposition prévus par la LEE (art. 16) sont de: maximum 20 centimes par franc dû à l'Etat, pour les personnes physiques (sur le revenu et la fortune) et de maximum 10 centimes par franc dû à l'Etat, pour les personnes morales (sur le capital et le bénéfice). Ces impôts peuvent être encaissés par les paroisses directement ou celles-ci peuvent confier, contre rémunération, l'encaissement à l'Etat ou à une commune.

L'impôt ecclésiastique sur la fortune doit être payé également aux paroisses où l'on n'est pas résident mais où l'on possède un bien immobilier.

Jusqu'à présent, le Tribunal Fédéral (TF) n'a pas jugé anticonstitutionnel le prélèvement des impôts ecclésiastiques sur les personnes morales, même si, selon un expert entendu, il est théoriquement de plus en plus difficile de soutenir ce principe. Un des arguments évoqués par le TF pour maintenir ce droit est que, puisque les personnes morales n'ont pas de croyance (sauf les personnes morales qui ont une couleur religieuse, p.ex. une imprimerie religieuse, qui sont dispensées de cet impôt!) elles ne peuvent pas invoquer le défaut de celle-ci pour ne plus payer d'impôts, contrairement aux personnes physiques. De plus, il est délicat pour le TF d'aller à l'encontre d'une décision de l'Assemblée fédérale qui a donné sa garantie à des constitutions cantonales prévoyant expressément l'impôt ecclésiastique pour les personnes morales. Certains cantons ont déjà renoncé à percevoir cet impôt dans leur législation.

Pour les personnes physiques, la statistique concerne le rendement de l'impôt cantonal 1999 (années de calcul 1997/98).

Pour les personnes morales, l'impôt cantonal réparti en fonction des religions catholique et réformée concerne la période fiscale 1998 (base de calcul 1998); sur le plan statistique, l'impôt 1999 n'est pas encore connu (la taxation des personnes morales s'opère déjà sur une base annuelle depuis 1995). De plus, les sociétés holdings et de domicile ne sont pas incluses dans les chiffres qui suivent étant donné qu'elles n'étaient pas soumises à l'impôt paroissial jusqu'au 31.12.2000.

[...]

Par ailleurs, l'Etat de Fribourg finance certaines tâches liées à l'activité religieuse (subventions pour des activités culturelles, enseignement religieux au CO, aumônerie dans les collèges).

Après multes discussions en première lecture sur les impôts ecclésiastiques, la commission décide en deuxième lecture et à une courte majorité de renvoyer le problème à la loi, convaincue que cela laisse une marge de manœuvre pour un système souple et ouvert.

Une minorité ne souhaitait pas un renvoi à la loi, mais propose une réglementation particulière pour les impôts ecclésiastiques sur les personnes morales.

> Thèse 22
>
> La perception des impôts ecclésiastiques est réglée par la loi (5 oui – 4 non – 2 abstentions).
>
> Thèse 22 (minorité)
>
> Le rendement net des impôts ecclésiastiques des personnes morales est réparti entre les Eglises et les autres communautés religieuses reconnues, proportionnellement au nombre des contribuables pris en compte pour l'impôt ecclésiastique sur le revenu des personnes physiques.
>
> Après cette répartition, le solde des impôts ecclésiastiques des personnes morales correspondant à la part des contribuables n'appartenant à aucune Eglise ou autre communauté religieuse reconnues est affecté à un fond de soutien à des institutions sociales.
>
> Les impôts ecclésiastiques des personnes morales doivent être affectés intégralement et exclusivement aux tâches sociales des Eglises et autres

communautés religieuses reconnues, conformément aux mandats de prestation que celles-ci doivent signer avec l'Etat.

5.2. L'impôt de mandat

(23)

Certains cantons ont envisagé la création d'un impôt de mandat (Mandatssteuer). Dans ce système, tout le monde, y compris les personnes morales, est obligé de payer un impôt mais chacun a la faculté de désigner le ou les bénéficiaires: les Eglises reconnues, les œuvres sociales reconnues ou encore un fonds de l'Etat pour les œuvres sociales ou pour d'autres associations d'utilité publique.

Cette solution permet de renforcer la cohésion sociale, puisque tout le monde est obligé de contribuer. Ces contributions assurent aux Eglises un „minimum vital". Mais cela les oblige également à tenir compte des remarques de leurs fidèles et les incite à la transparence. Les Eglises peuvent recevoir des contributions supplémentaires de leurs membres. Ces contributions sont alors libres.

S'agissant du respect de la liberté de conscience, cet impôt est satisfaisant pour les personnes qui sont indisposées par l'impôt ecclésiastique mais qui n'ont pas fait de déclaration de sortie d'Eglise. Ils ne peuvent plus échapper à l'impôt, mais ils peuvent en désigner le bénéficiaire. Pour les personnes sorties de l'Eglise, cet impôt est un impôt supplémentaire. Par contre, l'impôt de mandat permet d'éviter que les personnes sortent de l'Eglise uniquement pour ne plus payer leurs impôts.

Du point de vue de l'Etat, les Eglises deviennent des sociétés de bienfaisance qu'il décide de soutenir. Il y a une détérioration de l'image de l'Eglise qui est réduite à une simple institution sociale, alors que son rôle est fondamentalement d'une autre nature. En cas d'insuffisance de moyens, on risque pourtant de voir les Eglises se désengager des œuvres sociales pour se limiter au culte et à la pastorale.

En laissant le contribuable désigner le bénéficiaire, l'Etat renonce à dire comment le bien commun doit être promu. L'inscription de plusieurs types d'associations (sociales, protectrices de l'environnement, sportives et culturelles) peut entraîner un désengagement de l'Etat dans ces domaines.

L'impôt de mandat engendre un contrôle qui n'est pas en accord avec le souci d'autonomie des Eglises. En effet, s'il attribue des fonds publics à des associations et à des Eglises, l'Etat est obligé de contrôler l'affectation des fonds. Cela se justifie d'autant plus qu'il s'agit là d'un impôt général et obligatoire. De plus, l'impôt de mandat peut pousser à la concurrence entre les Eglises.

Cependant, en Italie, le système du „Otto-per-mille“ en mandat fonctionne bien. Une commission paritaire, composée de représentants de l'Etat ainsi que des organes dirigeants de chaque communauté religieuse, fixe tous les trois ans le montant maximum déductible des impôts et le % de l'impôt qui doit être réparti. Les comptes des communautés religieuses sont publiés chaque année. Cette exigence n'équivaut pas à une haute surveillance de l'Etat sur les communautés religieuses, elle est dans leur intérêt. Pour sensibiliser les fidèles à payer l'impôt, les communautés religieuses italiennes utilisent les moyens publicitaires mis à disposition par les médias d'une façon professionnelle et large, sans matraquage toutefois. La suppression du soutien direct de l'Etat à l'Eglise catholique et la facilitation du financement d'autres communautés religieuses a pour conséquence l'établissement d'une neutralité confessionnelle étatique. Le meilleur effet de ce système est de permettre aux communautés religieuses de vivre en paix, d'un point de vue économique au moins.
Très partagée sur les modalités exactes de cet impôt de mandat, la commission décide d'adopter une thèse évolutive qui permettrait l'application d'un impôt de mandat en cas de nécessité. La loi réglerait les détails de cette application.

> Thèse 23
> La loi peut substituer à l'impôt ecclésiastique un impôt de mandat applicable aux personnes physiques et/ou morales, dans la mesure où elles sont assujetties à l'impôt cantonal (8 oui – 5 non – 2 abstentions).

5.3. Impôt à utilisation restreinte

(24)
A Zurich, le gouvernement comprend les préoccupations des personnes morales qui ne souhaitent pas contribuer à des tâches d'Eglise pures (pastorale, culte) mais qui veulent bien contribuer à des tâches sociales ou culturelles. Il propose donc un système qui prévoit une restriction d'utilisation de certains montants („negative Zweckbindung“) qui ne doivent être affectés qu'à des tâches sociales des Eglises.
La commission pense qu'un système d'affectation de l'impôt des personnes morales uniquement à des buts sociaux pourrait être appliqué dans le canton de Fribourg. Il faudrait cependant percevoir cet impôt au niveau cantonal, tenir compte des personnes qui ne sont pas affiliées à des Eglises ou communautés religieuses reconnues et mettre en place un système de contrôle par l'Etat.
Une minorité de la commission propose la suppression de l'impôt ecclésiastique sur les personnes morales.

Thèse 24
Si la constitution évoque le régime financier des Eglises au-delà des thèses 21 et 22, le régime actuel pour l'impôt des personnes physiques est maintenu et l'affectation de l'impôt sur les personnes morales est restreinte à des buts non cultuels. (7 oui – 3 non – 2 abstentions)

Thèse 24 (minorité)
La souveraineté fiscale s'exerce uniquement sur les personnes physiques.

Modifications 2004 de la Loi sur l'Eglise évangélique réformée du canton de Vaud

Articles 7, 15, 22 et 23 de l'ancienne version, du 2 novembre 1999[1].	**Articles 7 (inchangé), 7a, 15, 22, 22a et 23 modifiés, en vigueur depuis le 1er avril 2004.**
Art. 7. Collaborateurs. (1) L'EERV s'assure la collaboration de laïcs et de ministres et veille à ce qu'ils reçoivent une formation adéquate. (2) L'EERV reconnaît divers ministères, principalement ceux de pasteur et de diacre consacrés.	**Art. 7.** (inchangé).
	Art. 7a. Election et désignation. Les collaborateurs de l'EERV sont élus ou désignés, conformément aux dispositions du règlement ecclésiastique.
Art. 15. Financement. (1) Afin de permettre à l'EERV d'assurer les services définis à l'article 5, l'Etat prend à sa charge le traitement des ministres occupant des postes reconnus par l'Etat. Le nombre de postes reconnus aux niveaux local, régional et cantonal est fixé dans un règlement du Conseil d'Etat sur proposition du Conseil synodal. (2) L'Etat subvient aux frais d'administration et de fonctionnement de l'EERV et participe aux frais de formation de ses collaborateurs.	**Art. 15. Financement.** (1) Afin de permettre à l'EERV d'assurer les services définis à l'article 5, l'Etat prend à sa charge le salaire des ministres et des laïcs occupant des postes reconnus par l'Etat. Le nombre des postes reconnus aux niveaux local, régional et cantonal est fixé dans un règlement du Conseil d'Etat sur proposition du Conseil synodal. (2) (inchangé).
Art. 23. Statut des ministres. (1) Les ministres titulaires de postes reconnus par l'Etat ne sont pas des fonctionnaires au sens du Statut. Toutefois, les articles 21, 30 à 32, 46 à 72, 74a, 78, 80, 82, 87, 92 à 104 et 113 du Statut leur sont applicables. (2) Les articles 21bis alinéa 2, 26, 28, 73, 85, 89, 90 et 91 sont en outre applicables	**Art. 22. Statut des ministres et des laïcs.** (1) L'autorité d'engagement des ministres et des laïcs est le Conseil synodal. Il exerce toutes les compétences dévolues à l'autorité d'engagement par la loi sur le personnel de l'Etat de Vaud. Il peut déléguer une part de ses compétences.

1 Cf. la publication de la loi entière dans: SJKR/ASDE 5 (2000), pp. 249-254.

par analogie; la décision est prise par le Conseil d'Etat sur préavis du Conseil synodal. (3) Le statut des ministres titulaires de postes institués par l'Eglise est fixé par le règlement ecclésiastique. Les dispositions du Statut des fonctionnaires mentionnées aux alinéas 1 et 2 ci-dessus sont applicables par analogie. (4) La procédure disciplinaire interne et les sanctions y relatives sont fixées dans le règlement ecclésiastique.	(2) Les ministres et les laïcs occupant des postes reconnus par l'Etat sont soumis à la loi sur le personnel de l'Etat de Vaud, à l'exception des articles 17, 18, 20, 28, 29, 36 à 39, 43, 44, 48, 51 alinéa 2 et 3, 58[2]. (3) Ces exceptions peuvent faire l'objet de dispositions fixées dans le règlement ecclésiastique. (4) La résolution des conflits et la violation de la discipline d'Eglise font l'objet de procédures internes à l'EERV fixées par le règlement ecclésiastique. En cas d'échec de ces procédures, le Tribunal de Prud'hommes de l'Administration cantonale peut être saisie. (5) Les ministres et les laïcs occupant des postes institués par l'Eglise sont également soumis aux dispositions mentionnées aux alinéas 1 à 3.
	Art. 22a. Les frais nécessaires à l'accomplissement de l'activité du ministre ou du laïc font l'objet d'indemnités qui sont à la charge de l'EERV, soit en principe des lieux d'Eglise.
Art. 22. Ratification de l'élection ou de la nomination des ministres. L'élection ou la nomination des ministres occupant des postes reconnus par l'Etat est soumise à la ratification du Conseil d'Etat. Sauf exception, le brevet de ratification leur est remis par le préfet lors de leur installation.	**Art. 23. Acte de l'engagement et brevet.** (1) Le Conseil d'Etat prend acte de l'engagement des ministres et des laïcs occupant des postes reconnus par l'Etat. (2) Concernant les ministres, un brevet leur est remis par le préfet à l'occasion de chaque installation.

2 **LPers:** art. 17: accès aux fonctions publiques; art. 18: autorité d'engagement; art. 20: temps d'essai; art. 28: prestations en nature et indemnités; art. 29: fonctions rétribués par indemnités ou émoluments; art. 36: entretien d'appréciation; art. 37: formation générale; art. 38: formation imposée; art. 39: congé de formation; art. 43: entretien de service; art. 44: liberté de domicile; art. 48: temps de travail; art. 59 aménagement du temps de travail; art. 51 al. 2 et 3: activité accessoire et charge publique; art. 58: résiliation pendant le temps d'essai.

Mitarbeiterinnen und Mitarbeiter dieses Bandes

Cuendet, Claude, chancelier de l'Eglise évangélique réformée du canton de Vaud, Lausanne

Feller, Reto, lic. iur, Fürsprecher, Assistent Universität Bern, Bern

Frey, Jakob, lic. iur., Leiter Rechtsdienst der Evangelisch-reformierten Kirche des Kantons Bern, Münsingen

Friederich, Ueli, Dr. iur., Fürsprecher, Bern

Furler, Frieder, Pfarrer, Leiter der Abteilung Pädagogik und Animation der Evangelisch-reformierten Landeskirche des Kantons Zürich

Kley, Andreas, Prof. Dr. iur., Universität Bern, Bern

Kraus, Dieter, Dr. iur. LL.M. (Edin.), Referent am Gerichtshof der Europäischen Gemeinschaften, Luxemburg

Loretan, Adrian, Prof. Dr. iur. can., lic. theol. Universität Luzern, Luzern

Meierhofer-Lauffer, Theres, Rechtsanwältin und Mediatorin, Präsidentin des Verbandes der evangelisch-reformierten Kirchgemeinden des Kantons Obwalden, Engelberg

Möri, Peter, Rechtsanwalt und Notar, Synodalsekretär der Evangelisch-reformierten Kirche des Kantons Luzern, Luzern

Pahud de Mortanges, René, Prof. Dr. iur. utr., Universität Freiburg/Schweiz, Greng

Röhl, Martin, Dr. iur., Rechtsanwalt, juristischer Sekretär des Kirchenrates der Evangelisch-reformierten Landeskirche des Kantons Zürich, Rafz

Winzeler, Christoph, PD, Dr. iur. utr., LL.M. (Harvard), Advokat, Fribourg/Basel

Anschriften der Herausgeber des Jahrbuchs

Jakob Frey (bearbeitet den Berichtsteil)
privat: Stierenmatte 32, CH-3110 Münsingen
dienstlich: Reformierte Kirchen Bern-Jura-Solothurn, Bürenstrasse 12, Postfach, CH-3000 Bern 23

Dieter Kraus (geschäftsführender Herausgeber und Schriftleiter)
privat: 46-50 Avenue Pasteur, L-2310 Luxemburg
dienstlich: Gerichtshof der Europäischen Gemeinschaften, Kabinett des Präsidenten, Boulevard Konrad Adenauer, L-2925 Luxemburg

Wolfgang Lienemann
privat: Manuelstrasse 116, CH-3006 Bern
dienstlich: Universität Bern, Evangelisch-theologische Fakultät, Länggassstrasse 51, CH-3000 Bern 9

René Pahud de Mortanges
privat: de Castellaweg 29, CH-3280 Greng
dienstlich: Universität Freiburg i.Ü., Rechtswissenschaftliche Fakultät, Lehrstuhl für Rechtsgeschichte und Kirchenrecht, Miséricorde, CH-1700 Freiburg i.Ü.

Christoph Winzeler (bearbeitet den Rezensionsteil)
privat: St. Jakobs-Strasse 96, CH-4052 Basel
geschäftlich: Schweizerische Bankiervereinigung, Postfach 4182, CH-4002 Basel

Schweizerisches Jahrbuch für Kirchenrecht
Annuaire suisse de droit ecclésial

Herausgegeben im Auftrag der Schweizerischen Vereinigung für evangelisches Kirchenrecht von Jakob Frey, Dieter Kraus, Wolfgang Lienemann, René Pahud de Mortanges und Christoph Winzeler

Das Schweizerische Jahrbuch für Kirchenrecht bzw. Annuaire suisse de droit ecclésial befasst sich mit der ganzen Breite des Kirchenrechts, angefangen mit dem Recht der evangelisch-reformierten Kirchen sowie der römisch-katholischen Kirche und ihrer Kantonalkirchen, sodann dem Staatskirchenrecht, d. h. denjenigen staatlichen Rechtssätzen, die Religion und Kirche betreffen, und bezieht auch religionsrechtliche Fragestellungen ein, die sich aus der zunehmenden Bedeutung ausserchristlicher Religionen in der Schweiz ergeben.

In seinem Aufsatzteil enthält das Jahrbuch u. a. die Vorträge, die auf den Jahrestagungen der Schweizerischen Vereinigung für evangelisches Kirchenrecht gehalten werden. Berichte aus Kirchen und Kantonen geben die Entwicklung des Kirchenrechts in den Regionen und Landesteilen wieder und machen auf wichtige Ereignisse aufmerksam. Ferner werden neuergangene und partial- bzw. totalrevidierte Kirchenverfassungen, religionsrechtliche Bestimmungen staatlicher Verfassungen sowie kantonale Kirchengesetze durch Abdruck dokumentiert und kirchenrechtliche Neuerscheinungen rezensiert. Eine Jahresbibliographie zum schweizerischen Kirchen- und Religionsrecht rundet den Literaturteil ab.

Das Jahrbuch möchte dem Kirchenrecht in der Schweiz ein Forum schaffen, das als Vermittler sowohl von den Kantonalkirchen zur wissenschaftlichen Öffentlichkeit als auch in umgekehrter Richtung wirken kann, und auf diese Weise dem Kirchenrecht in der Öffentlichkeit eine besser hörbare Stimme verleihen.

Christoph Winzeler
in Verbindung mit dem Institut für Kirchenrecht und Staatskirchenrecht der Universität Freiburg (Schweiz)
en collaboration avec l'Institut de droit canon et de droit ecclésiastique de l'Université de Fribourg (Suisse)

Schweizerische Kirchenrechtsquellen
Sources du droit ecclésial suisse

III: Konkordate und weitere Verträge / Concordats et autres accords

Bern, Berlin, Bruxelles, Frankfurt am Main, New York, Oxford, Wien, 2004. 340 S.
Schweizerisches Jahrbuch für Kirchenrecht. Beihefte. Bd. 5
Annuaire suisse de droit ecclésial. Cahiers. Vol. 5
Verantwortlicher Herausgeber/Sous la direction de Christoph Winzeler
ISBN 3-03910-387-3 br.
sFr. 82.– / € 56.60 / €** 52.90 / £ 38.– / US-$ 62.95*
** inkl. MWSt. – nur gültig für Deutschland und Österreich ** exkl. MWSt.*

Band III der «Schweizerischen Kirchenrechtsquellen» ist den Verträgen gewidmet. Ein erster, nach Bistümern geordneter Teil (A) gilt den Konkordaten mit der Römisch-katholischen Kirche und weiteren, sich darauf beziehenden Dokumenten. Ein zweiter, nach Kantonen geordneter Teil (B) bringt deren Verträge mit evangelisch-reformierten Landeskirchen und römisch-katholischen Körperschaften über die Kooperation z.B. in der Gefängnis- und Spitalseelsorge oder beim Religionsunterricht. Auch die Vertragsgrundlagen der katholischen Theologiefakultäten (Freiburg, Luzern) und das neuenburgische Konkordat von 2001 mit den drei wichtigsten Kirchen im Kanton sind darin enthalten. Ein dritter Teil (C) enthält Verträge der Kirchen unter sich und mit verwandten Einrichtungen. Einige Dokumente werden im vorliegenden Band erstmals publiziert, alle Texte wurden in der Originalsprache (Deutsch, Französisch, Italienisch oder Lateinisch) und gegebenenfalls einer deutschen Übersetzung abgedruckt.

Aus dem Inhalt: Einführungsaufsatz: Verträge der Kantone mit Religionsgemeinschaften (Christoph Winzeler) – Bistumsverträge (Konkordate) mit der Römisch-katholischen Kirche und weitere, diesbezügliche Aktenstücke (Basel, Chur, St. Gallen, Lugano, Sitten, Lausanne-Genève-Fribourg) – Weitere Verträge mit evangelisch-reformierten Landeskirchen, römisch-katholischen Einrichtungen und anderen Religionsgemeinschaften (alle Kantone und Eidgenossenschaft) – Verträge zwischen Kirchen und mit parakirchlichen Einrichtungen bzw. Werken (evangelisch-reformierter Bereich, römisch-katholischer Bereich) – Ortsnamen- und Sachwortregister (Deutsch).

PETER LANG
Bern · Berlin · Bruxelles · Frankfurt am Main · New York · Oxford · Wien

Ueli Friederich / Roland J. Campiche /
René Pahud de Mortanges / Christoph Winzeler

Bundesstaat und Religionsgemeinschaften
Etat fédéral et communautés religieuses

Überlegungen und Vorschläge für ein zeitgemässes Religionsrecht
in der schweizerischen Bundesverfassung
Réflexions et propositions pour un droit en matière de religion
adapté à notre temps dans la Constitution fédérale suisse

Bern, Berlin, Bruxelles, Frankfurt am Main, New York, Oxford, Wien, 2003. 214 S.
Schweizerisches Jahrbuch für Kirchenrecht. Beihefte. Bd. 4
Annuaire suisse de droit ecclésial. Cahiers. Vol. 4
Verantwortlicher Herausgeber/Sous la direction de
René Pahud de Mortanges et Christoph Winzeler
ISBN 3-03910-117-X br.
sFr. 50.– / € 34.50 / €** 32.20 / £ 21.– / US-$ 38.95*
** inkl. MWSt. – nur gültig für Deutschland und Österreich ** exkl. MWSt.*

Anlass zu dieser Publikation gab die Diskussion um eine Regelung des Verhältnisses zwischen Staat und Religionsgemeinschaften in der Schweizerischen Bundesverfassung. Der Schweizerische Evangelische Kirchenbund (SEK) setzt sich seit einiger Zeit dafür ein, dass das bestehende kantonale Religionsverfassungsrecht durch eine entsprechende bundesrechtliche Verhältnisbestimmung ergänzt wird. Der Rat des SEK beauftragte die Autoren, die Stossrichtung und den Inhalt einer solchen Regelung zu entwerfen. Der hier publizierte Bericht enthält Überlegungen zur Revisions- und Ergänzungsbedürftigkeit der geltenden Bundesverfassung aus soziologischer und rechtlicher Sicht, sowie zu einer zeitgemässen (Neu-) Bestimmung des Verhältnisses zwischen Bundesstaat und Religionsgemeinschaften. In einem abschliessenden Kapitel stellen die Autoren einen gemeinsam verantworteten Entwurf für eine Teilrevision der Bundesverfassung, teilweise mit Varianten, zur Diskussion.

C'est le débat sur une réglementation au niveau constitutionnel des rapports entre Etat et communautés religieuses qui fournit la matière de ce cahier. Depuis un certain temps, la Fédération des Eglises protestantes de Suisse (FEPS) défend l'idée de l'adjonction d'une disposition dans la Constitution fédérale suisse correspondant au droit constitutionnel cantonal en matière de religion. Le Conseil de la FEPS a chargé les auteurs du rapport présenté ici d'esquisser les lignes directrices et le contenu de la norme en question. L'étude se livre à des réflexions du point de vue sociologique et juridique sur la nécessité de réviser et de compléter la Constitution fédérale en vigueur. Elle examine aussi une (re)définition adaptée à notre temps des relations entre l'Etat fédéral et les communautés religieuses. Dans les conclusions, les auteurs soumettent à discussion un projet de révision partielle de la Constitution fédérale avec différentes variantes, dont ils répondent conjointement.